供应链安全与海关监管制度国别研究

上海海关学院学术文库

胡蓉 著

上海人民出版社

总　序

习近平总书记于2013年首次提出了构建人类命运共同体的倡议。以构建合作共赢为核心的新型国际关系为主线，我国推动"一带一路"倡议，积极构建新型大国关系，中国的国际形象和地位明显提升，国际影响力明显增强。中国经济的稳定发展，对世界经济的繁荣做出越来越大的贡献，越来越多的外国政府和学者也在关注世界经济中的"中国因素"。"让中国了解世界，让世界了解中国"也成为了广大学者的光荣使命和不懈动力。

随着我国国际交往的日趋频繁，中国海关的国际影响力不断增强，海关国际合作已成为我国对外合作的重要组成部分。中国海关在国际合作中，根据业务改革需求，在符合中国国情的前提下，凝聚力量，增进共识，向国外提供中国海关的最佳实践经验和解决方案，共同提升世界海关的现代化水平。与此同时，中国海关不断提升国际视野，了解和研究国际海关监管趋势，努力打造先进的、在国际上最具竞争力的监管体制机制，在全球性国际海关规则制定中提升话语权。

海关总署倪岳峰署长提出了"上海海关学院要建设成为研究探索中国特色社会主义海关发展规律的主战场"，为此，上海海关学院围绕建设海关特色鲜明、服务国家战略、具有国际影响力的一流高等学府的发展目标，以需求、目标、问题、效果为导向，实施人才强校、关校融合、国际化三大发展战略，坚持立地顶天，依特做特，以特促强，走特色办学的发展之路。

特色办学离不开特色学术研究。当前，上海海关学院积极开展高水平的基础研究，对标海关实际需要开展应用研究，紧密跟踪国际海关动态开展比较研究，积极探索海关学的内涵，为海关学的创建奠定学科框架体系。在此背景下，上海海关学院发挥在国别海关研究方面的优势，组织力量围绕贸易便利化、供应链安全及跨境电商等主题开展了相关研究，形成了“上海海关学院学术文库”海关国别比较系列丛书，希冀为中国海关完善监管体制机制提供智力支持。

学科特色和水平是大学办学特色和核心竞争力的集中体现，上海海关学院不断优化学科专业布局结构，与海关总署统计分析司、研究中心以及上海市人民政府发展研究中心等建立协同创新共同体，依托“海关与经贸研究院”“海关与国门安全研究中心”等智库，聚焦学科特色发展方向，对接海关及外经贸事业发展以及区域经济社会的需求，共同开展重大课题项目攻关，提高科研创新能力和科研服务水平，提高服务海关及外经贸事业的能力。相信在我们的共同努力下，上海海关学院在海关研究领域的话语权和影响力将进一步提升，中国海关学术研究会更加繁荣。

上海海关学院校长、教授 丛玉豪

目 录

第一章　概论　1

第一节　绪论　1

一、概述　1

二、研究背景　5

三、研究意义　7

四、研究创新　9

第二节　文献综述　9

一、供应链安全　9

二、政策网络治理　14

三、承运人　21

四、舱单　22

第三节　国家安全与供应链安全　25

一、国家安全与供应链安全　25

二、供应链主体安全　37

三、供应链技术安全　45

四、构建中国海关的供应链安全体系　49

第二章　流程　53

第一节　进出口基本通关流程　53

一、海运出口基本流程　53

二、空运出口基本流程　68

三、陆运出口基本流程　71

四、进口基本流程 73
第二节　多式联运海关监管 77
一、国际多式联运概述 77
二、海关对多式联运的监管 84
三、海关对过境运输的监管 86
四、多式联运与转关运输监管的异同 88

第三章　承运人 90
第一节　我国海关对承运人监管现状研究 90
一、历史沿革 90
二、存在问题 91
第二节　政策网络治理背景下的中国海关供应链安全与国别研究 99
一、政策网络治理概述 99
二、政策网络理论的应用 100
三、政策网络治理在承运人监管中的适用性分析 103
四、基于工具视角的治理路径构建 108

第四章　舱单 121
第一节　国际海关舱单管理的借鉴 121
一、美国 121
二、欧盟 126
三、日本 131
第二节　国际海关舱单比较研究 134
一、申报时限 134
二、申报内容 135
三、禁止货物品名模糊申报的规定 136

四、申报与传输 145
五、修改 147
六、费用 148
七、处罚 149
八、豁免 149
九、对于承运人的分类管理 150
第三节 中国海关的舱单管理 151
一、中国海关的舱单历史沿革 151
二、中国海关舱单改革的背景和意义 152
三、中国海关舱单管理对策 153
四、供应链各方对中国舱单管理的聚焦 154
第四节 舱单管理的总结与展望 155
一、中国海关在舱单管理方面符合世界海关的通行做法 155
二、部分国家地区在舱单管理上做法比我国繁复 156
三、中国海关在舱单管理方面还应当继续加强监管 156
四、中国海关应对舱单管理实施"顺势监管" 158
五、基于网络政策理论进行供应链安全监管 159
六、加强与政府机构间的合作 160
七、改变舱单数据传输模式 160

第五章 安全准入 161
第一节 安全准入的国际借鉴 161
一、世界航运理事会的评价和意见 161
二、荷兰海关的通关与安全准入基本情况 163
三、欧盟海关的风险管理和供应链安全理论 169

四、欧盟海关的风险防控理论与实践经验对我国海关供应链安全的启示 179
五、美国供应链安全与风险防控经验 182

第六章 前沿 196
第一节 供应链安全的国际前沿趋势 196
一、整合供应链平台 196
二、两步申报通关模式 202
三、供应链安全的发展趋势:区块链技术 205
第二节 基于供应链安全的出口骗退税防控 216
一、出口退税相关单证 216
二、物流信息查询 217
三、常见骗税方式 218
四、特殊骗税方式 222
五、特殊监管区域"一日游"与出口骗税 224
六、出口退税备案单证间基本要素逻辑关系核查 232

附件 252
附件1 欧盟海关的准入钥匙(ENTRY KEY) 252
附件2 日本海关一般外贸船舶的舱单格式 254
附件3 日本海关外贸集装箱货船的舱单格式 255
附件4 日本海关外贸空运货物的舱单格式 256
附件5 日本舱单申报项目 257
附件6 包装种类代码表 259
附件7 航运短语与英文缩写 260

参考文献 264

第一章

概　　论

第一节　绪论

一、概述

1. 供应链安全概念

“供应链安全”通常被理解为①，解决针对供应链的威胁，以及针对公民、社会经济、社会安全和对身体健康方面的相关威胁的机制、程序、技术和解决方案等的统称。

也有学者认为供应链安全是将首尾相接地、系统地打击供应链犯罪所涉及的所有流程、技术和利用资源的整合。

还有学者认为供应链安全可以定义为运用政策、程序和技术来保护供应链资产免受盗窃、损坏或者恐怖主义侵害，并防止未经授权的走私货物、人员和大规模杀伤性武器进入供应链。

供应链中包括多种风险，其中包括犯罪活动、恐怖主义威胁，也包括自然灾害、不可抗力等风险，还包括由于供应的不及时而导致货物和服务质量的降低；不过基于海关视角，供应链风险更多是指来自恐怖主义威胁和犯罪活动。恐怖主义威胁主要有：一是将货物用作武器；二是将集装箱用作武器；三是将集装箱用作运输武器、炸药、生化或者放射物及其前体的工具；四是将运输工具用作武器；五是利用运输工具进行传递；六是产

---

① 世界银行：《供应链安全指南》。

业节点或者破坏。犯罪活动主要有货物盗窃；运输工具盗窃；走私和偷渡；逃税；攻击某一运输节点。

供应链风险造成的后果包括：一是破坏、摧毁和利用供应链、物流系统、基础设施和信息管理系统；二是造成人员伤亡；三是造成经济危害和损失；四是导致人身受限和健康受到威胁。

2. 供应链安全的五大支柱

供应链安全由意识、预防、保护、回应、恢复等五大支柱构成。

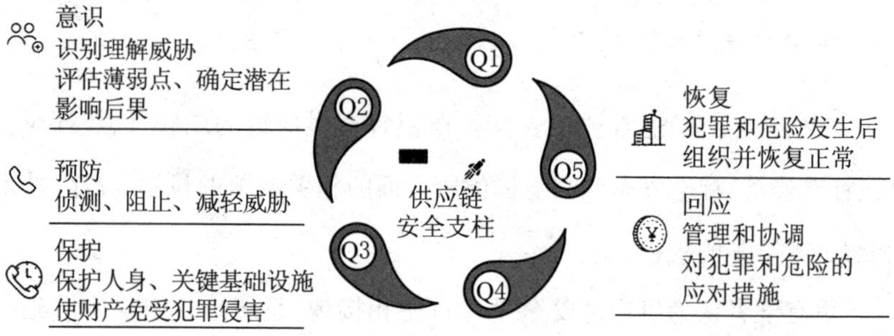

图 1.1　供应链安全五大支柱

其中意识是指，供应链主体能够识别和发现、理解威胁，评估供应链上的薄弱点，并确定潜在的影响后果。预防是指供应链主体能够迅速的阻止威胁、减轻威胁，减少后果发生的可能程度。保护是指保护人身、财务、供应链相关设施安全，使得财产财务免受犯罪的侵害。回应是指供应链上各方能够积极管理和协调供应链上相关事物，对影响供应链安全的事物和危险采取积极的应对措施。恢复是指对于供应链上的威胁、危险和犯罪，发生以后，供应链主体能够积极采取措施，恢复到正常。

以海关视角下的供应链安全风险防控为例，海关意识到供应链上的风险和威胁所在，会采取 AEO、CTPAT 等供应链安全认证体系进行预防，减轻危险、阻止威胁的发生；企业等也会采取诸如人身安全、门禁安全等措施保护货物不受侵害，海关也会在监管区域采取监控探头等方式加强监管；对于采取了上述措施仍然不能避免的供应链危险，比如马士基浩南轮等危险品瞒报爆炸等，供应链上各方，包括承运人、货运代理、船舶代理、海关等监管机构会通力合作，将灾难性的后果降低到最低；在恢复阶段，承运人以及海关会进一步加强合作，利用更为先进的大数据管理(后文提及的跨境贸易大数据平台)，进一步加强供应链安全的有效性。

3. 供应链安全的关键原则

关于供应链安全，关键原则包括以下几个部分。

首先是多层次方法。多层次方法类似于鸡尾酒疗法，其假设前提是，两个或者两个以上的安全层，比一个安全层能够更好地实现“更加安全的结果”。因为任何供应链节点或者运输环节的不安全因素都会损坏整个供应链。因为确保供应链安全需要各个层次共同努力。多层次安全可以由这些方面组成：一是利用提前货物电子信息，尽早发现；二是通过供应链安全认证以及证书等方式，比如经认证的经营者计划；三是实施供应链风险管理；四是运用高科技的扫描和检查技术；五是确保运输工具和集装箱的安全，比如运输工具通过国际海事组织的《国际船舶和港口设施保安规则》ISPS CODE 要求。在多层供应链安全中，每一层都能应对其他层面的潜在漏洞，相互链接的供应链安全比单一层更加确保安全。

其次是自愿性和强制性选择。比如美国海关的提前货物信息 ACI [Advance(electronic) Cargo Information]，ISPS(《国际船舶和港口设施保安规则》)中的船舶运输轨迹，就是国际海事组织强制规定、强制性实施的。目前强制性的供应链安全计划，主要包括美国海关的 24 小时提前舱单规则，美国、日本、加拿大采取的提前货物信息计划，美国海关的 10+5 计划，欧盟的 ENS 到达前、离境前提前货物信息规则，中国海关的提前货物信息，以及国际海事组织的《国际船舶和港口设施保安规则》，美国

100%扫描计划。

AEO认证的经营者计划，就是自愿性计划，由于AEO项目能够覆盖供应链上供货商、分包商、承运人、货运代理人、船舶代理人等，如果他们未通过供应链安全认证，将使得供应链的风险增加。

第三是监管互认。监管互认是指各个国家接受通用的安全参数，并且对彼此的安全认证结果予以承认，同时对查验结果也予以接受。目前，美国海关的商界反恐伙伴计划实现了与加拿大、新西兰、约旦等的互认；美国和欧盟海关之间的互认路线图已经制定完成，2012年5月4日，欧盟海关与美国海关正式签署了关于欧盟海关“认证经营者项目”和美国海关“海关—贸易联合反恐计划”的双边互认决定；中国海关与欧盟海关的AEO互认于2015年11月1日正式实施。

第四是能力建设。世界海关组织实施了哥伦布诊断计划，旨在帮助各国海关提升能力建设，进一步实施贸易安全与便利标准框架；同时世界海事组织实施的《国际船舶和港口设施安保规则》(ISPS规则)，也大大推动了供应链安全。港口和货运一直都是供应链安全最重要的参与者，因为它们一方面是重要的节点，另一方面，他们还能够提供可靠的供应链数据，《国际船舶和港口设施安保规则》实施，就证实了其有效性。

第五是技术。由于实施供应链安全将不可避免地花费成本，这可能会对发展中国家产生一定的潜在影响，因此，比较稳妥的办法是各国首先评估本国现有的风险管理中是否有高效的经验和做法，而不是盲目地一味采用高科技手段；《国际船舶和港口设施安保规则》就是例证，一方面规则建议使用摄像头、生物测量技术；另一方面，规则也允许使用增加巡逻、门禁管理等手段。技术的采用是根据各国的实际情况、监管成本受益角度综合考虑而得出，并非简单地采纳高科技设备就意味着技术。

同时应该警惕，认为有了高科技，就能确保供应链100%安全保障的错误想法，没有一种方法或者技术是完美无憾的，实际的海关监管中，应该根据需要混合选用。

第六是成本。供应链安全的成本目前还没有完整地计算过，对于扫描的成本初步预估是每个集装箱10到440美元；电子铅封的成本大约在10到15美元每个；每台高级能谱门式监测器（即辐射探测仪）生命周期成本为80万美元，是现有辐射探测仪的3倍。各国海关在运用高科技手段加强供应链安全时，都不可避免地要考虑成本，以及对企业和营商环境带去的各种影响。美国海关的100％集装箱扫描计划最终夭折的原因之一，就包括过高成本对供应链的影响。

总而言之，确保供应链安全需要供应链上各方共同努力，包括政府监管机构、港口当局、承运人、代理人、货主、仓储物流企业，等等；同时，供应链安全提升后的积极影响，也将回馈给供应商的各方。

二、研究背景

党的十九大报告提出，我们必须坚持总体国家安全观，坚定不移地维护国家主权、安全和发展利益。“9・11”事件之后，国际反恐形势日益严峻，经济全球化充分实现的同时，国际贸易供应链安全迎来了更严峻的挑战。供应链中的每一环节都影响着国际贸易安全。海关在保障贸易便利的同时，也承担着保障供应链安全和贸易安全的责任。2005年6月，世界海关组织WCO通过了《全球贸易安全与便利标准框架》（简称《标准框架》），为世界海关组织成员提供一系列必须接受和实施的最低标准，来保障国际贸易安全和便利。其后，世界海关组织以及包括美国、欧盟在内的世界各国家或地区海关，纷纷开展各项供应链安全项目，以平衡贸易安全与便利。

随着国家总体安全观的提出，我国正致力于建设涵盖政治安全、国土安全、军事安全、经济安全等十一项安全的国家安全体系。海关作为进出口活动的监督管理机关，是守卫政治安全、国土安全、经济安全的重要主体。随着进出口贸易的发展，供应链变得越来越复杂，具有运输时间长、涉及主体多的特点，容易被不法分子利用，产生逃避海关监管、恐怖袭击等行为，供应链安全面临着诸多不容忽视的挑战。但目前我国海关的进出口管理整体偏重税收方面，导致海关工作难以适应供应链安全带来的挑战。而美国在“9·11”事件之后就对供应链安全管理高度重视，在《全球供应链安全国家战略》的指导下，以保护全球供应链为目标，已经具备了较为完善的制度、计划和体系。美国已经建立了多层次的防御体系，在相关政策法规、情报和信息分析、技术的合理应用以及高效的合作伙伴方面都有大量举措。出台的政策和制度包括：《全球供应链安全国家战略》、集装箱安全计划、24小时舱单预申报、美国10+5申报制度、美国安全港口法案、海关—商贸反恐怖联盟(CTPAT)、FAST自由安全贸易协定、大港计划等。海关作为供应链各个环节的监管者，应当参与到国际供应链中。瞬息万变的国际市场对企业的运作效率提出了更高的要求，海关和商界越来越重视供应链各个环节效率的提高。

2019年全国规模港口完成集装箱吞吐量2.67亿TEU①，但是海关查验率只有4%左右，国际反恐专家早已提出警告：“集装箱是恐怖分子作案的最佳选择和最安全的工具。”一旦恐怖分子将化学、生物甚至放射性的武器藏在某个集装箱里，在港口引爆，将会威胁附近近百万人的生命，还会严重污染和破坏邻近的航空港、高速公路，使交通陷于瘫痪。

此外，偷渡活动的猖獗也反映了承运人监管的缺失。2006年4月在美国西雅图港口发现22名偷渡客②后被证实是在上海某承运人仓库装

---

① http://www.portcontainer.com/newsAction.do?command=viewData&rootCategoryId=8a9287fa300b0b0001300b6261aa0017&categoryId=8a9287fa300b0b0001300b64672f0019&dataId=e563d2846f9e0a06016fc5bff5810039.

② http://news.eastday.com/eastday/node13/node126/node7879/userobject1ai95493.html.

箱时潜入;2000 年多佛①、2008 年大连②、2010 年埃及③、2003 年④和 2012 年⑤青岛,2015 年英国埃塞克斯的哈里奇国际港口⑥,以及 2019 年英国的 39 名越南偷渡客⑦等,全球都有类似的案例报道。从海关总署 2011 年以来查发的重大案件以及 2012 年国门之盾行动工作成果分析,约占 45%的案件与承运人监管缺位有关。⑧

国际贸易的供应链安全受到各国政府的高度重视,而承运人作为供应链上货物流动的实现者,是影响贸易安全、公平贸易的关键因素,海关也充分意识到这个问题,海关加强对承运人的监管是急迫的、必要的。但是我国海关的承运人监管工作在管理主体、管理客体、管理标准、管理方式上都存在着不足,海关如何通过创新对承运人的监管,切实有效的促进我国国际贸易的发展,确保国际贸易的供应链安全,这些问题随之提上日程。

20 世纪 90 年代以来,政策网络的研究重点已经转至公共治理,就是与治理理论研究结合起来,形成了政策网络治理流派,成为一种公共治理的新框架和新模式,并且对我国政府治理实践具有很强的借鉴意义。本书借助这一公共管理的前沿理论,以海关的视角开展承运人监管的创新研究。

三、研究意义

1. 理论意义

从《全球贸易安全与便利标准框架》四个核心要素中与供应链安全

---

① http://baike.baidu.com/link?url=iMCCNG9Tc6BrqIV_8hdYq-dad4f4c9havp-Nmf2MJlL7wVr0BV92KV_rD_XPXhBuLt4D7S_64hCamnhhLMoMVoa.

② http://news.ifeng.com/society/1/200803/0330_343_468173.shtml.

③ http://news.21cn.com/world/a/2010/1209/15/7995636.shtml.

④ http://www.jiaodong.net/2003/1/61169.htm.

⑤ http://www.dzwww.com/shandong/sdnews/201202/t20120202_6885613.htm.

⑥ http://news.xinmin.cn/shehui/2015/06/06/27805385.html.

⑦ https://www.sohu.com/a/350419304_733503.

⑧ 海关总署稽查司:《海关风险管理实战案例选》,内部资料整理。

紧密相关的三个角度出发：一是要求进出口和转运货物事先递交货物电子信息；二是采取一致的风险管理方法来应对安全威胁；三是为达到最基本供应链安全标准的企业提供应有的便利。通过比较和分析世界各国海关和中国海关在保障供应链安全方面，在制度和实际操作中的相同和不同点，对我国海关在保障供应链安全方面存在的问题与不足进行探讨，取长补短，借鉴世界先进国家海关的先进做法，提出相应对策。

针对供应链安全与国别的研究，尝试将政策网络治理理论运用到海关的实际监管中，将进一步拓宽海关管理研究的视阈，同时也为我国海关在实现贸易安全与便利为目的的海关监管工作，提供理论支撑和新的工具及路径。

2. 实践意义

利用世界海关组织以及先进国家的海关监管理念、技术和方法，创新海关供应链安全与风险准入对策，针对目前日益严峻的进出口形势，探索完善海关风险防控的方法体系和应用策略，丰富现代海关制度的研究内容，使得海关对风险管理的认识更加全面、深刻。

供应链安全与国别的研究，将海关的单证信息监管和海关实货物流监管更为有机地融合，减少割裂，尤其是海关的通关作业模式转向全面电子化之际，本项目的研究显得更为紧迫和重要。

供应链安全与国别的研究，将有效提高海关监管效能的整体作业水平，提升供应链安全，使海关的能够更好地服务经济、促进国际贸易发展。

自贸区(港)背景下，海关对供应链安全与货物进出境管理面临更多更新的挑战，而供应链安全与国别对于自贸区(港)背景下的海关管理创新有着积极的探索意义。

在当前简政放权转变政府职能的背景下，海关以政策网络治理为利用理论支撑,以承运人申报制度作为突破口,创新简政放权转变职能的海关监管模式。

本书还将进一步丰富海关监管的研究成果,扩大院校在海关的学术影响;为海关等业务部门在管理发展的瓶颈期提供解决对策;为我国海关总署领导的决策提供参考。

四、研究创新

首先,本书将国际舱单从海关视角进行了系统的梳理,并进行了国际比较研究,研究成果将对中国海关持续改进舱单管理,提升监管效能有着积极的决策咨询和参考价值。

其次,本书立足于供应链安全,比较全面系统地阐述了海关视角下的供应链安全系统构成,从要素、原则、内容、发展前沿等系统性地提出了供应链安全与安全准入构成机制。

第三,本书通过分析我国海关对承运人监管的现状和存在问题,找到切实有效的方案对策:将政策网络治理理论运用到海关的行政管理政策制定中,并构建基于海关视角的承运人监管体系,寻找新形势下海关保障供应链安全和促进我国国际贸易的发展的路径,发挥海关的非传统职能。

第四,本书系统比较与分析了中外海关对于承运人监管的各类规范和最佳实践,为我国海关对供应链安全与国别研究奠定基础。

最后,本书创新的提出承运人分类管理和承运人安全认证等创新理念,丰富了海关监管的工具和模式。

第二节　文献综述

一、供应链安全

按照学者的统计,未事先告知的供应链延误,每天将产生每个集装箱

0.5%货物价值的损失①，也有学者认为中欧智能航线试点计划能够有效地降低供应链成本并且确保供应链安全②，有学者认为通过在启运港辐射探测仪等技术手段降低供应链安全成本③，还有学者认为通过平衡拆箱和布控资源能够大幅度地提高查获率而对查验率影响很小④，还有学者通过计量模型设计了企业通过 CTPAT 认证后海关应该给予的奖励⑤，更多的学者从国土安全的角度，利用博弈模型，阐述了 100%的查验和海关风险管理⑥。

1. 海关供应链安全现状

匡增杰、孙浩⑦认为我国 AEO 实施有以下问题口岸协同管理缺乏效率；AEO 制度认证技术难度大，而现有基础条件薄弱；AEO 制度认证成本高，降低了企业认证意愿，企业认知度较低；实现国际互认难度较大等问题。

周阳⑧认为 CTPAT 类似认证的利益相当于或者超过了附属产生的

---

① Bakshi, N., and Gans, N.. Securing the containerized supply chain: Analysis of government incentives for private investment. *Management Science*, 2010, 56(2), 219—233.

② Lee, H., and Whang, S.. Higher supply chain security with lower cost: Lessons from total quality management. *International Journal of Production Economics*, 2005, 96(3), 289—300.

③ Wein, L.M., Wilkins, A.H., Baveja, M., and Flynn, S.E.. Preventing the importation of illicit nuclear materials in shipping containers. *Risk Analysis*, 2006, 26, 5.

④ Kantor, P., and Boros, E.. Deceptive detection methods for effective security with inadequate budgets: The testing power index. *Risk Analysis*, 2010, 30, 4.

⑤ Bakir, N.O.. A stackelberg game model for resource allocation in cargo container security. *Annals of Operations Research*, 2011, 187(1), 5—22.

⑥ Nikoofal, M.E., and Zhuang, J.. Robust allocation of a defensive budget considering an attacker's private information. *Risk Analysis*, 2012, 32(5), 930—943. Wang, X., and Zhuang, J.. Balancing congestion and security in the presence of strategic applicants with private information. *European Journal of Operational Research*, 2011, 212(1), 100—111.

⑦ 匡增杰、孙浩:《贸易安全与便利视角下加快实施我国 AEO 制度的路径探析》,《上海对外经贸大学学报》2017 年第 24 卷第 2 期,第 35—44 页。

⑧ 周阳:《试论美国海关贸易便利化制度的特点——以美国海关 CTPAT 制度为视角》,《上海海关学院学报》2010 年第 31 卷第 2 期,第 77—84 页。

费用。但朱钰[①]持有相反看法，她提出 AEO 相关认证增加了企业经营成本，成为新的贸易壁垒。企业必须要按照有关标准要求加大投入，改进作业环境，对员工进行教育培训，才能通过认证。

对于实施供应链安全管理的目标一致性问题，周欣[②]在《推行国际供应链安全项目的障碍与对策分析》中从供应链安全项目推行的现实情况来看，在各国政府之间、政府与企业之间、供应链各企业成员这三个层面上都存在目标不一致的情况。

解涛、李丽[③]提出我国海关集装箱安全管理信息集成度低，一体化监管尚未形成，海关与其他部门缺乏信息共享平台，信息流通性差。

对中小企业来说，一方面如同周欣在《推行国际供应链安全项目的障碍与对策分析》中提出，对大多数中小型企业来说，决策者对供应链安全项目的认同程度并不高。另一方面 David Widdowson 和 Stephen Holloway[④] 提出监管机构面临的另一个挑战是如何避免对中小企业造成不利影响，哪些公司通常在“合规”方面得分较低，因为它们缺乏遵守的能力，而这往往是由于缺乏资源或知识。

根据经合组织的研究，以下因素使风险评估从根本上变得更加困难：对于在启运地申报的货物是否真的进入集装箱，存在着很大疑问；即便确定货物已经装入集装箱内，风险依然存在，该货物在长途供应链中很可能被替换或处理；考虑到数据安全因素，相互传递数据非常重要；合理使用大量数据不仅需要进行采集，还需要对数据进行系统化和解释，而这可能

---

① 朱钰：《国际贸易供应链安全保障制度的实施及对中国企业的影响》，《对外经贸实务》2016 年第 1 期，第 45—48 页。

② 周欣：《推行国际供应链安全项目的障碍与对策分析》，《物流技术》2013 年第 32 卷第 15 期，第 54—57 页。

③ 解涛、李丽：《集装箱海关监管问题研究——美国海运集装箱监管经验的启示》，《海关与经贸研究》2017 年第 38 卷，第 25—33、73 页。

④ David Widdowson and Stephen Holloway. Maritime Transport Security Regulation: Politics, Probabilities and Practicalities. *WCO Journals*.

产生误解，导致风险分析错误。

丁俊发[1]还指出美国为实现其全球供应链安全国家战略的目标，近几年强化了全球供应链系统风险的识别与评估，加强运输基础设施建设与运输透明化技术研究，推进信息共享与智慧供应链发展，强化国内标准与法律规范，并推进全球供应链治理结构改造，特别是贸易便利化与区域经济合作，加强全球资源整合。

2. 海关供应链安全对策

Ireland R.[2]指出发生“9·11”袭击事件后，出现了一种海关供应链安全模式，包括新海关政策和世界海关组织的标准，其目的是阻止国际贸易运输成为实施暴力极端主义的渠道。执行预先提供控制数据的标准，旨在协助海关更好地利用改进的时间框架，在货物抵达之前尽早进行风险评估。他还认为安全控制应该被限制在最小的程度。

朱钰[3]建议加快我国对外经贸安全保障制度的建设：与国际接轨，进一步扩大参与贸易安全认证的企业范围；建立以海关为核心的贸易安全管理体制，为企业提供安全便利的贸易环境；提升产品安全的技术标准，强化外贸产品的检验检疫制度；积极参与贸易安全的国际合作与治理，推动安全保障制度的互认工作。

欧阳曦[4]提出要丰富海关法律关系内容：维护国家总体安全，明确海关安全职能，拓展海关法律关系主体，让私主体参与海关治理。

---

① 丁俊发：《美国全球供应链安全国家战略与中国对策》，《中国流通经济》2016年第30卷第9期，第5—9页。

② Ireland R.. The Customs Supply Chain Security Paradigm and 9/11: ten years on and beyond. *WCO Research Paper*. 2018(01):47—55.

③ 朱钰：《国际贸易供应链安全保障制度的实施及对中国企业的影响》，《对外经贸实务》2016年第1期，第45—48页。

④ 欧阳曦：《“一带一路”建设中的海关法律合作——基于对欧盟海关法律的反思与借鉴》，《求索》2018年第1期，第47—55页。

万曙春①认为应学习欧盟，高度重视 AEO 立法，确保贸易便利措施的最大化及其落实，高度重视 AEO 互认，促进供应链安全。

王伟②认为我国在积极推行 AEO 认证的同时，应降低认证成本，减轻企业负担；增加针对 AEO 认证企业的优惠政策；强化商界对 AEO 制度的认可程度，扩大认证范围；继续完善社会信用体系建设；促进口岸管理部门协同监管，争取逐步实现国际互认。

胡蓉等③指出确立舱单申报的法律地位一直以来，舱单在我国是用来传输而非申报，法定的义务和责任不够明晰。借助上海自由贸易试验区建设的步伐，进一步明确舱单申报的法律地位。美国、欧盟、日本都已经明确舱单的法定申报义务，中国海关作为履行国家安全的重要机构，需要不断加强舱单数据的管理，可以考虑将舱单从传输转为正式申报。

3. 述评

通过对相关文献资料的查阅总结，可以发现国内对于供应链安全方面的研究更多是基于企业视角对企业供应链安全的研究，对海关供应链安全方面的研究甚少。其中，对海关供应链安全的研究也主要集中在企业认证管理的视角，基于舱单视角和基于舱单的风险管理视角，深入研究海关供应链安全的学者较少。

对于当前海关供应链安全存在的问题，学者提出的对策，也主要从深入推进关企合作；落实供应链安全认证企业的优惠政策，完善社会信用体系建设；增强商界对供应链安全管理的认可程度，引导企业加强供应链安

---

① 万曙春：《欧盟 AEO 立法实践对我国的借鉴意义》，《海关与经贸研究》2017 年第 4 期，第 74—87 页。

② 王伟：《AEO 制度对供应链安全的影响及对策》，《中国流通经济》2015 年第 10 期，第 90—95 页。

③ 胡蓉、干春晖、李华东：《上海自由贸易港海关监管制度构建初探——基于舱单视角》，《海关与经贸研究》2017 年第 6 期，第 12—24 页。

全管理的投入;重视 AEO 立法,重视 AEO 互认等角度提出。缺乏对海关供应链安全问题解决机制的创新。

因此,本书拟从世界海关组织《全球贸易安全与便利标准框架》核心要素中与供应链安全紧密相关的三个角度出发,通过比较研究,分析国际海关和中国海关在保障供应链安全机制方面的相同和不同点,对我国海关在保障供应链安全机制方面存在的问题与不足进行研究。从中国海关的舱单管理、承运人和供应链安全等创新的角度,借鉴比较国际海关的先进做法,取长补短,提出相应对策。

二、政策网络治理

网络治理理论是网络组织理论与治理理论结合的产物,在公共治理领域,网络治理模式是个热门研究方向,许多研究者围绕着网络治理适用性、关系、信任、伙伴等方面的问题开展了大量研究。

1. 重要性

高祥荣①认为以构建政策网络治理为根本路径,改善政策制度的技术。余军华、吕丽娜②用案例说明了政策网络治理理论为武汉城市圈复杂公共事务的解决提供了思路。郭磊、蔡虹③利用案例说明了政策网络治理在产业技术创新管理的独特优越性。何秋燕④也认为政策网络治理模式具有传统治理模式所无法与之相比的特点和优越性。毕丽华、李灿林⑤

① 高祥荣:《公共政策过程中的公民参与研究——基于治理和善治的视角》,《上海市经济管理干部学院学报》2013 年第 6 期。

② 余军华、吕丽娜:《武汉城市圈政策网络治理:参与主体与治理模式》,《湖北经济学院学报》2012 年第 4 期。

③ 郭磊、蔡虹:《地方产业技术创新的政策网络治理研究——基于陕西能源化工产业的案例》,《科学学与科学技术管理》2011 年第 10 期。

④ 何秋燕:《治理视角下的政策网络研究》,《法制与经济(下旬)》2011 年第 9 期。

⑤ 毕丽华、李灿林:《基于政策网络治理模式下的区域政府间合作》,《当代经济管理》2009 年第 8 期。

运用政策网络治理理论对区域政府间合作提出了建议和对策。宋琳琳①认为政策网络治理理论为研究公共管理问题尤其是公共政策议题提供了新的研究框架。刘海燕②提出政府在我国电子政策网络治理中承担着领航责任。杨丹华③认为虽然许多学者对政策网络治理赋予很多积极意义,但是于当代中国而言,政策网络治理更多的是一种未来的发展趋势。刘少华、朱致敬④则显得比较乐观,他们认为政策网络在宏观层面上与治理理论实现了联姻,形成了一种新的政策网络治理模式,并与传统的科层治理模式、市场治理模式相区别,成为一种针对更加复杂、动态、多元化的后现代社会的有效治理路径。姚敦隽⑤通过对治理理论和政策网络理论所蕴含的治理因素分析,论证政策网络可以作为一种新的治理模式,能够满足后现代政府的治理需求,从而达到有效治理。朱致敬⑥认为政策网络理论内涵丰富,它不仅为公共政策分析提供了一种新的分析模式,从而弥补了传统政策分析模式对公共政策活动解释力的不足,而且为有效地实现公共治理提供了一种新的治理模式。谭萍⑦研究政策网络作为新的治理模式,探索政策网络在治理中的运行及维护,为改善我国的公共政策和公共管理提供有益的启示。杨艳红⑧认为作为一个新视角的研究方法,政策网络理论具有重大的理论价值和现实意义。刘玲凤⑨认为政策

① 宋琳琳:《政策网络治理视野下我国建筑节能政策治理策略研究》,《科技成果纵横》2009年第4期。

② 刘海燕:《我国电子政策网络治理中的政府角色探析》,《北京邮电大学学报(社会科学版)》2009年第5期。

③ 杨丹华:《政策网络治理及其研究述论》,《理论导刊》2010年第7期。

④ 刘少华、朱致敬:《作为一种治理新模式的政策网络》,《成都行政学院学报》2010年第4期。

⑤ 姚敦隽:《政策网络治理模式的研究》,湖南大学学位论文,2012年。

⑥ 朱致敬:《政策网络理论研究》,湖南大学学位论文,2012年。

⑦ 谭萍:《治理维度下的政策网络理论探究》,山东大学学位论文,2009年。

⑧ 杨艳红:《政策网络理论及其应用》,厦门大学学位论文,2010年。

⑨ 刘玲凤:《基于政策网络理论的公共政策执行模式创新研究》,湘潭大学学位论文,2011年。

网络理论为政策执行研究提供了丰富的理论资源和智慧源泉，从而为创新公共政策执行模式开辟了路径。陈志青[①]认为政策网络研究主要有两种途径：一是网络分析方法，二是作为一种新的治理模式。闫海波、陈敬良[②]认为政策网络首先是客观实在，其次是理论分析的工具，再次是作为一种价值判断，才应是公共治理的新模式。郭艳英[③]认为政策网络理论为构建全新的地方政府治理体系及解决如何扩大政治参与范围、容纳不同利益主体、化解多元矛盾等问题提供了较好的方法。卫庆国[④]分析了政策网络这一全新的公共政策研究视角的贡献及不足之处，并指出了政策网络视角对于公共政策研究的意义所在。董幼鸿[⑤]认为政策网络理论为分析政策运行过程提供了重要理论工具，提高了地方政府政策评估的能力。匡霞、陈敬良[⑥]指出，在政策网络中存在学习机制、隐性契约机制和博弈协调机制等内部动力演化机制的推动下，政策网络对政策效果发挥着重大影响。赵军锋、杨晓[⑦]认为政策网络理论作为一种新兴的政策分析范式，还存在许多幼稚偏颇之处，应当借鉴产生于后现代主义基础上的话语理论，克服政策网络理论工具和价值的两难困境。朱亚鹏[⑧]则认为政策网络分析不仅是描述性的，还具有价值规范性，值得我国学界借鉴。杨道田、王友丽[⑨]阐述了政策网络的适用性前景及其对中国的启示，

---

① 陈志青：《网络分析与治理模式》，厦门大学学位论文，2007年。

② 闫海波、陈敬良：《工具、治理、客观实存——政策网络的三个维度》，《江南社会学院学报》2011年第4期。

③ 郭艳英：《政策网络视角下的地方政府治理创新》，《西安石油大学学报（社会科学版）》2012年第3期。

④ 卫庆国：《政策网络理论述评》，《广东广播电视大学学报》2009年第2期。

⑤ 董幼鸿：《论公民参与地方政府政策评估制度建设——以政策网络理论为视角》，《上海行政学院学报》2009年第4期。

⑥ 匡霞、陈敬良：《政策网络的动力演化机制及其管理研究》，《内蒙古大学学报（哲学社会科学版）》2010年第1期。

⑦ 赵军锋、杨晓：《话语指向下的政策网络》，《天水行政学院学报》2007年第1期。

⑧ 朱亚鹏：《西方政策网络分析：源流、发展与理论构建》，《公共管理研究》2006年第12期。

⑨ 杨道田、王友丽：《政策网络：范畴、批判及其适用性》，《甘肃行政学院学报》2008年第4期。

并成为政治学和政策分析领域的主流话语和研究范式。任勇①分别从利益中介和治理两个不同的分析途径对政策网络进行研究。

2. 具体构建

王晔、谢晓燕②从微观行动者、中观制度以及宏观环境这三个维度来探讨政策网络治理过程中信任机制的构建途径。邓凡③探讨了政策网络治理理论在教育领域的构建和应用。李卓青④认为成功治理的关键在于有效管理政策网络,选择运用各种策略,避免政策网络治理失灵,提高治理的效果和水平。金文哲⑤则认为中国政策网络治理模式的发展必须建立在政府自身的执政理念与角色意识调整,以及以第三部门为代表的,体现公民政治参与意识的各类社会组织的培育和发展等两个基本条件之上。周健⑥以政策网络治理理论为指导,对广西参与式扶贫进行了实证研究。宋琳琳、孙萍⑦从政策网络行动者、政策网络结构和政策网络互动三个方面对我国建筑节能政策网络进行了实证分析。许玉程⑧运用政策网络理论的治理模式为政府部门提高应对突发事件的政策能力提供对策建议。吴燕翎⑨尝试将政策网络治理理论运用到了海岸带管理中并开展了相关研究。曹芝维⑩运用政策网络治理理论对我国煤矿安全监管失灵

① 任勇:《政策网络的两种分析途径及其影响》,《公共管理学报》2005年第3期。

② 王晔、谢晓燕:《论政策网络治理过程中信任机制的构建途径》,《生产力研究》2009年第18期。

③ 邓凡:《政策网络治理与公共教育利益的实现》,《现代教育管理》2010年第10期。

④ 李卓青:《政策网络治理:理论、模式和策略》,《湘潭大学学报(哲学社会科学版)》2008年第2期。

⑤ 金文哲:《论中国政策网络治理模式发展的基本条件》,《科教文汇(上旬刊)》2008年第3期。

⑥ 周健:《政策网络治理视角下广西参与式扶贫研究》,广西大学学位论文,2013年。

⑦ 宋琳琳、孙萍:《中国建筑节能政策网络分析——行动者、网络结构与网络互动》,《东北大学学报(社会科学版)》2012年第4期。

⑧ 许玉程:《我国突发事件下的政策制定研究》,南京师范大学学位论文,2013年。

⑨ 吴燕翎:《我国海岸带管理中的政策网络治理研究》,中国海洋大学学位论文,2012年。

⑩ 曹芝维:《我国煤矿安全监管失灵的政策网络分析》,中南大学学位论文,2013年。

进行了政策网络分析。陈志青[1]通过建构结构—行动者互动方法论和政策网络分析模型来分析政策网络与政策后果之间的关系，并且认为新制度主义视角能增强政策网络的解释效用。李慧云[2]以怒江水电项目政策变迁为主，利用政策网络理论厘清怒江水电项目政策网络中的复杂行动者及其政策变迁情况，从结构分析和动态分析的角度，围绕网络行动者、资源交换及网络互动三个视角，分析探讨参与政策形成与变迁过程中，各个复杂行动体之间的协商、联盟、博弈和合作关系，进而探究政策网络与政策变迁之间的联系，期望寻找出该理论对中国政策变迁过程的解释性和适用性。朱致敬[3]从公共政策分析新模式和公共治理新模式两个维度研究政策网络理论面向实践层面的相关理论问题，为政策网络理论真正走向具体应用奠定了基础。马学广[4]认为政策网络分析方法的引入为城市边缘区社会—空间转型中的空间治理提供了理论解释与方法借鉴。

胡伟、石凯[5]认为尽管政策网络理论并非无懈可击，但它所形成的中观分析途径对于理解公共政策以及国家与社会关系具有重要的理论价值和现实意义。鄞益奋[6]对网络治理理论进行了一个比较系统的梳理，总结了网络治理的理论主张、治理结构和治理机制。孙柏瑛、李卓青[7]专门讨论了政策网络治理模式。网络治理模式认为，在一个复杂和动态的环境中，治理只有在政策网络中才显得可行，因为网络提供了一个相互依赖的行动者之间的互动及利益的水平协调的框架。网络治理的实现需要网

① 陈志青：《网络分析与治理模式》，厦门大学学位论文，2007年。

② 李慧云：《政策网络视阈下政策变迁分析》，上海交通大学学位论文，2013年。

③ 朱致敬：《政策网络理论研究》，湖南大学学位论文，2012年。

④ 马学广：《大都市边缘区制度性生态空间的多元治理——政策网络的视角》，《地理研究》2011年第7期。

⑤ 胡伟、石凯：《理解公共政策："政策网络"的途径》，《上海交通大学学报》2006年第4期。

⑥ 鄞益奋：《政策网络的研究边界探析》，《公共管理学报》2005年第4期。

⑦ 孙柏瑛、李卓青：《政策网络治理：公共治理的新途径》，《中国行政管理》2008年第5期。

络成员之间建立起信任机制和协调机制。Stoker① 研究了最适合网络治理的管理方式，他认为公共价值管理是建立在网络治理的对话和交换体系之中，人们因为参与到网络和伙伴中获得的相互尊重和共享学习而受到激励，因此管理网络治理关键是在网络中建立和发展良好的关系。蔡拓②认为，公共治理是实践性极强的领域，需要与治理的实施主体所在环境实际情况紧密联系，所以中国的公共治理研究需要给予中国的公共管理和社会环境足够的重视。侯云③认为政策网络内不同行动者彼此依赖，并按照网络规则博弈、互动，最终形成一致网络目标。卞菲④选用了政策网络的中观视角对中国省级政府政策执行进行了解释和实证分析。潘思柳⑤通过政策网络的理论视角来分析行业组织，探讨行业组织如何在政策过程中参与和影响公共政策的制定和执行，从而改进公共政策的制定质量和减少政策执行过程的阻力。李孝将⑥采用政策网络的分析方法研究电价政策宏观调控，同时开展了政策网络结构特征对网络协调机制以及政策目标的影响研究。王佚⑦用政策网络深入地探究了房地产调控政策制定中的互动模式，为我国房地产宏观调控过程提供了解释途径和分析框架。陈叶丹⑧通过三种非政府组织政策网络管理模式，探讨如何通过提高合作条件，建构政策网络，从而培育非政府组织，改进地方公共政策质量。韦艳、李静⑨基于政策网络的视角，从治理主体、治理结构、

---

① Stoker, Gerry. Public Value Management A New Narrative for Networked Governance? *American Review of Public Administration*, 2006, 36.

② 蔡拓：《全球治理的中国视角与实践》，《中国社会科学》2004 年第 1 期，第 94—106、207 页。

③ 侯云：《政策网络理论的回顾与反思》，《河南社会科学》2012 年第 2 期。

④ 卞菲：《中国省级政府政策执行的政策网络分析》，吉林大学学位论文，2013 年。

⑤ 潘思柳：《政策网络视域下的行业组织研究》，广西民族大学学位论文，2010 年。

⑥ 李孝将：《我国电价政策的政策网络分析》，浙江大学学位论文，2011 年。

⑦ 王佚：《政策网络理论在我国房地产调控政策制定中的应用研究》，中国科学技术大学学位论文，2011 年。

⑧ 陈叶丹：《非政府组织的政策网络管理模式研究》，上海交通大学学位论文，2008 年。

⑨ 韦艳、李静：《政策网络视角下中韩性别失衡治理比较研究》，《人口学刊》2011 年第 2 期。

治理工具、治理机制四个维度来比较分析韩国与中国三个经济发达省份性别失衡的治理措施。李琦①运用比较分析的方法，通过分析政策网络在美欧等国家诞生的现实土壤，以判定该种模式能否成功移植于中国转型社会、用于解释中国的政策实际。

3. 述评

从文献检索中可以发现，网络治理理论已经广泛运用于我国许多行政领域的政策制定和研究中，比如在房价调控政策（何秋燕②），食品安全监管政策（杨婉君③），教育政策（邓凡④），煤矿安全监管（曹芝维⑤），药品价格改革（唐力⑥），婚检政策改革（牛慧⑦），清洁能源政策制定（湛社玲⑧），大都市边缘区制度性生态空间的多元治理（马学广⑨），保障性住房的政策制定（谭羚雁、娄成武⑩），少数民主参与政策制定（程守艳⑪），社区治理失灵问题（杨海涛⑫）。目前还很少发现利用网络治理理论这一公共

---

① 李琦：《中国转型社会的政策网络模式分析——隐喻与现实》，吉林大学学位论文，2009年。

② 何秋燕：《调控我国房价的政策网络分析》，《青年与社会》2012年第60卷第1期，第5—7页。

③ 杨婉君：《从政策网络视角看食品安全政策》，《管理观察》2009年第12期，第99—100页。

④ 邓凡：《政策网络治理与公共教育利益的实现》，《现代教育管理》2010年第10期。

⑤ 曹芝维：《我国煤矿安全监管失灵的政策网络分析》，中南大学学位论文，2012年。

⑥ 唐力：《政策网络视角下药品价格改革研究》，湖南大学学位论文，2013年。

⑦ 牛慧：《政策网络视角下婚检政策变迁研究》，广州大学学位论文，2013年。

⑧ 湛社玲：《政策过程的网络分析》，广东省社会科学院学位论文，2008年。

⑨ 马学广：《大都市边缘区制度性生态空间的多元治理——政策网络的视角》，《地理研究》2011年第7期。

⑩ 谭羚雁、娄成武：《保障性住房政策过程的中央与地方政府关系——政策网络理论的分析与应用》，《公共管理学报》2012年第1期。

⑪ 程守艳：《政策网络视野下少数民族政治参与探析：困境与出路》，《内江师范学院学报》2010年第7期。

⑫ 杨海涛：《政策网络视角下的社区治理失灵问题研究》，《东北大学学报（社会科学版）》2010年第6期。

管理的前沿理论对海关这一具有典型行政特点的政府部门开展相关研究。因此，本书正是从这一视角入手，开展相关研究。

三、承运人

现有关于承运人的文献基本是关于运输责任的。比如张秋婷[①]比较了中法两国航空承运人责任的沿革与发展。刘胜军[②]比较了海峡两岸关于航空承运人旅客运输责任制度。沈志韬[③]在研究国际规则的基础上，检视了我国航空货物运输承运人制度，并对完善我国相关立法制度、司法实践提出了详细的建议。李章军[④]认为承运人责任制度是整个海上货物运输法律制度的基础和核心。朱志娟[⑤]认为承运人责任制度的沿革最终会向法定化和统一化的方向发展。戴韬[⑥]认为国际海上货物运输承运人责任归责原则对整个海上货物运输立法体系关系重大，并研究我国应该采用的承运人责任归责原则并提出完善建议。刘春燕[⑦]分析了国际海上集装箱运输中承运人责任，并认为这将有助于承运人法律责任制度体系的完善。汤奇[⑧]提出完全过失原则的确立是航海过失免责制度取消的前提，而举证责任分配对于平衡取消航海过失免责制度后各方利益有着重

---

① 张秋婷:《中法航空承运人责任沿革与发展比较研究——以旅客人身损害为核心》,《新疆大学学报(哲学·人文社会科学版)》2013 年第 2 期。

② 刘胜军:《海峡两岸航空承运人责任制度之比较——以旅客航空运输为视角》,《河北法学》2013 年第 9 期。

③ 沈志韬:《国际航空货物运输承运人责任制度研究》,华东政法大学学位论文,2012 年。

④ 李章军:《国际海运承运人责任制度研究》,华东政法学院学位论文,2006 年。

⑤ 朱志娟:《国际海运承运人责任制度沿革》,山东大学学位论文,2013 年。

⑥ 戴韬:《国际海上货物运输承运人责任的归责原则研究》,苏州大学学位论文,2012 年。

⑦ 刘春燕:《国际海上集装箱运输中承运人责任问题研究》,中国海洋大学学位论文,2009 年。

⑧ 汤奇:《国际海上货物运输承运人责任制度改革问题研究》,武汉大学学位论文,2006 年。

要作用。聂晶[①]从承运人和无船承运人(NVOCC)两方面开展了关于海上集装箱运输责任人的问题。李黎[②]提出了提单承运人产生的原因和实践中常见的几种提单承运人，并建议我国《海商法》修改时增加提单承运人的有关规定。

也有些是结合运输发展趋势对承运人开展研究，岳文惠[③]针对中国当前海运业和国际贸易业发展的现实需要，结合鹿特丹规则，试着提出对中国《海商法》修改意见。也有学者对承运人识别进行了研究，如邱霜[④]、蔡暄伦[⑤]。

集装箱货运链实施的犯罪分为以劫箱和“木马”箱，通过集装箱运输危险品、大规模杀伤性武器等危害国家安全的物品。甚至有恐怖分子伪装成合法的承运人从事进出口贸易的“木马”箱行为较为常见。宁钟等[⑥]通过障碍树技术进行了集装箱货运链故障模式影响及危害性分析(FMECA)，分析得到海上的运输环节是风险最大的部分。上述分析可知供应链安全管理中承运人监管的重要性。

对于承运人的研究，现有文献基本围绕着承运人的运输服务的承托关系、国际公约、运输规则等展开，几乎很少有学者从海关视角对承运人开展相关研究，这也说明此类研究的确存在着空白。

四、舱单

在我国舱单管理不断发展的过程中以及美国 24 小时提前申报舱单

---

① 聂晶:《国际海上集装箱运输承运人责任问题研究》,大连海事大学学位论文,2008 年。

② 李黎:《论提单承运人制度》,上海海事大学学位论文,2007 年。

③ 岳文惠:《〈鹿特丹规则〉下的承运人责任研究》,辽宁大学学位论文,2013 年。

④ 邱霜:《海上货物运输承运人识别问题研究》,西南政法大学学位论文,2006 年。

⑤ 蔡暄伦:《海上货物运输中的提单承运人识别》,上海海事大学学位论文,2006 年。

⑥ 宁钟、杨跃、曹婧瑜:《集装箱货运链的非传统安全风险研究》,《中国流通经济》2011 年第 9 期。

制度2002年开始实行至今,有不少学者在我国以及美国的舱单管理的概念、系统、历史沿革、基本内容、流程优化以及存在的问题等方面做过相关研究。

关于舱单管理的演进历史和发展趋势,有不少专家提出了自己的思考。张海华①指出,不同时期海关对舱单管理的不同模式,映衬出不同时期我国对外贸易发展的规模和国际物流发展的水平,也反映出海关的监管也顺应了贸易的发展。同时,他认为我国舱单管理办法主要从舱单理解、舱单递交的时限、舱单数据元、舱单申报形式、传输义务人、海关舱单管理权限等几个方面发生了改变,并阐述了具体的异同点。罗军②认为在传统的舱单生成模式中,由于承运人要根据大副收据或场站收据逐票进行核对汇总,其效率往往比较低下。而在实际业务中,目的港的船舶代理人又往往会在船舶开航后,要求出口船代在第一时间内(通常是24小时之内)将舱单信息传输给进口国,以便进口船代进行报关和安排卸货。这样,这种传统的舱单生成模式就会在一定程度上降低承运人的操作效率,影响国际物流的服务质量。建议以理货数据为标准的舱单生成模式。陈碧群③介绍了中国海关新舱单系统在深圳关区的实践和应用。权家祥④、李世昶⑤系统地介绍了新舱单管理制度。林灯⑥认为新的监管措施让中国航运业面临着巨大的挑战,并从船舶代理的视角开展对策研究。

也有专家对目前的舱单管理模式存在的问题提出了自己的观点,陈

① 张海华:《中国海关对进出境船舶舱单管理的历史沿革》,《金卡工程:经济与法》2009年。

② 罗军:《出口舱单最佳生成模式》,《中国海关》2007年第10期。

③ 陈碧群:《深圳海关新舱单系统申报流程》,《集装箱化》2012年第11期。

④ 权家祥:《2009年我国海关舱单新制度》,《集装箱化》2009年第2期。

⑤ 李世昶:《浅析〈中华人民共和国海关进出境运输工具舱单管理办法〉》,《中国远洋航务》2009年第3期。

⑥ 林灯:《厦门联代集装箱原始舱单EDI传输研究:以马士基为例》,厦门大学学位论文,2013年。

碧群①认为在舱单管理中，一些船公司舱单不正确、不清楚，经常更改的情况时有发生。并对产生这种现象的原因进行了分析，一方面是由于舱单传输人在主观上没有认识到舱单数据准确的重要性；另一方面是由于海关没有统一的对于更改工作的操作办法。上海海关快件舱单管理调研报告组②认为快件舱单管理主要存在以下四方面问题：快件舱单传输途径复杂；进口快件遗留垃圾舱单亟待清理；进出口快件总分运单数据无法正确比对，存在重量误差；出口便捷通关模式舱单核销功能缺失，造成重复申报并难以掌控实际出运情况。

相当一部分专家对美国海关 24 小时舱单规则进行了深入的研究分析，陈韶健、梁茹③介绍了美国 AMS 舱单规定，凌晨④分析了美国多式联运舱单的申报制度。廖一凡从该规则产生的背景和原因进行了深入的分析。自从美国“9·11”事件发生后，应美国反恐需要，舱单的重要性日益凸显，24 小时提前申报舱单制度，就是要在船舶抵达美国港口前，有充足的时间甄别所载货物，防止恐怖分子利用海上运输对美国本土造成威胁。其次，要达到有效地发挥进出口货物舱单申报制度的作用，就要对多种方式运输的舱单进行有效统一的管理，24 小时舱单规则就规范了这个方面。再次，为配合 2002 年 1 月集装箱安全构想 CSI 的全面实施，美国海关认为，必须提前收集有关集装箱货物的资料以进行风险评估，这也是建立 24 小时舱单规则的原因之一。

更多的研究集中在美国海关 24 小时舱单规则对物流、航运和贸易等

① 陈碧群：《我国海关舱单预报制度的实施现状及改进建议》，《集装箱化》2011 年第 22 卷第 9 期，第 26—29 页。

② 上海海关快件舱单管理调研课题组：《创新舱单管理模式　优化快件物流监管体系》，《上海海关学院学报》2009 年第 4 期。

③ 陈韶健、梁茹：《美国海关自动舱单系统 AMS 浅析》，《中国民用航空》2006 年第 12 期。

④ 凌晨：《在美国反恐体制下的多式联运舱单的申报制度》，《集装箱化》2003 年第 5 期。

产生的影响。美国是贸易大国，美国海关新出台的规则必定会对各方都产生很大的影响。首先冲击到输美货物国际贸易运作惯例及供应链管理模式。同时，班轮运输业者的客户服务弹性也受到严格的限制（许路、陈春峰①）。另外，一定程度上加重了业者负担（吴文一②），对货主也带来极大影响（水路运输文摘③）。此外，还有不少学者对各国的舱单管理规定对我国的影响进行了分析，如王春蕊对日本海关④，对韩国海关⑤，王珂对欧盟海关⑥都开展了相关研究。王守仁⑦认为应当提高自动化程度应对美国舱单管理的要求。从上述内容可以发现，有关舱单的研究，多是围绕着美国海关实行新的舱单管理办法之后，对航运界和对货主产生的影响，或者是将我国海关历年的舱单管理办法进行比较研究，很少有文献基于舱单的视角进行海关供应链安全与国别研究。

第三节　国家安全与供应链安全

一、国家安全与供应链安全

1. 国家安全

习近平总书记提出，“贯彻落实总体国家安全观，必须既重视外部安

---

① 许路、陈春峰：《美国海关24小时舱单申报规定剖析与应对方案》，《集装箱化》2003年第5期。

② 吴文一：《集装箱安全倡议(CSI)对货运行业的影响及应对策略》，《水运管理》2004年第1期，第13—14页。

③ 《美国海关新措施将对货主带来极大的影响》，《水路运输文摘》2002年第12期。《各方对美国海关“24小时新规”的反响》，《水路运输文摘》2003年第Z1期。

④ 王春蕊：《日本：舱单预申报翻新》，《中国海关》2012年第11期。

⑤ 王春蕊：《韩国新推舱单预申报制度》，《中国海关》2012年第7期。

⑥ 王珂：《欧盟提前舱单规则》，《中国对外贸易》2011年第8期。

⑦ 王守仁：《香港付货人委员会呼吁提高自动化程度应对美国24小时预报舱单新规》，《中国经贸》2003年第12期。

全，又重视内部安全，对内求发展、求变革、求稳定、建设平安中国，对外求和平、求合作、求共赢、建设和谐世界”。

他还指出，要既重视传统安全，又重视非传统安全，构建集政治安全、国土安全、军事安全、经济安全、文化安全、社会安全、科技安全、信息安全、生态安全、资源安全、核安全等于一体的国家安全体系。

海关总署党组书记、署长倪岳峰同志①认为，全面落实总体国家安全观，切实强化海关监管，要全面履行海关在维护政治安全、经济安全、社会安全、文化安全、生态安全等方面的职责，不断拓展监管深度和广度、提高监管质量和水平，大力提升口岸管控能力，坚决破除一切安全威胁。坚决防范和打击各种渗透颠覆破坏活动、暴力恐怖活动、民族分裂活动、宗教极端活动，把枪械、反宣品、黄赌毒等各类违禁物资拒之国门之外。坚决打击价格低报瞒报等各类逃税涉税走私活动，持续加大对象牙等各类危害生态安全的走私活动的打击力度，坚决堵住“洋垃圾”等危害人民生命安全的各类有害物资流入渠道。

表 1.1　国家安全与海关职能关系表

项目	国家安全	内　　容	海关职能
1	政治安全	国家政治安全包括主权安全、领土安全、政权和政治制度安全以及意识形态安全	主权安全：防范和打击各种渗透颠覆破坏活动、暴力恐怖活动、民族分裂活动、宗教极端活动 意识形态安全：防止黄赌毒、反动宣传品进入我国
2	国土安全	国土安全，其内涵是指领土与领土主权不受侵犯和威胁，领土不被侵占、不被分裂、不被分割或兼并；其外延包括国际法规定的专属经济区和大陆架的自然资源所有权与管辖权不受侵犯和威胁	

① 倪岳峰：《新时代全面履行海关职责》，《紫光阁》2017 年第 12 期，第 9 页。

（续表）

项目	国家安全	内　　容	海关职能
3	军事安全	军事安全主要是指一个国家免于军事入侵和战争威胁的状态。其主要含义是指国家的生存没有面临外部武装力量的威胁和侵害，特别是国家的主权和统一不受侵犯，领土不受外敌入侵，国家政权不被颠覆，以及国家所拥有的维护国家安全的军事力量和军事手段等	
4	经济安全	金融安全、商业安全（知识产权保护）、财政安全（漏税逃税骗税）等	坚决打击价格低报瞒报等各类逃税涉税走私活动，打击骗取出口退税等
5	文化安全	文物走私、艺术品走私、不良文化入侵	文物等文化产品监管
6	社会安全	社会自身有序，人的安全有保障	禁止不良宣传物品、毒品、枪支等武器流入境内，保障食品等安全卫生
7	科技安全	科技成果安全、科技人员安全、科技设施安全、科技活动安全	传统货物贸易监管，非传统的服务贸易监管
8	信息安全	国家、机构、个人的信息空间、信息载体和信息资源不受外来各种形式的危险、威胁、侵害，保障信息资源的保密性、可靠性、完整性和可用性	国内，通关数据通过单一窗口进行数据传输时，保护数据安全； 国内，与其他部门交换数据时，保护数据安全； 国内，海关各信息系统的安全，防止各种非法侵入； 各种通关数据的容灾备份； 国外，与其他国家海关进行数据交换时，保护数据安全
9	生态安全	生态安全属于非传统安全领域，是指一国保有的，可以供本国生存和可持续发展的生态环境： 一是指一国的土地、水、大气、森林、矿物和资源系统； 二是指一国没有因生态环境恶化和资源短缺给社会带来不利影响，没有因为生态环境问题引发区域动荡和国际安全危机	持续加大对象牙等各类危害生态安全的走私活动的打击力度； 坚决堵住“洋垃圾”等危害人民生命安全的各类有害物资流入渠道； 防止类似非洲猪瘟等传染性疾病和病毒传入国内

（续表）

项目	国家安全	内　容	海关职能
10	资源安全	一个国家和地区可以持续、稳定、及时、足量和经济地获取所需自然资源的能力或状态①，资源的供给安全，资源的生产和消费环境安全	打击包括稀土在内的资源性商品走私； 海关加强监管便利服务，提升“一带一路”倡议监管服务水平
11	核安全	各国之间的核威慑和避免核战争，避免核电站的人为或者自然因素事故，以及防范恐怖分子以及非国家行为体获取核燃料、破坏核设施	美国合作的大港计划，海关枪支弹药等武器走私

海关对于国家安全，发挥着积极而重要的作用，在国家安全观的十一项具体组成中，大部分都可以发现海关所对应的职能。

2. 海关视角下的供应链安全

(1) 供应链安全的主要内容

修订后的《京都公约》总附约标准条款6.1规定，所有进出境货物包括运输工具，在抵达或驶离关境时均应接受海关监管。

按照世界海关组织的《一体化供应链安全指南》，经认证的供应链，是指两个经授权交易商之间的跨境货物流动的全过程各个环节都由具有安全经营者资格资质的参与者组成，符合单据信息提供要求低且可同时为出口和进口使用的简化程序的跨境概念。而一体化海关监管链，则必须确保货物自离开原产发运地开始至货物运抵目的地的全过程都能有效监管。在国际公认的标准和协议缺失的情况下，这个目标可以通过海关—商界伙伴关系，包括通过世界海关组织的经认证的供应链或类似的供应链安全标准来实现。

---

① 谷树忠：《不要漠视资源安全》，《光明日报》。

本书笔者的观点认为，供应链安全包括主体的安全：供应商各参与方要安全可靠，即经认证的，具有安全经营者资格的主体；包括客体的安全：即所运送的货物的安全；还包括载体的安全：即运输工具的安全，适合于运输；以及信息的安全：即物流信息、交易信息、通关信息的真实可靠。

(2) 基于海关视角的供应链安全

根据世界海关组织的《一体化供应链安全指南》中，一体化海关监管的总体原则，实现海关监管视角下的供应链安全，应当包括以下部分：

● 实现全过程监管：修订后的《京都公约》总附约标准条款 6.1 规定，所有进出境货物包括运输工具，在抵达或驶离关境时均应接受海关监管。而一体化海关监管链，则必须确保货物自离开原产发运地开始至货物运抵目的地的全过程都能有效监管。在国际公认的标准和协议缺失的情况下，这个目标可以通过海关—商界伙伴关系，包括通过世界海关组织的经认证的供应链或类似的供应链安全标准来实现。总而言之，供应链安全指南所指的监管是指供应链全过程，而非仅仅进入海关监管场所这一狭义区间。

● 确保各个环节安全：由出口商或其代理人以电子传输方式向海关进行出口货物的简略申报，内容包含如下表所示相关信息。如需要，再在指定的后续阶段，按要求作出补充申报。

● 两步申报：经修订的《京都公约》总附约标准条款 3.13 规定，如果认定理由充分，报关方在呈递货物申报时可以不提供所有信息，海关可以临时接受不完整的货物申报，但该类申报必须包含海关要求的必要的信息，并有报关方负责在指定的时间内完成完整申报。世界海关组织《一体化供应链管理指南》所述的简略申报被视为不完整的申报。我国海关目前已经实施的“一次申报、分布处置”将向“两步申报”转变，在注重安全的同时，也为企业提供更多的便利。

● 由承运人在进口或出口时以电子传输方式向海关作简略申报，内容包含表1.2所列相关信息，如需要，再在指定的后续阶段，按要求作出完整的货物申报，对简略申报没有包含的信息进行补充。

● 由进口商或其代理人以电子传输方式向海关进行进口货物的简略申报，如需要，再在指定的后续阶段，按要求作出完整的货物申报。

● 经认证供应链提供了将进出口商所述的信息流整合为可以同时满足出口和进口申报作业的可能性；通过对提前获得的进出口货物电子数据信息在不同国家海关之间进行交换，可支持海关的风险评估和快速放行。

● 中国海关已经大部分吸收了世界海关组织一体化供应链安全指南的要求，并在通关环节的报关单和舱单等单证中充分体现。目前由于中国海关还没有实施《多式联运海关监管办法》，因此这部分跨境信息等涉及多式联运海关监管的内容，目前还有待进一步加强。

表1.2 进出口商与承运人提供的信息

进出口商提供的相关信息		承运人提供的相关信息		中国海关
1	出口商本人	1		报关单、舱单
2	出口商代理	2		报关单
3	非出口商的货主	3		报关单
4	货物信息	4		报关单、舱单
5	承运人	5	承运人	报关单、舱单
6	进口商	6		报关单、舱单
7	进口商代理	7		报关单
8	非进口商的货主	8		报关单
9	通知方	9		舱单
10	装运启运地	10	装运启运地	报关单、舱单
11	运抵目的地	11		报关单、舱单
12	途经国	12	途经国	目前没有

（续表）

进出口商提供的相关信息		承运人提供的相关信息		中国海关
13	海关税号	13		报关单
14	包装类型	14		报关单、舱单
15	包装数量	15		报关单、舱单
16	计量单位	16		报关单、舱单
17	总毛重	17		报关单、舱单
18	设备号码(集装箱号)	18	设备号码(集装箱号)	报关单、舱单
19	封志号码	19	封志号码	报关单、舱单
20	发票总价	20		报关单
21	货币	21		报关单
22	托运编号(订舱编号或者提运单号码)	22		报关单、舱单
23		23	跨境运输方式(陆路、铁路、海运等)	目前没有
		24	跨境运输国籍	目前没有
		25	运输工具名称	报关单、舱单
		26	运输工具航次号	报关单、舱单
		27	运费支付方式	报关单、舱单
		28	出境地海关	报关单、舱单
		29	第一到达港	报关单、舱单
		30	第一到达港时间	报关单、舱单

● 单一货物代码：签订出口合同或确定购买订单后，该交易的发起方，比如买方、进口商或其代理人，应当依照世界海关组织设定 UCR(跨境货物独特编码)，这个 UCR 将被应用于整个供应链上所有相关方的信息交流。而且，这个 UCR 将被作为区块链技术的核心和基础，运用在海关监管中。区块链技术对于数据及信息的不可更改性促进了贸易公平，减少了贸易纠纷，间接减轻了海关监管工作；它提高了经济活动的透明

性，让企业的交易有迹可循，对于海关企业信用管理带来巨大帮助，也减少了企业逃税、漏税、骗取出口退税等发生的可能性；区块链内部文件分区块储存，加强了保密工作，提高了信息复原可能性，有助于海关风险信息的采集、分析、评估与处置。因此，如果海关监管能在区块链背景下创新，合理运用区块链技术，将助力海关智能化监管。随着业务与科技的不断融合，区块链将是海关智慧监管有效载体和平台，而 UCR 则是区块链技术的关键。同时，货物申报的内容应当由海关来制定。为了达到出口和进口两个国家海关数据的协调和标准化，世界海关组织专门开发了《海关数据模型》，界定了完成进出口手续所需的最大的数据项范围。该数据模型同时界定了相关货物和舱单申报的电子数据格式。世界海关组织《海关数据模型》囊括了海关出于监管和风险评估目的所需要的数据。我们海关今后无论是在报关单数据、还是物流监控数据，都应以世界海关组织的《海关数据模型》为依据，便于今后与其他国家交换数据。

● 信任放行：经修订的《京都公约》总附约过渡性标准条款 3.32 规定了对那些符合海关规定标准的被授权贸易商，包括具有良好的海关通关记录和较完备企业经营管理系统的，海关可以在确定货物所需的最少的信息基础上先放行货物（比如简易申报），并将货物完税价格的计算、征收及统计数据收集等事项随后完成。为了同时达到贸易便利和贸易安全的双重目标，信任放行可以通过经授权供应链（ASC）制度延伸到国际贸易交易当中的所有参与方，只要这些参与方经海关审核确定达到货物处置和信息处理方面的安全标准。货物从起运地流转到目的地的整个链条都能从该一体化的简易申报流程中受益，该流程可以将进出口申报所需要的信息简化到最少程度。实施经授权的供应链（ASC）当中，如果经授权的交易商和安全的经营者货物出口、进口及过程中允许海关在线方式进入其经营管理系统，且进出境双方海关能够就授权事项实现互认，则申报甚至可简化到仅仅提供跨境货物独特编码（UCR）的程度。当然，该制度也应包括海关可以对交易商的商业系统进行全方位的跨境审计，即我国海关可以审计对方国家企业信息系统，而对方国家海关也可以审计我国企业的经营管理系统。

● 数据信息的准确性负责：根据经修订的《京都公约》总附约标准条款3.8，报关方对申报货物相关详细资料的准确性负责。经修订的《京都公约》同时规定：国家相关法律法规应当对授予报关资格的个人所应具备的条件作出规定。许多国家都要求只有得到海关许可的执业报关行才能进行货物报关，另一些国家则将自行报关还是委托报关的选择权交给出口商或进口商，无需考虑其是否获得海关报关执业许可。在我国，通关时，要求货主对申报的报关单以及随附单证等信息都确保准确，对于授予报关资格的个人条件大大降低了，不再要求职业资格考试。但是，目前存在比较大争议的是舱单数据，主要的矛盾焦点在于到底是“舱单数据申报”还是“舱单数据传输”。因为承运人本人并不掌握货物的具体信息，尤其是集装箱运输，所有的信息均来自货主订舱时的内容，因此我国海关一直以来，都是以舱单数据传输，而非舱单数据申报进行监管。笔者认为，为了妥善起见，还是应当以舱单数据传输进行监管，因为承运人并不拥有物权，因此使用申报并不合适，仍然应当界定为传输。

● 货物查验：根据经修订的《京都公约》总附约标准条款3.33、3.40，当海关已完成查验或认定无须查验时，应随即放行货物。对已经报关的货物，如确定需要查验的，海关应随即进行查验。在世界海关组织的《一体化供应链指南》下，一旦货物申报完成，在条件允许的情况下，有关该批货物是否可以装载、卸载或者放行，海关都应当在规定时限内通知当事人。中国海关目前实施的是报关单申报和舱单数据传输两种形式的验核，即便对于报关单已经放行的货物，仍然可以实施禁装禁卸权，并根据装载舱单为载体实现该权利，最后货物是否上船，以理货报告作为依据。

● 时间限制：根据经修订的《京都公约》总附约标准条款 3.23，一个国家的法律如果规定了货物申报的时间限制，该期限应当满足报关方完成报关以及获取所需单证的时间要求。需要注意的是，不应该将货物的申报和载货的运输工具的申报混为一谈，因为货物的申报由拥有物权的货主负责；而载货的运输工具申报由承运人负责。经修订的《京都公约》总附约标准条款 3.25 还就海关对货物运抵前的申报、注册登记以及对报关单及随附文件进行审核事项作出了规定。中国海关对货物的申报，通常采用的是"实货报关原则"，即实际货物抵达海关监管场所，海关再接受申报，但是随着贸易便利化的推进，海关现在逐步开始实施"提前申报"。

● 提前申报舱单信息：简要申报出口货物，应当由出口商或其代理人在货物装载上交通工具或者集装箱用于出口前向海关进行申报。与世界海关组织的规定相比较，中国海关的规定更加严密规范，中国海关要求货物抵达海关监管场所后才能应当进行申报，充分履行实货监管的原则。在世界海关组织的一体化海关监管链中，进口商应尽可能在货物出口装载上运输工具或集装箱，或者抵达进口国之前，向海关提交简要的进口货物申报。中国海关要求货物在出口国装运前 24 小时必须申报舱单信息，实际监管中，少数承运人为了逃避监管，采取晚报运输工具出发时间等情况，来拖延进口原始舱单信息，通过中国海关的舱单管理和运输工具管理系统等物流监控具体实施，实现两个系统联动，对于打击伪报运输工具离境时间来拖延原始舱单时间，取得了较好效果。

● 承运人的申报：和货物的简要申报相对应，承运商或其代理人也应进行货物的提前申报。向海关递交进出口货物申报的确切时间，应该通过对不同运输方式下各种贸易流程的认真分析。对于海运，我们区分了远洋运输和近洋运输的申报截止时间；对于空运、陆运等不同运输方式，也根据不同运输方式，分别界定了时间。两者都已经以舱单管理办法的署令方式予以公布。无论何种运输方式，海关对经认证的贸易商和安全的经营者应实施平等的简化通关程序。目前我国对于 AEO 认证的企业范围主要围绕着货主和报关行以及整合供应链平台企业，对于承运人以及货运代理、承运人代理（船代）的认证范围和标准还未具体和明确，仅有通用规则。今后中国海关对于承运人等供应链上的全部主体，都应纳入认证主体范围内。

● 海关合作：主要体现在数据交换、行政互助、进口国海关出口国的提前干预、以及高风险货物的信息告知。世界海关组织《一体化供应链指南》要求各成员国海关保留允许将数据自用，以及交换给其他国家海关的权利，这部分内容在经修订的《京都公约》总附约标准条款 7.4 就明确规定了；同时在标准条款 6.7 进一步规定，各海关应当寻求与其他国家海关合作，就相互提供行政协助达成协议，以加强海关监管。出口起运地海关应当采取一切必要措施，确保进口目的地海关对货物进行辨识并发现任何未经授权的人为干预。此外，启运地和目的地的海关应当同意通过电子信息系统定期交换海关数据，特别是有关高风险货物的海关监管结果和运抵通知。在成员国海关有了统一的数据标准后，进行相关的数据、信息互换就扫清了技术上的障碍，更多的海关合作突破需要在政策、制度层面的努力。

● 进出口货物申报：世界海关组织的《一体化供应链指南》针对进出口物品申报，认为货主的简要申报，可以在承运人的申报基础上进行添加补充，形成货主的简要申报。本书认为我国海关不应采取上述做法。因为货主的报关单申报和承运人的舱单数据传输，目前在我国的海关监管制度下，并不是相同的法律行为；同时，为了海关风险管理的信息来源更为广泛，便于进行交叉印证，还是应该由货主和承运人分别提供进出口货物的信息。在我国，由于承运人的出口舱单分为预配舱单和装载舱单，而且实践中，预配舱单信息内容比较装载舱单更加具体详细，所以建议出口申报可以简化为:承运人的预配舱单信息,货主的正式申报信息,以及最后运输工具离境后的提单数据,形成监管闭环。

● 进出口申报潜在挑战:世界海关组织的《一体化供应链指南》指出,如果出口商或其代理人在货物被装载上运输工具或集装箱后所递交的出口货物申报包含了针对承运人所要求的所有必要细节事项,则不应要求承运商另外单独进行舱单申报。这也意味着说,如果货主的申报信息较全面,那么就不应该再让承运人传输舱单信息。这种要求,既违背目前我国海关的监管制度,也与当今世界供应链安全的普遍做法不符。比如美国海关,已经要求承运人传输提前货物信息,同时还要求货主和承运人再提供 ISF10+5,,特别是在反恐形势日益严峻的今天,物流信息是印证和实施风险防控的有效数据来源,不能轻易放弃。此项要求,也很难为世界其他国家海关所接受。

● 海关从承运人系统直接获取数据信息:承运人或其代理人应当在货物被装上运输工具离开出口国之前,向出口国海关(或进口国海关,取决于一体化海关监管链中建立的双边协议)递交针对承运人所要求的简易出口申报。如果简易申报所包含的货物信息不完整且海关认为必要,可在后续阶段按要求提供承运人完整的舱单申报。如果港口或机场已经建立了电子信息交换系统(货运信息系统 CCS)且供应链中各相关方可以通过这个系统实现信息交换,海关应考虑加入该系统并通过该系统获得用于风险评估的数据信息。进口也是如此。

● 两国海关舱单数据共享:从《一体化供应链安全指南》可以了解到,两国海关之间的数据交换,除了报关单数据,还应当交换舱单数据,从运输单据的性质和报关单在商业流通中的作用相比,交换舱单数据的价值比交换报关单数据更具有积极意义。出境地海关和入境地海关应当就出境舱单申报和入境舱单申报使用相同的电子报文数据格式达成协议。此外,海关当局应当同意承运人或其代理人任意选择向出境地或入境地海关递交舱单申报，双方海关应通过跨境货物独特编码（UCR）密钥，实现舱单信息共享。

● 国际海关间的信息互换：作为海关一体化监管链以及经授权的供应链的一部分，处于同一供应链上的不同国家海关可以考虑实现常规性的海关和海关之间的数据交换，特别是针对高风险货物的贸易更应如此。有关出口货物交易的电子信息交换可以包括出境地海关监管结果以及相应的离境通知。除了常规性数据交换，在设定相应的限制条件下，海关间也可通过跨境货物独特编码（UCR）作为密钥，实现在线互访。虽然世界海关组织的《一体化供应链安全指南》对海关之间的信息互换提出了明确具体的要求，但是实际中，由于各国之间的法律制度和规定的不同，实现此目标尚需时日。

● 数据隐私：各国法律规定将对各国海关从贸易商或承运人获取与商业交易有关的个人和商业的细节并将此数据传送给外国政府产生很大的影响。绝大多数国家都对数据的性质和使用方式必须符合国家法律做出了规定。货物及舱单申报的资料用于国家安全或通关以外目的，在许多国家是受到质疑的，比如运用于国际海关间的数据交换。而且实践中，我们也应该本着平等互惠的原则，实现数据交换。

二、供应链主体安全

1. 供应链安全参与各方

表 1.3　供应链安全参与各方

角　色	供应链安全参与方名称
交易模块	卖方（供货商、出口商）
	买方（收货方、进口商）
	第三方物流提供商

（续表）

角　　色	供应链安全参与方名称
便利模块	货运代理
	无船承运人
	报关公司
	船务代理
运输模块	空箱堆场
	重箱堆场（海关监管场所）
	多式联运经营人（海铁联运、公铁联运、铁水联运等）
	卡车运输、卡车航班
	铁路承运人
	海运承运人
	空运承运人（航空公司、航空货代）
	陆路承运人
	港口码头经营者
	其他码头经营者（理货公司等）
政府监管	海关
	移民局（边境检查机构）
	进口出口许可证件管理机构
	农业、卫生、兽医管理部门（检验检疫部门）
	港口管理部门
	进出口统计部门
	其他部门（商会、协会、领事馆等）
资金模块	银行（通知行、议付行、开证行等）
	保险（货物运输保险、责任险）

2. 监管方视角的供应链主体安全

表 1.4 海关供应链合规项目一览表

<table>
<tr><th>项目类型</th><th>范例</th><th>主要效果</th></tr>
<tr><td rowspan="3">海关供应链合规项目</td><td>PIP
加拿大海关</td><td>Partnership Protection，PIP 计划是加拿大政府与业界合作去增加边境安全的自愿计划，所有供应链上的业态都可以包括在其中，包括进口商、航商、报关行、仓库经营者等。
旨在在海关与企业之间建立更好的合作关系来加强边境管理和供应链安全。这一项目是免费的，其目标在于通过将低风险、事先认证的企业给予“授权的贸易商”资质，从而简化其进口通关流程。
在 PIP 计划下，企业与加拿大边境服务机构 Canada Border Services Agency(CBSA)签署协议，去进行安全评估，参加会议并且固定地接受辅导。CBSA 也检查和评估组织的安全行动，对于任何可能的缺失进行辅导、劝告及建议。
参加 PIP 计划的组织可以参加 Free and Secure Trade(FAST)计划，好处是货品及旅客可以更快地通行，提升安全等级，工作人员对于海关要求会更清楚，CBSA 会检查组织的安全流程及建议改进事项以及提升组织声誉。</td></tr>
<tr><td>ATT
澳大利亚
海关</td><td>ATT 计划保障贸易安全、推进贸易便利化。2016 年 7 月 1 日正式启动，并将适用于国际供应链上任何澳洲公司编号(ABN)持有者，包括进口商、出口商、国内或国际货运公司、港口、机场和代理商等。</td></tr>
<tr><td>ACP &
Front Line
澳大利亚
海关</td><td>Front Line 是一个海关与企业团体间的国际贸易及运输的合作计划，用来阻止非法的行为。主要着重在预防药品的走私，野生动物的走私，植物的走私，洗钱行为及非法物的进出口等。与澳洲海关合作后，企业可以利用这个机会检查自己的安全机制，以及减少企业成为走私共犯的可能。
Front Line 会员必须要签署 Memorandum of Understanding(MOU)将与海关的合作正式化。MOU 代表了两方对于抵抗非法行为的自愿承诺，它并不是一个有执法效益的合约。成为会员的好处是与 Front Line 合作抵抗非法行动，会为公司建立良好的形象，同时也帮助海关让通关流程更加的有效率。</td></tr>
</table>

（续表）

项目类型	范例	主要效果
海关供应链合规项目	AEO 经认证的经营者 欧盟海关	海关合规和低风险的进出口商，可以获得进出境的通关便利。AEO 包括了制造商、进口商、出口商、报关行、承运人、集拼经营人、代理、港口、机场、码头经营商、多式联运经营人、货仓经营者和批发商。
	CTPAT 美国海关商贸与反恐合作伙伴	将海关的部分监管责任，转移到供应链上的企业。
	Secured Export Partnership Scheme 新西兰海关	Secure Exports Partnership Scheme 是一个自愿性的计划，是在新西兰海关及其出口商之间的协议，被设计用来保护供应链上国际出口商，以避免窜改(tampering)，破坏(sabotage)，走私(smuggling)及其他国际犯罪。提升供应链上企业发现非法行为的能力。 安全计划必须包括以下项目的公司书面检查，规范及流程：程序安全、文件安全、实体安全、进出管制、人员安全、教育及训练，其他政府要求，运输及处理安全。参加 Secure Exports Partnership Scheme 的好处包括： 1. 供应链从货物包装(packing)开始到出口卸货都是安全的。 2. Green lane 让海关对货物的干涉减到最小。 3. 计划参与者得以与他们的跨洋供货商展现他们的安全规范。 4. 巩固在美国的通关特权。 5. 在因为安全相关供应链损坏状况下，SES 的会员会遭受最小的损害。 6. 随着 WCO SAFE 被国际海关所执行，参加 SES 的会员同时也会符合 WCO SAFE 的标准。 7. 所有出口存放费用都会减少。 8. 海关会提供对于出口货物的建议与帮助。
	Front Line 新西兰海关	Front Line 是一个企业伙伴计划(Business Partnership Programme)，目标是新西兰海关及企业的合作及执行。透过 Front Line 海关得以： 1. 与新兴企业合作，提供信息、支持及建议来帮助新西兰经济的发展。 2. 避免企业成为非法走私者的运输工具。 3. 与企业合作抑止非法的进口。

（续表）

项目类型	范例	主要效果
	StairSec model 瑞典海关	StairSec model着重在货物安全行动，以保护货物不被恐怖分子用来运输武器及进行破坏行动，所有的stakeholders都可以参加，包括进口商、出口商、报关行、运输业者、码头、海港及机场，在不同供应链环节上的有不同的安全考虑。 StairSec应该与现存的其他model可以兼容，以在达成最大的安全规范同时又具有足够的灵活性，这个model同时也和海港及运输线所建立的ISPS code兼容。此计划包括了：程序安全、实体安全、进出控管、人员安全、警觉的教育及训练、申报舱单程序、运输安全、文件处理、停车控制、安全警觉性、保持和货物安全。
国际组织	SAFE贸易安全与便利标准框架	在供应链上构建供应链安全标准。
企业的供应链安全	BASC 拉丁美洲公司	BASC创建于1996年，当时是一个北美公司，通过加州港口的圣地亚哥进口，提交了一份建议书给美国海关，建议实施供应链安全程序，以降低风险，防止合法的货物被人利用、非法组织的毒品贸易、货物盗窃及货物受污染。 是私人企业与国际企业间的合作计划，主要目标是通过会员去发展自愿性的计划，防止走私及减少危险货物运输的风险，以及防止国际恐怖组织所可能带来的破坏。
	TAPA 科技公司	运输资产保护协会（Transported Asset Protection Association，TAPA）制定并发展的货物保安标准（Freight Security Requirements，FSR），主要用以确保其成员高价值、高技术的产品和材料得到安全的处理、仓储和运输。该标准在企业供应链所面临威胁日益增长之时提出并制定，对供应商的设施和运输业务如何获得TAPA认证的过程和规范给予了界定。标准要求还规定了在供应链中移动的产品的最低可接受的保安标准，并说明了维持这些标准的方法。

资料来源：作者根据网络资料收集整理。

3. 企业方视角的供应链主体安全

就供应链安全而言，企业应当从场所安全、进入安全、人员安全、商业伙伴安全、货物和物品安全、集装箱安全、运输工具安全、危机管理和安全培训角度做好防范工作。

(1) 场所安全

企业应当建立检查、阻止未载明的货物和未经许可的人员进入场所、货物装卸和储存区域的书面制度和程序；进出口货物进出的区域设有隔离设施，以防止未经许可的人员进入。

● 大门和传达室：车辆、人员进出的大门配备人员驻守。

● 建筑结构：建筑物的建造方式能够防止非法闯入。定期对建筑物进行检查和修缮，确保其完好无损。

● 照明：企业生产经营场所配备充足的照明，包括以下区域：出入口，货物装卸和储存区，围墙周边及停车场/停车区域。

● 报警系统及视频监控摄像机：装配报警系统和视频监控摄像机，监测以下区域：出入口，货物装卸和储存区，围墙周边及停车场/停车区域，防止未经许可进入货物存储以及装卸区。

● 存储区域：在货物装卸和储存区域，以及用于存放进出口货物的区域，设有隔离设施，以阻止任何未经许可的人员进入。

● 锁闭装置及钥匙保管：所有内外窗户，大门和围栏都设有足够数量的锁闭装置。管理层或者保安人员要保管所有锁和钥匙。

(2) 进入安全

企业应当建立实行门禁管理，有实施员工和访客进出、保护公司资产的书面制度和程序。

● 员工：具有员工身份识别系统，对员工进行身份识别和进入控制。对员工、访客的身份标识(比如钥匙、钥匙卡等)的发放和回收进行统一管理和登记。

● 访客：对进入企业的访客要检查带有照片的身份证件并进行登记，访客要佩戴临时身份标识并且有内部人员陪同。

● 未经许可进入、身份不明的人员：有识别、质询和确认未经许可进入、身份不明的人员的程序；发现可疑人员进入的，企业员工要及时报告。

(3) 人员安全

企业应当建立审查拟聘员工和定期审查现有员工的书面制度和程序，提供动态的员工清单，包含姓名、出生日期、身份证号码、担任职位。

● 聘用前审核：聘用员工前，要对其应聘申请信息（例如就业经历、推荐信等）进行核实。

● 背景调查：聘用员工前，要对其进行有无违法犯罪记录等安全背景的检查或者调查。一经录用，要根据员工表现，以及对处于重要敏感工作岗位的员工进行定期审查和重新调查。

● 员工离职程序：有书面制度和程序，对离职或者停职员工及时收回工作证件、设备，并禁止其进入企业生产经营场所及使用企业信息系统。

● 安全培训：要对员工进行供应链安全意识的日常性培训，员工要了解企业应对某种状况以及进行报告的程序。

(4) 商业伙伴安全

企业应当建立评估、要求、检查商业伙伴供应链安全的书面制度和程序。

● 全面评估：在筛选商业伙伴时根据本认证标准对商业伙伴进行全面评估，重点评估守法合规和贸易安全，并有书面制度和程序。

● 书面文件：在合同、协议或者其他书面资料中要求商业伙伴按照本认证标准优化和完善贸易安全管理。

● 监控检查：定期监控或者检查商业伙伴遵守贸易安全要求的情况，并有书面制度和程序。

(5) 货物安全

企业应当建立确保供应链中货物在运输、搬运和存放过程中的完整性和安全性的措施和程序。

● 装运和接收货物:运抵的货物要与货物单证的信息相符,核实货物的重量、标签、件数或者箱数。离岸的货物要与购货订单或者装运订单上的内容进行核实。在货物关键交接环节有签名、盖章等保护制度。

● 货物差异:在出现货物溢、短装或者其他异常现象时要及时报告或者采取其他应对措施,并有书面制度和程序。

(6) 集装箱安全

企业应当建立确保集装箱的完整性,以防止未经许可的货物或者人员混入的措施和程序。

● 集装箱检查:在装货前检查集装箱结构的物理完整性和可靠性,包括门的锁闭系统的可靠性,并做好相关登记。检查建议采取"七点检查法"(即对集装箱按照以下顺序检查:前壁、左侧、右侧、地板、顶部、内/外门、外部/起落架)。

● 集装箱封条:已装货集装箱要施加高安全度的封条,所有封条都要符合或者超出现行 PAS ISO 17712 对高度安全封条的标准,封条有专人管理、登记。要建立施加和检验封条的书面制度和程序,以及封条异常的报告机制。

● 集装箱存储:集装箱要保存在安全的区域,以防止未经许可的进入或者改装,有报告和解决未经许可擅自进入集装箱或者集装箱存储区域的程序。

(7) 运输工具安全

企业应当建立确保运输工具(拖车和挂车)的完整性和防止未经许可的人员或者物品混入的书面制度和程序。

● 运输工具的检查程序:有专门程序或者制度检查出入运输工具,防止藏匿可疑物品。

● 运输工具存储：运输工具要停放在安全的区域，以防止未经许可的进入或者其他损害，有报告和解决未经许可擅自进入或者损害的程序。

● 司机身份核实：在货物被接收或者发放前，应对装运或者接收货物的驾驶员进行身份认定。

(8) 危机管理

企业应当建立应对灾害或者紧急安全事故等异常情况的书面制度和程序。

● 应急机制：具备对灾害或者紧急安全事故等异常情况的报告、处置等应急程序或者机制。

● 应急培训：要对员工进行应急培训。

● 异常报告：发现有灾害或者紧急安全事故等异常情况、非法或者可疑活动，要报告海关或者其他有关执法机关。

三、供应链技术安全

1. 硬技术安全

(1) 主要的科技趋势

由于目前供应链的主要运输载体为集装箱，因此供应链安全技术的主要对象也会聚焦在集装箱上。“智能集装箱”具备包括导航和路径记录功能、卫星定位，传感器、辐射探测等在内的各种功能，确保货物从启运地到目的地的安全。

智能集装箱能够感知：

● 集装箱门的开启和更换

● 识别在屋顶、侧面和地板的洞

● 潜伏在集装箱的人或者动物

- 危险化学品、生物制品或者辐射物质
- 通过跟踪系统进行定位

以 TRAXENS 的智能集装箱系统为例，托运人可以在世界的任何角落，对他们的货物进行实时的地理定位，并在货物到达关键位置时得到警示提醒。承运人可以根据实际情况（实际的里程跟踪，异常报告信息，运转部件的实时监控），对运输工具进行预防性维护。还可以实现对运输工具的远程控制，集装箱开关和温度与湿度调节均可通过定制服务来实现。

以智能铅封为例，海关跨境运输、快速通关等领域要求对集装箱进行位置与状态信息进行监控，传统机械铅封只能靠简单的物理手段防止非法开启，标示简单，容易复制，防伪性能差；且不具有自动识别能力，铅封管理需要人员现场手工记录，流程操作繁琐，管理落后，影响工作效率。安全智能锁（电子铅封）能够解决上述问题，实现对货运运输过程的安全监管。

智能电子铅封可以自动检测锁杆状态，能够自动识别铅封的安全状态，避免人工识别和手工抄录；提高集装箱检验和过闸口的效率；智能电子铅封在传统机械锁的基础上融合数据远程控制功能，采用多种无线通信技术，能够实现对安全智能电子铅封各种状态的监控及异常状态的报警，从而让海关等监管部门和货主客户第一时间掌握货物状态；智能电子铅封还具备 GPRS 通信功能及 GPS 定位功能，与后台监控管理中心进行数据交换，实现用户对安全智能电子铅封位置、状态的实时查询、远程施解封及报警提示等操作；通过无线数据通信，以及配合智能手持终端或固定式阅读器对智能电子铅封进行实时施解封操作及状态查询，实现海关快速通关及转关，进一步提高了安全智能电子铅封使用的灵活性、可靠性以及货主客户的工作效率。

当然，集装箱并不是唯一的被袭击目标，其他运输方式也一样会遭受到恐怖威胁。根据数据显示，大约 85%的损失是发生在内陆运输环节。

随着国际贸易的不断扩大，恐怖主义和安全犯罪也日益变得有组织和复杂。

(2) 运用瓶颈

尽管智能集装箱有多种显而易见的好处，从理论意义上而言，智能集装箱是实现供应链安全的奇迹般的解决方案，但是智能集装箱在实际使用中，仍然不可避免地遭遇困境和挑战，目前在商业运营中仍然很难推广。

首先，在运输领域，集装箱根据ISO标准完成了分类，目前界定"智能""非智能"集装箱的标准本身就是一项艰巨挑战。

其次，智能集装箱在运营中，通常是因货主的特定需要而使用，会被承运人视同为"货主自主箱(shippers owned)"，部分租箱公司也会提供智能集装箱，他们通常在集装箱里面安装"智能装备"，比如液袋集装箱、冷藏集装箱。

这种额外安装的"智能装备"，有时被称作资产监视设备、集装箱监视设备、资产保护设备，通过这些高科技设备实现供应链可视化管理，一些敏感商品、比如高价值货物、药品、敏感的化学品、军事物资、奢侈品等需要这些可视化技术装备，也能够承受因此产生的成本；但是对于大多数普通的货主而言，他们对智能集装箱等先进技术表示欢迎，但是他们不愿意承担因此而产生的额外成本。

生物测定学也是供应链安全的技术之一，在启运地提货点、码头、目的地交货地对司机进行身份识别是很必要的。生物测定技术能够很好地降低盗窃和恐怖袭击的风险。指纹、虹膜识别都可以绑定在身份信息中，并且整合到舱单、运输工具驾驶员数据库。

(3) 现有技术

在集装箱安全方面的供应链技术：包括集装箱动态跟踪技术，主要是在集装箱运输过程中的薄弱环节，通过数据库采集和管理地点信息。

除了集装箱动态跟踪技术，目前各种新技术也不断涌现，包括：

● 智能审图：海关在监管作业中，大量运用科技手段，用信息化、智能化来提高效率。通过“智能审图＋图单比对”智能监管模式，收录各类图像，搭建基础图像库，重点采集现场查获的违禁品图像数据。

通过智能审图系统与快件通关管理系统数据的对接，实现图像信息与申报信息系统自动比对，发现异常自动生成查验记录单，实现由人工判图同屏比对至机器自动识别比对的突破。查验效率较改革前提升2.5倍①。

● AI辅助报关技术：通过机器学习技术，在输入了一万多条商品税号对应信息后，AI辅助报关技术实现了通过商品图像、产品信息进行预归类报关。通过不断的算法训练，AI的归类报关成功率已经达到了98%以上。该技术很大程度上减轻了报关员的工作。目前商家申报后，AI从数据中便能抓取商品各项信息，随后生成推荐税号，整个过程只需要5秒。报关员所需要做的仅仅是检查并点击确认②。

● 人工智能辅助海关监管技术：

海关机器人：海关机器人目前主要服务旅检，配备专门的海关业务数据库，能够运用语言进行智能回答，还配备先进的人脸识别技术，识别往来旅客，辅助海关查抓水客，保障通关安全③。

智慧眼指静脉技术：依据“人类手指静脉中流动的血液可吸收特定波长的红外线”这一原理，用特定波长红外线对手指进行照射，得到手指静脉的清晰图像，对获取的图像进行分析、处理从而得到手指静脉的生物特征，再将得到的手指静脉特征信息与事先注册的手指静脉特征进行比对，

---

① http://wemedia.ifeng.com/84910455/wemedia.shtml.

② http://www.sohu.com/a/250944700_584224.

③ http://www.qianjia.com/html/2017-08/31_275579.html.

从而确认登录者的身份，从而进一步防范旅检风险①。

2. 软技术安全

(1) 风险分析技术工具

世界海关组织对于供应链安全的风险管理技术，提供了工具，包括贝叶斯统计和贝叶斯网络、关联图法、原因—后果分析法、因果分析法、后果概率矩阵、成本效益分析、决策树、环境风险评估、事件树分析、失效模式和效果分析、故障树分析、FN 曲线、危害分析临界控制点法（HACCP）、危害与可操作性研究法（HAZOP）、人员可靠性分析、保护层分析、马尔科夫分析、多目标决策分析、可靠性分析、风险指数、根本原因分析、情景分析和结构化假设分析（SWIFT）。

(2) 风险度量工具

目前使用的比较多的度量风险工具有，SWOT（优势、劣势、机会、威胁）分析、故障树分析、FMEA（失效模式和效果分析）、BPEST（商业、政治、经济、社会、技术）分析、PESTLE（政治、经济、社会、技术、法律、环境）分析、依存度模型和实物期权模型和统计建模。

四、构建中国海关的供应链安全体系

中国海关视角下的供应链安全是由海关主导、供应链各方共同参与的安全协同治理模式，具体是指：在实现全过程供应链信息收集的基础上，由海关对供应链实施风险评估，根据供应链风险水平的高低合理配置监管资源，确定相应监管通关模式，开展关企协同治理，有效甄别并合理处置走私违法风险，确保供应链整体不受威胁和侵入，促进贸易便利。

传统的以报关单为主的风险防控模式，或者以收发货企业（经营单

① http://www.a-eye.cn/index.php?s=/Jishu/detail/cid/42.html.

位)、申报单位认证资格的管理模式,已经无法完全应对海关面临的新挑战。要实现供应链安全,就要把全程供应链作为分析对象,交叉印证来源于供应链上的每个独立方的数据信息,建立一个动态灵活的准入和准出风险防控模式,以适应不断变化的安全形势。

以上海海关为例,作为"监管者"的上海海关与作为"被监管者"的中远海运集团和上港集团,自 2018 年开始,运用大数据、物联网和区块链技术,将更多贸易链、供应链、物流链数据纳入跨境贸易管理大数据平台,共同创建跨境贸易智慧通关新流程。

我国海关构建供应链安全体系,应该从战略层、战术层、操作层三个方面开展。

表 1.5　中国海关供应链安全体系构建层次

名　称	内　　容
战略层	供应链安全体系构建—国家安全观
战术层	安全主体、安全客体、安全工具与标准、安全技术
操作层	供应链各方分类监管—事前环节 舱单数据等—事中环节 供应链安全认证和国际合作、规章制度、能力建设—事中环节 软硬技术—事中环节 稽查缉私反馈修正风险防控—事后环节

1. 战略层面

应当基于国家总体安全观,构建供应链安全整体理念,从顶层设计考虑供应链安全的构架、当前现状和存在问题,以及发展的宏观趋势。考虑在海关院校的本科课程和研究生课程中加入供应链安全课程;在海关培训体系中加入供应链安全课程;对国外的供应链安全经验进行研究,积极借鉴;思想上要清除"重税收征管、轻安全监管"的思想,因为税收征管的成效更容易量化,而安全监管是一种很难用指标体系衡量的事务。

2. 战术层面

应当围绕着供应链安全主体、供应链安全客体、供应链安全工具和标准、供应链安全技术等 4 个方面，设计供应链安全的具体组成。

3. 操作层面

根据战略和战术层面，具体推进供应链安全，主要从事前、事中和事后三个环节展开。

事前环节：对供应链上各主体实行分类监管。

事中环节：收集货物舱单等物流基础数据、报关单基础数据；构建健全与完整的供应链安全规章制度和管理制度，比如洋垃圾退运的法律完善；除了在制度体系领域做好相关供应链安全的客体工作，还应当执法标准透明公开、执法资源配置合理、提升关员供应链安全能力建设：全面防控供应链安全风险，完善口岸公共卫生核心能力建设标准，提升口岸的公共卫生核心能力建设水平；检验检疫和海关的业务知识相互学习持续推进；围绕着供应链的潜在风险以及如何查发潜在风险的工作，形成工作经验和实践指南；构建一批海关供应链安全专家；做好供应链安全认证和国际合作；利用硬件技术和软件技术推进供应链安全，不断推进供应链安全的物理基础设施，提高口岸基础设施建设的标准；加强和配备查验和检查设备，用技防代替人防；按照反恐的工作需要，在口岸配备所需的反恐防暴设备；深化应用智能审图技术，推广智能审图的应用力度，将智能审图和现场工作相结合，充分运用智能审图的技术，防范夹藏、走私等风险。

加快完善进出口商品质量安全风险预警和快速反应监管体系，实施全国统一的进出口商品质量安全风险监测，建设风险评估验证技术机构以及专家队伍，在风险预警监控体系的基础上，利用第三方服务外包等方式，推进第三方检验结果采信等关键措施，逐步实现对进出口商品质量风险的有效防控。

加强旅客行李、个人物品的风险防控：在口岸逐步完善旅客现场行李和个人物品的风险防控机制，在业务量大的大的旅检现场配备专门的检查队伍和风险分析资源，利用旅客舱单等信息，不断研究旅客风险防范机制。

事后环节：在企管和稽查渠道，对重点失信企业加强核查力度，加强管理；加强缉私部门和风险、口岸监管部门、稽查部门的合作，共同加强打击走私工作，做好联防联控；做好风险的反馈工作。

第二章

流　　程

第一节　进出口基本通关流程

一、海运出口基本流程

1. 海运流程

(1) 货代与工厂确定发货时间。

(2) 如果是集装箱运输，是货代订舱(格式各不一样，主要包括起运港、目的港、集装箱的规格数量、货物的品名、件数、毛重和体积，贸易术语，运费的支付方式，是否可以转船)。纸质订舱时代所使用的单据为场站收据(D/R：Dock Receipt)，也称为托运单或者“下货纸”、十联单，是托运人根据贸易合同和信用证条款内容填制的，向承运人或其代理办理货物托运的单证。承运人根据托运单内容，并结合船舶的航线、挂靠港、船期和舱位等条件考虑，认为合适后，即接受托运。如果是散货，则是租船运输，所使用的单据为托运单(S/O：Shipping Order)。在目前电子订舱和通关作业无纸化的背景下，由于海关已经不在纸质的场站收据(托运单)上盖放行章，因此这份单证的信息更多以电子形式存在，而不再以纸质的形式存在。但是需要强调的是，尽管现在基本上已经是电子订舱，不再使用场站收据等纸质订舱单据，但是订舱信息仍然存在，只是以电子的方式。

(3) 船方同意承运后，反馈配舱回单(船公司或船代签发装货单)，同时，船公司将 D/R 场站收据编号及内容通知空箱堆场，空箱堆场据此向货代放箱，同时，发放设备交接单 EIR，船公司商业封志 Seal，以及装箱单

CLP(Container Load Plan)。货代将配舱回单给车队,车队到堆场取得设备交接单,提取集装箱空箱。货代订舱后,确认船期,安排装箱事宜。

(4) 将合同发票箱单、核销单、报关委托书以及凭条的传真件寄给货代。核销单是企业预先在国家外汇管理局领取的。

(5) 车队到船公司指定的堆场提取集装箱,并填制设备交接单 EIR(进出场联 EIR-OUT 和 EIR-IN),提出集装箱后,到货物所在地进行厂装,安排工厂装箱,装好后记录集装箱号和铅封号,做好记录,如某些船公司的结关提前的时间比较长,有些船公司有限重要求。装货后记录车牌号,司机签字,备注身份证号于设备交接单,复印给司机一份。车队将货物运抵指定的海关监管场所,即港区,也可以称为集装箱重箱堆场。

(6) 接下来就涉及装货单(SHIPPING ORDER):装货单是接受了托运人提出装运申请的船公司,签发给托运人,凭以命令船长将承运的货物装船的单据。装货单既可用作装船依据,又是货主凭以向海关办理出口货物申报手续的主要单据之一,所以装货单又称"关单"。对托运人而言,装货单是办妥货物托运的证明。对船公司或其代理而言,装货单是通知船方接受装运该批货物的指示文件集装箱在船没有动态之前,将集装箱堆放在落点或仓库,当船有动态之后,车队提取集装箱的船公司指定的堆场,因为锚地不同集港的地点也不一样,一般情况下开船前 7 天可以免费存放,太长的或就要收取费用。船集港的时间一般为开船前的 2—3 天。集装箱到达港口的同时,堆场将出具收货证明即场站收据。过去的做法出具的是注明有装货单和场站收据副本的第四联,也是报关人员凭以报关的单据之一。现在通行做法是由港区(重箱堆场,也称为海关监管场所)发送运抵报告。(备注:由于上述托运单,装货单,收货单的主要项目基本一致,我国一些主要口岸的做法是将托运单、装货单、收货单、运费通知单等合在一起,制成一份多达 9 联的单据。各联作用如下:第一联由订舱人留底,用于缮制船务单证;第二、三联为运费通知联,其中一联留存,另一联随账单向托运人托收运费；第四联装货单经海关加盖放行章后，船方才能收货装船；第五联收货单及第六联由配舱人留底；第七、八联为配舱回单；第九联是缴纳出口货物港务费申请书，货物装船完毕后，港区凭以向托运人收取港杂费。）现在有些港区已经实现了无纸化，取消了纸质的场站收据，其实只是改变了场站收据的信息传递方式，信息内容的传递还是存在的。

(7) 货物到港后，货代反馈确认提单信息（提单号已出），如果是到美国或者加拿大的还需要回传 AMS(美国海关自动舱单系统)，认真核对相关内容，务必保持一致。此时，出口货物的预配舱单信息已经形成，船公司（船代）将预配舱单信息发送给海关，以便在报关时进行“三单一致”（报关单、出口预配舱单、运抵报关）的核对。

(8) 集港后，根据“实货报关原则”货代将相关单据交给报关行办理报关手续（出口货物的申报期限为货物运抵海关监管区域后，装货的 24 小时之前）。报关需要的单据包括合同、发票、箱单、报关单、报关委托书、核销单、装货单（仅限于无特殊要求的货物）。办理报关手续，提交相关单据办理报关，装运港海关在装货单上盖放行章，经海关关员查验合格放行后方可装船，如果特殊的产品要征收出口关税则要缴纳关税后才可装船。集港的集装箱堆场凭此签收和允许货物装船，签发注有核销单编号的报关单，用于出口收汇以及出口退税。海关的放行信息用“出口放行通知书”等电子化的方式传递给港区，因此有些地方电子口岸通常会建议使用“出口放行通知书”代替“关单”，作为退税的依据。

(9) 在装船前，理货员代表船方，收集经海关放行货物的装货单和收货单，经过整理后，按照积载图和舱单，分批接货装船。集装箱运输中，装船时，有船方、港方以及理货公司同时在场，如果是散货装船过程中，托运人委托的货运代理还应有人在现场监装，随时掌握装船进度并处理临时发生的问题。装货完毕，理货组长要与船方大副共同签署收货单，交与托运人。理货员如发现某批有缺陷或包装不良，即在收货单上批注，并由大副签署，以确定船货双方的责任。但作为托运人，应尽量争取不在收货单上批注以取得清洁提单，结关放行。理货公司发送理货报告(电子)给海关，以便海关据此结关。

(10) 装船完毕，托运人除向收货人发出装船通知外，即可凭收货单向船公司或其代理换取已装船提单。提单包括主单和分单。主单(MASTER BILL OF LADING)由船公司出具，提货可以直接在目的港船公司代理处提货。分单(HOUSE BILL OF LADING)无船承运人才可以出，提货时在目的港要换单，换成船公司的才能提货。因为分提单提货要产生换单费，用 HOUSE 单不能直接提货的，只有换成船公司主单才能提货，所以一般进口商不愿意接受分单，尤其是不用自己的指定货代的情况下。在提单上如果承运人是船公司就是主单，如果是无船承运人就是分单。HBL(HOUSE BILL OF LADING，货代提单)是代理单，MBL(MASTER BILL OF LADING，船东提单)是海运提单可以直接提货，因此货主要将货代提单换成船东提单才能提货。整箱的大多是主单，也有分单，而拼箱的都分单，拿不到主单。客户要在目的港用分单换成主单再换成提货单才能提取货物，同时，用提货单进行办理报关。电放就是客户不用正本提单，只要用传真件就可以提货，方便快捷也省钱。

(11) 货代将费用明细，如 THC、港杂费、代理报关、换证、文件费、安保费、设备管理费、报关代理费、舱单录入费、内装运费等回传确认，确认后，货代寄发票。收到货代发票后安排付款，货代收款后寄出提单，可以出了提单之后就寄回来，提单一般是开航后的 3—4 天，也有在开船之后确认提单的。如果有客户要求电放的，要提前说明。

(12) 货代收到提单后，将提单的三份正本寄给客户。

(13) 船开出大约一个半月的时间后，联系货代要核销单，这个时间内是可以出来的。但是由于涉及费用等相关事宜，货代不会马上把核销单放出，通常将此核销单为货代把握的最后一个筹码。因为核销单上只有海关的验讫章，并无其他记录，收到核销单后，连同合同发票箱单，以及报关单，装货单纸一起交给财务，办理收汇核销。注意空运的和拼箱的货物一般没有装货单。目前核销单已经取消纸质，电子信息已经联网。

(14) 财务拿着如上资料到外汇管理局办理核销，并用出口退税联到国税局办理出口退税。退税比率不同的产品各不相同。而且税率还可能上下调整。

根据上述的物流流程、单证流程和海关作业流，可以将出口通关作业流程概括为图 2.1。

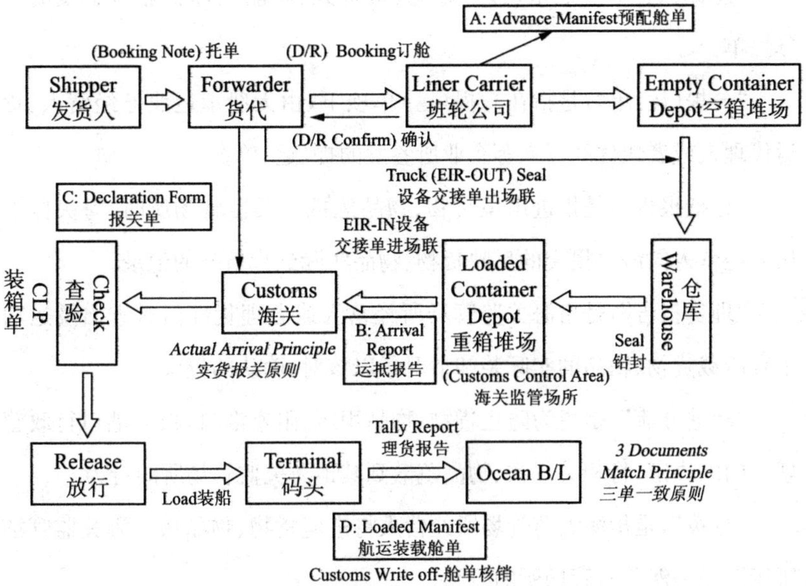

图 2.1　海关通关作业与出口流程

2. 海运单证

(1) 关键单证

进出口环节中，基于海关监管习惯和相关规定，关键的单证可以分为以下几种。

“原始舱单”，是指舱单传输人向海关传输的反映进境运输工具装载货物、物品或者乘载旅客信息的舱单。

“预配舱单”，是指反映出境运输工具预计装载货物、物品或者乘载旅客信息的舱单。

“装(乘)载舱单”，是指反映出境运输工具实际配载货物、物品或者载有旅客信息的舱单。

“提(运)单”，是指用以证明货物、物品运输合同和货物、物品已经由承运人接收或者装载，以及承运人保证据以交付货物、物品的单证。

“总提(运)单”，是指由运输工具负责人、船舶代理企业所签发的提(运)单。

“分提(运)单”，是指在总提(运)单项下，由无船承运业务经营人、货运代理人或者快件经营人等企业所签发的提(运)单。

“运抵报告”，是指进出境货物、物品运抵海关监管场所时，海关监管场所经营人向海关提交的反映货物、物品实际到货情况的记录。

“理货报告”，是指海关监管场所经营人或者理货部门对进出境运输工具所载货物、物品的实际装卸情况予以核对、确认的记录。

“疏港分流”，是指为防止货物、物品积压、阻塞港口，根据港口行政管理部门的决定，将相关货物、物品疏散到其他海关监管场所的行为。

“分拨”，是指海关监管场所经营人将进境货物、物品从一海关监管场所运至另一海关监管场所的行为。

“装箱清单”，是指反映以集装箱运输的出境货物、物品在装箱以前的实际装载信息的单据。

需要特别注意的是，舱单在不同的领域，有不同的界定，通常在国际航运界，舱单(MANIFEST)是按照货港逐票罗列全船载运货物的汇总清单。它是在货物装船完毕之后，由船公司根据收货单或提单编制的。其主要内容包括货物详细情况,装卸港、提单号、船名、托运人和收货人姓名、标记号码等,此单作为船舶运载所列货物的证明。

装载舱单在国际航运界,通常被理解为船公司在货物上船后,根据提单信息制作的货物舱单数据。过去此数据反馈给海关,也被称之为"清洁舱单";但是由于海关新舱单管理办法的出台,新舱单管理办法对"装载舱单"有了新的定义,是开船前30分钟,它提供的并非实际装载货物的,而是拟装载货物的信息,因此,国际航运界认定的"装载舱单"是一个真实装载的概念;而海关认定的"装载舱单"是一个拟装载的概念,更多基于实施"禁装禁卸权"发展而来。

(2) 关键术语解释

● **电放**

电放是收货人无须提交正本提单,仅凭身份证明提货的一种放货形式。它的操作和常规的提单放货在提单补料和提单确认阶段完全一致,只是到了领取提单阶段出现了差别。有权领取提单的人(通常是发货人),填制电放申请传真给船公司。需要引起注意的是,填写了电放申请书之后,就意味着放弃了领取正本提单的权利。这意味着签字盖章之后,原来有权领取提单的人,就无法再向船公司索要提单。如果已经原来已经领取了正本提单,又要改做电放,那就需要把全套正本提单交回船公司之后再填写电放申请。

电放通常表示为TELEX RELEASE(TLX RLS)和SURRENDER. TLX RLS,承运人更倾向于使用后者。SURRENDER这个词一般作"递交"解,在海运业有作为电放使用,"SHIPPER HAS SURRENDERED OB/L AT OUR SIDE"则意味着发货人做电放了。

● **海运单**

海运单就是SEA WAY BILL(SWB)。

海运单的放货方式在本质上跟电放没有区别,也是凭收货人的公司证明放货。区别是海运单如果需要的话也可以为客户出正本。不过海运单正本效力与提单不同,海运单不是物权凭证,不能据海运单提货,海运单提货时,需要证明收货人身份即可。对于船公司来说,提单和海运单的差别反映到舱单上,只是单证类型和放货审核的不同。如果船公司目的港收到的舱单形式是提单,那么就要凭正本提单放货或电放放货,如果船公司目的港收到的舱单形式是海运单,那么就可以凭收货人的身份证明放货。

海运单是一种方便快捷的放货方式,据统计运往欧洲的船上装的柜子 60%以上都是做海运单的。但它同时也是一种对船公司风险较大的放货方式,因为在运费预付的情况下,容易出现船公司在装货港还没有收到海运费,目的港货物已经被收货人提走了。船公司对出具海运单有严格的规定,通常情况下海运单更倾向于向大客户签发,对于中小客户,船公司处于对风险的考量,控制的相对严格。

● **转换提单**

转换提单(Switch B/L)是指承运人应提单上发货人、收货人或通知方的要求为了满足贸易上的需要(经常是由于中间商出于隐藏真实的买卖方的目的)或其他原因将原提单收回后改变原提单上的收、发货人和通知方等栏目重新出单,或将原提单的整票货分为几票货,改变数量、原卸港、发货人或收货人等栏目重新出单。

换单可以简单概括为"三""二""一":三方贸易、两份提单、一个中间商。三方贸易是指供应商、中间商、实际购买商。两份提单是指第一份提单的发货人是供应商,收货人是中间商;第二份提单的发货人是中间商,收货人是实际购买商。一个中间商是指整个换单过程由中间商一手操控;换单的实质就是中间商为切断实际供货商和购买商的联系而在提单签发过程中采取的手段。

中间商付清货款和运费后,从供应商处取得第一套提单;中间商马上找船公司去换第二套提单:换提单的地点随中间商选,可以是发货地、收货地，也可以是第三地；提单的发货人换成中间商，收货人变成真正的购买商。谁持有提单，谁就拥有货权，也就获得了变更提单内容的权利。

对于船公司而言，换单操作起来比较复杂。因为涉及不同分支机构对同一套舱单的更改，以及柜子到港清关的时限要求、舱单信息提前传输等，处理起来很是棘手。

转换提单是承运人提供给提单上发货人、收货人或通知方的特殊额外的服务，承运人并没有签发转换提单的义务。转换提单涉及提单正面主要提单关系人或主要内容的变更，转换后的提单构成对不知情的原提单持有人的伤害，对承运人也存在着潜在的风险。如由于单证申报不实，造成监管部门的追究，严重时可能引起扣船以及货物被没收等纠纷。同样，由于提单转换后的内容与原来买卖双方的原约定不符，也容易引起买卖双方对货款、数量、交付地等产生争议。更严重的是有可能被欺诈方所利用以达到其非法牟利的目的。

因此，承运人必须清楚意识到签发转换提单的风险，在操作时应当严格遵守操作程序要求。

如第一套提单的收货人或通知方提出在航线挂靠的范围内更改卸货港时，需经承运人同意，并由提出申请的货方提供书面保函明确其承担因此产生的一切风险和责任，货方必须交回第一套已签发的全套正本提单以换取第二套提单。

如货方提出对收货人与通知方栏目进行更改，应由持有全套正本提单的原提单的发货人或收货人提出申请，并收回原提单全套正本提单，同时提出申请的货方应当提供相应的保函，明确其承担因此产生的一切风险和责任。

在转换提单时，转换内容仅限于发货人、收货人、通知方以及装货港、卸货港和提单签发地；对于货物的描述不可更改。我国历史上最大的大连出口大米走私案，就是由于转换提单的存在。

严格禁止签发非班期表上列明挂靠港口的转换提单，因为这样很容易产生欺诈或绕航等方面的索赔；如提出转换提单申请的货方要求在航线挂靠的范围以外更改卸货港时，应向承运人提出申请。

签发转换提单时，装船日期须与转换提单上的装货港的开航日期相同。

集中换发或分票换发签发转换提单时，总箱量、总件数、重量和体积应当与原提单记载相符，不得更改原提单所载货名和原提单的签发日以及其他与货物真实性相悖而可能造成对承运人的损害的事项。

由于美国FMC对服务合同(Service Contract)的有关规定，在原提单上列明的货方必须是服务合同的签约方，转换提单如有变更，对此应当加以注意，以确保转换提单所列明的货方符合FMC对服务合同的有关规定。合同签约方和承运人因违反规定一旦被发现将会受到FMC的处罚。此外，对于政治敏感的国家和地区更不宜办理转换提单。

签发转换提单时，转换提单的签发港代理应当与装港代理和卸港代理保持密切联系，转换提单的签发港应及时更改相应的舱单信息。办理转换提单相关费用应向货主及时收取。

实务操作中，还会遇到船舶代理因签发转换提单而产生的索赔案，此时应当及时通知装港代理、卸港代理、转换提单的签发港代理，并与承运人共同处理，包括及时提供货方相关的保函。

签发转换提单时应特别注意对于各相关港口报关时限等的特殊要求，避免船舶抵港后无法正常靠泊或者罚款等风险。

● **船东单和货代单**

船东单(MASTER BILL)是船公司签发的提单。

货代单(HOUSE BILL)是无船承运人(NVOCC)签发的提单。

HOUSE BILL常用在以下2种情况。

一是拼箱货。货代用船公司签发的船东单提柜拆箱后，凭自己签发的HOUSE BILL放货。

二是客户要求的内容不能在船东单上体现。比如说倒签，大多数船公司都是极其谨慎的，除非迫不得已绝不为之。客户通过货代向船公司订舱，倒签的要求被船公司否决后，可以考虑要货代出倒签的 HOUSE BILL。当然，前提是 HOUSE BILL 能够满足结汇的需要，即收货人和银行接受 HOUSE BILL。

船公司有时也可以凭 HOUSE BILL 放货，但要货代出保函向船公司申请，一旦申请被接受，船公司就会在舱单里加上备注，此票货是凭 HOUSE BILL 放货的，HOUSE BILL 的提单号是多少。

同样，不是所有港口都接受 HOUSE BILL，要看当地海关的规定。例如委内瑞拉就不接受 HOUSE BILL。

以上海进出口公司出口一批茶叶去荷兰 JUMBO 超市为例，整箱货物，使用的实际承运人为马士基，使用的无船承运人为丹马士物流，签发的都是记名提单，下表将呈现这两份提单的区别。

表 2.1　MBL 和 HBL 的比较

提单内容	船东单	无船承运人单
SHIPPER 发货人	丹马士上海	上海进出口公司
CONSIGNEE 收货人	丹马士鹿特丹	荷兰 JUMBO 超市
CARRIER 承运人	马士基	丹马士物流
VOLUME 货量等否	相等	
CARGO DESCRIPTION 品名等否	相等	
B/L NO.等否	不相等	
VESSLE VOYAGE 等否	相等	
CONTAINER NUMBER 等否	相等	

● **美国单**

“9・11”以后，基于反恐要求，美国海关实行了提前 24 小时舱单申报制度，即凡运往美国、经由美国中转和途经美国的货物都必须在船预计到装货港前24小时,向美国海关传递舱单。经美国海关审查批准后,集装箱才能装船启运。

基于这项要求,各大船公司纷纷规范了美国提单的操作程序,要求客户必须在船预计到装货港前约72小时提供完整的提单资料,以便留出提单的制作、修改和确认的时间。如果客户不能按照船公司的时间要求及时提供提单补料,那意味着柜子将不能上船;如果客户不能在船公司向美国海关传递舱单前完成提单确认,那么在此之后的每一次修改都要产生25美元的海关罚款。

美国单的特点除了时效性比较强之外,还有就是内容要求比较严格。SHPR/NTFY/CNEE必须提供详细地址,详细到街道、门牌号,不接受P.O.BOX,而且NTFY/CNEE必须是本地地址;又比如说TO ORDER提单只接受TO ORDER OF A BANK或者是TO ORDER OF FINANCIAL INSTITUTION;件数应为最小的外包装单位数量,提单上货物包装描述不能使用PALLET(S);提单上不显示S.T.C.(SAID TO CONTAIN);提单上要显示木制包装或者非木制包装;提单上货物信息必须清楚和准确,不能显示GENERAL MERCHANDISE, EQUIPMENT, CHEMICAL等模糊品名;美国基本港货物限重(货物毛重):19976/20GP/40GP/40HQ;美国转运内陆货物限重(货物毛重):17252KGS/20GP、19976KGS/40GP/40HQ;加拿大货物基本港限重(货物毛重):20000KGS/20GP 27000KGS/40GP/40HQ。

美国单比较复杂的情况是两套舱单(MASTER B/L和HOUSE B/L)。美国海关对于MASTER B/L和HOUSE B/L采取了比较严格的区分和管理,因此除了船公司的AMS,还有NOVCC AMS。

美国联邦海事委员会(FMC)批准的无船承运人(NVOCC),同时具有美国海关AMS系统申报资格 * AMS NVOCC:即在美国联邦海事局(FMC)注册的NVOCC。注册过程简单说就是要先向FMC交些押金,

FMC给个注册号,然后这个NVOCC就可以用美国海关提供的软件系统自己向美国海关传递舱单。相反,如果没在FMC注册,那就必须要请船公司代为向美国海关传递舱单。

2003年以前,向美国海关传递的舱单仅限于HOUSE B/L,因为只有HOUSE B/L上反映的SHPR/NTFY/CNEE才是真实的SHPR/NTFY/CNEE。即AMS NVOCC按照时间要求自己向美国海关传递HOUSE B/L舱单后,再向船公司补一份MASTER B/L的补充信息(上面的SHPR是NVOCC自己,CNEE/NTFY是自己在美国的代理);而其他的NVOCC则必须向船公司提供两份舱单补料(MASTER B/L和HOUSE B/L),由船公司代为向美国海关传递HOUSE B/L舱单。

但是这一规定自2004年初起了变化,原因是美国人又加强了反恐的措施,要求不仅要向美国海关传递HOUSE B/L舱单,还要传递船公司的MASTER B/L舱单,时间要求同步。美国海关对于反恐的要求日渐严格,从后文中美国海关对于货主提供的ISF10+2以及ISF10+5等信息就可以发现这一点。

3. 拼箱关键点

拼箱,是指承运人(或代理人)接受多个货主托运的数量不足整箱的小票货运后,根据货类性质和目的地进行分类整理,把去同一目的地的货集中到一定数量,在拼箱场地内集中拼装成整箱出运,并在目的地分拨仓库拆箱后交货给多个收货人。由于一个箱内有不同货主的货拼装在一起,所以叫拼箱。

(1) 分类

根据类型分类:普通拼箱、危险品拼箱、冷冻货拼箱;

根据收发货人分类:公共拼箱和货主自拼箱;

根据货物来源分类:本地普通进出口拼箱、国际中转拼箱、国内中转拼箱、特殊监管区域拼箱等。

(2) 口岸清关出口拼箱操作模式

指在海运口岸出口报关，并集拼装运出境的一般贸易出口拼箱货物。

仓库就是出口的普通仓库。

在普通仓库出口拼箱理货不强制；货物只做整箱理货。

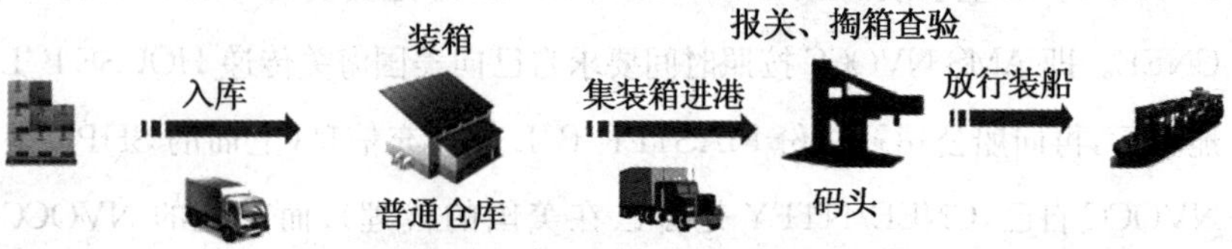

图 2.2　口岸清关出口拼箱操作

(3) 国内中转出口拼箱操作模式

指在国内其他沿海、沿江、内陆口岸或特殊监管区域进行出口转关申报后，采用跨关区转关运输作业方式(包括公路、水路、铁路)运至海运口岸海关监管场所内，进行二次拆拼箱作业后，再次集拼出境的拼箱货物。

比如已经有 9 票普货在集装箱，在集中监管点再加载 1 票。通过转关运输到码头，离开集中监管点时施加封志。

图 2.3　国内中转出口拼箱操作模式

(4) 口岸清关进口分拨拼箱操作模式

指从境外通过集拼方式到境内口岸，并在境内口岸进行进口清关的一般贸易进口拼箱货物。

假设该票货物有 1MBL 和 8HBL，集装箱拼箱经营人进行 8 票 HBL 的申报，此类货物需要进行 2 次理货：分别是针对集装箱整箱货物的理货，也可理解为理箱；以及针对 8 票 HBL 下的分拨货物的理货，分拨货物的查验在分拨仓库进行。

图 2.4　口岸清关进口分拨拼箱操作模式

(5) 进口国内中转拼箱操作模式

是指进境后，在海运口岸进行进口转关申报，并在海运口岸的海关监管场所内通过二次拆拼箱作业再次集拼后，通过跨关区转关运输作业方式(包括公路、水路、铁路)运至国内其他沿海、沿江、内陆口岸或特殊监管区域进行最终进口清关的进口拼箱货物。

图 2.5　进口国内中转拼箱操作模式

(6) 国际中转拼箱货物

指由境外启运，进入集拼仓库且目的地为境外的中转货物，根据不同目的地、航线及收货人进行拆箱作业，再与其他货物拼装成整箱货物后转运离境的货物。

图 2.6　国际中转拼箱操作模式

图 2.7　国际中转加拼拼箱操作模式

二、空运出口基本流程

1. 空运流程①

(1) 订舱环节

首先是订舱申请。一般委托集中托运人(即通常理解的航空货运代

① 参见上海口岸通关流程与作业时限(空运普货出口),http://www.singlewindow.sh.cn/winxportal/news.html?id=189423&pubTime=2016-09-30。

理，以下简称航空货代）统一向航空公司订舱，集中托运人收到航空公司订舱确认后，向外贸企业发进仓通知。订舱后，与境外收货人确认运单信息。

航空货代发出进仓通知。通过海关空港出口物流信息管理系统，由地面代理仓库（通常是航空公司的地面代理）发送入库信息，外贸企业（或者委托货代）打印空港联系单。待空运的货物运送到指定地面代理仓库。

航空公司向海关发送预配舱单信息，根据舱单管理办法，通常在航班载货4小时前发送。

(2) 报关环节

因为空运货物种类多，数量少，因此更类似于海运的拼箱货物，在报关环节，通常都是以分单（HAWB）内容报关，而不是总单（MAWB）内容报关。

报关环节中，货代递交报关委托书和其他需要的随附单证等（如合同、发票）。海关按照规定接受申报，发送回执。

(3) 运抵和查验

货代收到交付通知后，通过海关空港出口物流信息管理系统，向海关、货站报送载货清单（也叫出口预配舱单）（委托集中托运人订舱的，由代理仓库报送）。

货物运至货站海关卡口，如果是查验货物，则将货物送至查验场地；如果该票货物不查验，则接收通过卡口指令，货物进货站。货运站验核车辆载货清单（出口预配舱单），发送运抵报告，并取得海关的放行信息。货运站对进入站内的货物验核标签、航班、运单、重量等，进行安检，等待装机。

(4) 装机出运

货运站将货物装上飞机、飞机驶离机场。

2. 空运运单

(1) 基本概念

航空货运单是指托运人或者受托运人委托填写的，名为航空货运单的文件，是托运人为在承运人的航班上运输货物与承运人订立运输合同的初步证据。

货运单有 2 种形式，一种是预先印制承运人标识的承运人货运单，主要是为了区分不同承运人的货运单，此部分主要包括承运人名称、承运人总部地址、承运人的图案标志、承运人的票证代码(包括货运单的编号)；另外一种是没有任何形式的承运人识别的中性货运单。不论是哪一种货运单，每项需要填写的内容是一致的。

(2) 空运单作用

空运单一般一式三份正本，五份副本，也有九份副本。空运单的主要作用包括：

● 是承运人或其授权的货运代理人填开的最重要的货物运输文件，承运人和托运人之间缔结运输合同的书面证明文件。

● 是托运人将货物交付给承运人，承运人将货物交付给收货人的凭证。

● 是货物运费的凭证。

● 是货物保险的凭证(如果承运人根据托运人要求提供此项保险的话)。

● 是承运人员工处理、运输、交付货物的依据。

● 是向海关申报的证明。

(3) 空运单的有效期

空运单填制后，经承运人签字后生效，货物运至目的站，收货人提取货物并在货运单的交付联上签收后，货运单作为收货凭证，有效期结束。

但是作为运输合同证明，有效期应在航班到达、应该到达或者运输停止之日起两年内有效。

(4) 填制货运单的责任

根据《华沙公约》《海牙议定书》和承运人的运输条件，空运单应该由托运人填制，连同货物一起交给承运人。如果承运人根据托运人提供的托运书填制货运单，并经托运人复核签字，则该空运单应当被视为代托运人填写。

所以，托运人应当对货运单上所填写的各项内容的真实性和准确性负责。由于货运单填写的不规范、不准确、不完整导致承运人或者任何其他人遭受损失，托运人应负全部责任。

三、陆运出口基本流程

1. 陆运流程

陆运的出口流程，主要包括以下环节：

1. 货主委托货运代理安排出运。

2. 货运代理公司(通常也代理运输公司)接受委托，将货物送入监管仓库。

3. 货运代理公司制作出运相关的文件，比如装箱单(PACKIING LIST)、形式发票等单证。

4. 货运仓库发送运抵报告给海关。

5. 货运代理公司根据出口货物的信息，发送陆运预配舱单给海关。

6. 货运代理公司接收到海关预配舱单回执，安排国际运输车辆进入监管仓库装运货物。

7. 货运代理公司发送运输工具确报给海关(代替装载舱单)。

8. 装货完毕后，施海关关封。

9. 理货公司现场实施理货。

10. 货运代理企业填制报关单、代理货主报关。

11. 海关凭预配舱单、运抵报告、报关单，接受申报。

12. 单证放行。

13. 海关凭单证放行、运输工具确报等信息，实货放行(如此票货物有查验，则前往查验场地实施查验)。车辆驶离监管仓库。

14. 运输工具驶离监管仓库的 6 个小时内，理货公司发送理货报告给海关。

15. 海关凭借理货报告，实施核销。

16. 车辆抵达口岸正式驶离国境，留存运单一联给运管部门。

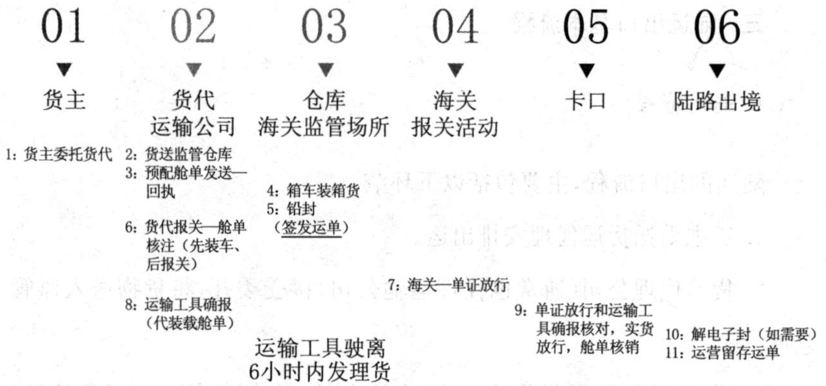

图 2.8　国际道路运输流程

2. 国际道路运单

国际道路运单一共五联，俗称五联运单，各联各有所用。通常而言，单证留存情况如下：

第一联运管签发时留存，

第二联发站海关留存，

第三联出境地海关留存，

第四联运管局出境时留存，

第五联退税使用。

实际使用上时，如遇不够会复印几份，并加盖正本章备用。

从发展趋势和单证统一性观察，中国国际道路运单应被国际通用的CMR运单替代。

四、进口基本流程

1. 作业流程

进口货物一般建立采购合同、办理信用证、投保、发送进口原始舱单、船舶到港检查、接货、报关、进口安排运输、付汇以及核销等主要业务流程环节。

(1) 建立采购合同

进口商磋商签约与出口商磋商签约是同一项工作的两个方面，只是进口商的立场和想法与出口商相反而已，进口磋商签约工作包括询盘、发盘、还盘、接受和签约五个工作任务。

(2) 办理信用证

进口业务中，外贸业务员需要向商务部、海关等有关部门办理各种许可证件、进口免税证明等。

如果外贸业务员需要按照进口合同规定的开证时间想银行办理开具信用证证明申请，须向银行提交开证申请书、进口合同副本、进口许可证、进口合同、贸易进口付汇核销单等。

(3) 投保

进口收货人收到出口商装运通知后，向保险公司办理保险手续。保险公司同意承保后，签发保险单据，进口收货人也可以在装运前，先于保险公司签订货物预约保单，等收到发货人装运通知后，正式签订保单。

(4) 发送进口原始舱单

原始舱单电子数据传输以前，运输工具负责人应当将运输工具预计抵达境内目的港的时间通知海关。运输工具抵港以前，运输工具负责人应当将运输工具确切的抵港时间通知海关。运输工具抵达设立海关的地点时，运输工具负责人应当向海关进行运输工具抵港申报。

进境运输工具载有货物、物品的，舱单传输人应当在下列时限向海关传输原始舱单主要数据：

● 集装箱船舶装船的 24 小时以前，非集装箱船舶抵达境内第一目的港的 24 小时以前；

● 航程 4 小时以下的，航空器起飞前；航程超过 4 小时的，航空器抵达境内第一目的港的 4 小时以前；

● 铁路列车抵达境内第一目的站的 2 小时以前；

● 公路车辆抵达境内第一目的站的 1 小时以前。

舱单传输人应当在进境货物、物品运抵目的港以前向海关传输原始舱单其他数据。

海关接受原始舱单主要数据传输后，收货人、受委托报关企业方可向海关办理货物、物品的申报手续。

需要注意原始舱单的第一次传输(原始舱单的主要数据传输)和原始舱单的第二次传输(原始舱单的其他数据传输)。原始舱单的主要申报数据是指运输工具在境外实际装货的在国内未进行修改的舱单。中国海关之所以对舱单传输规定了两次分批，主要是考虑到部分数据元在第一次传输时无法获知，故采用两次传输数据的方式。海关接受原始舱单主要数据传输后，收货人、受委托的报关企业方可向海关办理货物、物品申报手续，也可以简单理解为，原始舱单第一次传输(即原始舱单主要数据传输)是货物办理报关手续的前提条件。

(5) 船舶到港检查

船方或者其代理人应当在船舶预计抵达港口前7天(航程不足7天的,在驶离上一口岸时),填写《国际航行船舶进口岸申请书》,报请抵达口岸的海事局批准。

船方或者其代理人应当在船舶预计抵达口岸的24小时前(航程不足24次小时的,在驶离上一口岸时),将抵达时间、停泊地点、靠泊移泊计划以及船员、旅客的有关情况报告海事、海关、边防等检查机关。

船方或其代理在船舶抵达口岸前未办妥进口岸手续的,须在船舶抵达口岸24小时内到检查机关办理口岸手续。船舶在口岸停泊时间不足24小时的,经检查机关同意,船方或其代理人在办理进口岸手续时,可以同时办理出口岸手续。

船方或其代理应当在船舶驶离口岸前4小时内(停泊时间不足4小时的,在抵达口岸时),到检查机关办理必要的出口岸手续。有关检查机关应当在《船舶出口岸手续联系单》上签注;船方或其代理人持《船舶出口岸手续联系单》和港务监督机构要求的其他证件、资料,到港务监督机构申请领取出口岸许可证。

(6) 接货

收货人接到目的港船公司或者船代公司到货通知后,委托货代或者报关企业将正本提单或者副本电放加保函,到船代处换取提货单(小提单)。

(7) 报关

企业按照报关单填制规范和相关申报管理规定,自主向海关申报报关单以及随附单证、税费电子数据。具体而言,报关单位及其工作人员准备好进口货物报关信息、委托资料、商业发票、装箱单、合同、提单复印件、提货单等报关单证,通过单一窗口进行电子数据预录入。审核无误后向海关发送报关信息。

海关首先根据舱单信息进行准入的风险处置，然后针对报关单和随附电子数据进行规范性、逻辑性审核，审核结果分为“不接受申报”和“接受申报”。

对海关已经接受的申报报关单，风险防控中心进行风险甄别和处置，税管中心也会进行税收风险处置；现场综合业务部门对于需要报关单修改、撤销、退补税的，联系企业进行补充提交担保等操作。

查验，符合所有放行条件后，进行放行。

(8) 进口安排运输

海关放行后，货代将海关放行信息的提货单、船公司或者船代公司发放的设备交接单，交由车队到码头提箱、出场。

对于拼箱货物，需要具有资质的货代向海关申请担保，经海关同意后，将集装箱拉到海关监管仓库，进行拆箱。货代凭借国外无船承运人出具的无船承运人提单，也称货代提单(HOUSE BILL OF LADING)换取提货单，海关放行后，凭具有海关放行信息的提货单到海关监管仓库提取相应货物。

2. 关键单证解析

(1) 提货单

进口环节，提货单是经常使用到的，指收货人凭正本提单或者副本提单，随同有效的担保，向承运人或者其代理人换取的，可向港口装卸部门提取货物的凭证。提货单通常分五联，提货联 1 联、费用账单 2 联、交货记录 2 联。

(2) 原始舱单

进出境运输工具舱单是指进出境运输工具所载货物、物品和旅客信息的载体，包括原始舱单、预配舱单、装(乘)载舱单，实务中，进口时使用的舱单为原始舱单。舱单不仅是船舶办理报关手续的必备单据之一，还是对进出境船舶所载货物进出境进行监管的单证；同时舱单还是港方和理货机构安排卸货的单证之一。另外，进口货物的收货人在办理货物进口报关手续时，原始舱单也是海关办理验放的单证之一。

(3) 理货证明书(理货报告)

理货证明书是委托方确认理货工作的凭证，由理货长编制。理货证明书是理货机构向船公司及其代理人结算各项费用的依据。因为理货证明书列明了进口货物的总件数，因此，客观上又起到了船舶实际装卸货物总数量的交接作用。实践中，理货证明书(理货报告)还是海关处理货物进出境通关手续的必备单证之一。

第二节　多式联运海关监管

一、国际多式联运概述

1. 国际多式联运的概念和特点①

国际多式联运是在集装箱运输的基础上发展起来的新型的运输方式。国际多式联运一般以集装箱为媒介，把海上运输、铁路运输、公路运输、航空运输和内河运输等传统的单一方式运输有机地结合起来，化为一体加以有效地综合利用，构成一种连贯的过程来完成国际间的运输。

20 世纪 60 年代末，多式联运开始在美国出现，受到贸易界的欢迎。随后被美洲、欧洲及非洲部分地区采用。目前，国际多式联运已成为一种新型重要的国际集装箱运输方式。

联合国为了适应并促进国际贸易和运输的顺利发展，1980 年 5 月 8 日至 10 日在日内瓦召开的国际多式联运公约会议上，经与会 84 个贸发

① 参见 http://www.lyccta.org/knowledge-view-58.aspx。

会议成员国一致讨论通过，产生了当今世界上第一个国际多式联运公约，其全称为《联合国国际货物多式联运公约》(以下简称《公约》)。《公约》的总则部分第一条对国际多式联运作了如下的定义，即“国际多式联运是按照多式联运合同，以至少两种不同的运输方式，由多式联运经营人将货物从一国境内接受货物的地点运至另一国境内指定交付货物的地点。”根据这个定义，构成国际多式联运需要具备以下几个条件。

第一，必须要有一个多式联运合同，明确规定多式联运经营人(承运人)和托运人之间的权利、义务、责任、豁免的合同关系和多式联运的性质。多式联运经营人根据合同规定，负责完成或组织完成货物的全程运输并一次收取全程运费。所以，多式联运合同是确定多式联运性质的根本依据，也是区别多式联运和一般传统联运的主要依据。

第二，必须使用一份全程多式联运单据。全程多式联运单据是指证明多式联运合同以及证明多式联运经营人已接受货物并负责按照合同条款交付货物所签发的单据。它与传统的提单具有相同的作用，也是一种物权证书和有价证券。国际商会为了促进多式联运的发展，于 1975 年颁布了《联合运输单据统一规则》，对多式联运单据作了认可的规定，如信用证无特殊规定，银行可接受多式联运经营人所签发的多式联运单据，这就为多式联运的发展提供了有利条件。

第三，必须是至少两种不同运输方式的连贯运输。多式联运不仅需要通过两种运输方式而且是两种不同运输方式的组合。例如海—海，铁—铁或空—空等，虽经两种运输工具，由于是同一种运输方式，所以不属于多式联运范畴之内，但海—陆、海—空、陆—空或铁—空等，尽管也是简单的组合形态，却都符合多式联运的基本组合形态的要求。所以，确定一票货运是否属于多式联运方式，至少两种不同运输方式的组合是一个重要因素之一。为了履行单一方式运输合同而进行的该合同所规定的货物接送业务，则不应视为多式联运，如航空运输长期以来普遍盛行汽车接送货物运输业务，从形式上看已构成航空—汽车组合形态，但这种汽车接送习惯上视同航空业务的一个组成部分，作为航空运输的延伸，故《公约》规定，把这种接送业务排除在多式联运之外。这样进一步明确了两种不同运输方式组合的内容，以避免多式联运法规同单一方式法规在这个问题上产生矛盾。

第四，必须是国际间的货物运输，这是区别于国内运输和是否适合国际法规的限制条件。也就是说，在国际多式联运方式下，货物运输必须是跨越国境的一种国际间运输。

第五，必须由一个多式联营经营人对全程运输负总的责任。这是多式联运的一个重要特征。多式联运经营人也就是与托运人签订多式联运合同的当事人，也是签发联运单据的人，它在联运业务中作为总承运人对货主负有履行合同的责任，并承担自接管货物起至交付货物时止的全程运输责任，以及对货物在运输途中因灭失损坏或延迟交付所造成的损失负赔偿责任。多式联运经营人为了履行多式联运合同规定的运输责任，可以自己办理全程中的一部分实际运输，把其他部分运输以自己的名义委托给有关区段的运输承运人（俗称分承运人）办理，也可以自己不办理任何部分的实际运输，而把全程各段运输分别委托有关区段分承运人办理，分承运人与原发货人不发生任何关系。分承运人只与多式联运经营人发生联系，他们之间的关系是承托关系。

第六，必须是全程单一运费费率。多式联运经营人在对货主负全程运输责任的基础上，制定一个货物发运地至目的地全程单一费率并以包干形式一次性向货主收取。这种全程单一费率一般包括运输成本（全程各段运输费用的总和）、经营管理费用（如通讯、制单以及劳务手续费等）和合理利润。

多式联运是货物运输的一种较高组织形式，它集中了各种运输方式的特点，扬长避短融会一体，组成连贯运输，达到简化货运环节、加速货运

周转、减少货损货差、降低运输成本、实现合理运输的目的,它比传统单一运输方式具有无可比拟的优越性,主要表现在:

(1) 责任统一,手续简便

在多式联运方式下,不论全程运输距离多么遥远,也不论需要使用多少种不同运输工具,更不论途中要经过多少次转换,一切运输事宜统一由多式联运经营人负责办理,而货主只要办理一次托运、签订一个合同、支付一笔全程单一运费,取得一份联运单据,就履行了全部责任。由于责任统一,一旦发生问题,也只要找多式联运经营人便可解决问题。与单一运输方式的分段托运、多头负责相比,不仅手续简便,而且责任更加明确。

(2) 减少中间环节,缩短货运时间,降低货损货差,提高货运质量

多式联运通常是以集装箱为媒介的直达连贯运输,货物从发货人仓库装箱验关铅封后直接运至收货人仓库交货,中途无需拆箱捣载,减少很多中间环节,即使经多次换装,也都是使用机械装卸,丝毫不触及箱内货物,货损货差和偷窃丢失事故就大为减少,从而较好地保证货物安全和货运质量。此外,由于是连贯运输,各个运输环节和各种运输工具之间,配合密切,衔接紧凑,货物所到之处,中转迅速及时,减少在途停留时间,故能较好地保证货物安全、迅速、准确、及时地运抵目的地。

(3) 降低运输成本,节省运杂费用,有利贸易开展

多式联运是实现"门到门"运输的有效方法。对货方来说,货物装箱或装上第一程运输工具后就可取得联运单据进行结汇,结汇时间提早,有利于加速货物资金周转,减少利息支出。采用集装箱运输,还可以节省货物包装费用和保险费用。此外,多式联运全程使用的是一份联运单据和单一运费,这就大大简化了制单和结算手续,节省大量人力物力,尤其是便于货方事先核算运输成本,选择合理运输路线,为开展贸易提供了有利条件。

(4) 实现"门到门"运输的有效途径

多式联运综合了各种运输方式,扬长避短,组成直达连贯运输,不仅缩短运输里程,降低运输成本,而且加速货运周转,提高货运质量,是组织合理运输、取得最佳经济效果的有效途径。尤其是采用多式联运,可以把货物从发货人内地仓库直运至收货人内地仓库,为实现"门到门"的直达连贯运输奠定了有利基础。工业上自动化大生产是通过自动化生产线,那么多式联运可以说是运输大生产的多式联运生产线。

2. 多式联运经营人的基本概念

(1) 多式联运经营人①

我国《合同法》第 317 条所指的多式联运经营人,是指本人或者委托他人以本人名义与托运人订立多式联运合同的人。他是事主,而不是托运人的代理人或者代表人,也不是参加多式联运的各承运人的代理人或者代表人。

多式联运合同的运营人既可以为单纯的缔约承运人,亦可以为缔约承运人兼实际承运人。缔约承运人指以本人名义与旅客或托运人,或与旅客或托运人的代理人订立联运合同之人;单纯的缔约承运人,是没有运输工具的运输代理人,仅负本条组织运送之义务。实际承运人指根据缔约承运人授权,履行全部或部分多式联运合同运输的人;多式联运运营人若负责履行时,则为实际承运人,这时其往往为第一承运人,即担任第一阶段运送义务之人。

依本条规定之精神,首先由多式联运运营人与旅客或托运人签订运送合同,承担全程运送,而实际上多式联运承运人于承揽运送任务后再将运送义务交由其他承运人完成。但托运人或旅客仅与多式联运承运人直

① 参见 http://www.lyccta.org/knowledge-view-57.aspx。

接发生关系。因此多式联运承包人处于一般运送合同承运人的地位，其享有承运人的全部权利，向托运人或旅客履行全部义务和承担全部责任。在各实际运送人的运送中造成迟延或给货物或给旅客造成损害时，多式联运承运人应当承担赔偿责任。至于其与实际承运人间的关系则依其相互间的合同而定。

(2) 国际多式联运经营人①

国际多式联运的形成和发展离不开多式联运经营人，对于国际多式联运经营人的概念，不同的法律和法规、国际公约都作了明确的规定。

《联合国国际货物多式联运公约》的定义为："多式联运经营人是指其本人或通过其代表订立多式联运合同的任何人，他是事主，而不是发货人的代理人或代表或参加多式联运的承运人的代理人或代表，并且负有履行合同的责任。"

《1991年联合国贸易和发展会议/国际商会多式联运单证规则》的定义为："多式联运经营人是指签订一项多式联运合同并以承运人身份承担完成此项合同责任的任何人。"

我国《海商法》规定："多式联运经营人是指本人或者委托他人以本人名义与托运人订立多式联运合同的人。"

从上述定义可见，多式联运经营人必须具备下列特征：

(1) 多式联运经营人必须与货主本人或其代表订立多式联运合同，同时又以货主的身份与各区段的实际承运人订立运输合同，因此具有双重身份；

(2) 多式联运经营人对全程运输所发生的货损、货差负责，但其可向分承运人追偿；

(3) 多式联运经营人可以拥有运输工具也可以不拥有运输工具。

---

① 参见 http://www.lyccta.org/knowledge-view-16.aspx。

3. 国际货物多式联运的过境运输①

根据《联合国国际货物多式联运公约》，海关应当在国际货物多式联运中提供便利，尤其是在过境手续中。

除按本国境内实施的法律规章和国际公约的规定外，缔约国应给予国际多式联运货物便利：在途中一般不再受海关检查，海关在进出口口岸一般只应检查海关封志及其他安全措施。

在不影响有关公共或国家安全、公共道路或公共卫生的法律规章的实施的情况下，不履行用于过境作业的海关过境制度以外的任何海关手续或规定。

如果缔约国为启运地国家，应尽量采取一切可行的措施，保证其后过境作业所需资料的完整、准确；如果缔约国是目的地国家，应采取一切必要措施，保证海关过境货物一般能在其目的地的海关结关；除非本国的法律规章另有规定，应设法在尽可能接近货物最后目的地的地点办理货物的结关手续。

如果海关认为海关过境手续的要求已达到，则国际多式联运货物无须向过境国家交付进出口关税和其他税或交付这种税项的保证金。如果由于公共安全或公共卫生方面的要求需要收费，应当按照本国规章收取；收费的总额应当大致相当于所提供服务的成本的费用。

如果海关过境作业需要财务担保，此项财务担保之提供，必须使有关过境国家的海关当局感到满意，而且应符合其国家法律规章和国际公约的规定。

为了便利海关过境，海关担保制度应当简单、有效、收费适中，并包括应付的进出口关税和其他税，如果担保制度还包括罚款，那么担保金额还

① 参见 http://www.lyccta.org/knowledge-view-64.aspx。

应当包括应付的罚款。

一般来说，过境国家的海关应当接受多式联运单据作为海关过境单据的证明。为了便利海关过境，海关过境单据应当尽可能与联合国推荐的单据格式相一致。

二、海关对多式联运的监管

1. 海关对多式联运的监管范畴

根据我国《海关法》，海关对进出境运输工具、货物、行李物品、邮递物品和其他物品依法实施监管。由于国际多式联运连接国际、国内两个市场，按照《海关法》第二十三条规定："进口货物自进境起到办结海关手续止，出口货物自向海关申报起到出境止，过境、转运和通运货物自进境起到出境止，应当接受海关监管。"海关对多式联运货物的监管主要针对货物的进出境环节以及在境内的运输过程。

海关多式联运监管适用的货物范围主要为依托水路、铁路、公路、航空等两种及以上运输方式进行运输的进出境货物和过境货物；适用的运输工具除了承载国际多式联运货物的进出境运输工具、境内承运海关监管货物运输车辆、船舶以外，还不可分割地涵盖了其他相关国内运输工具等。

适用的监管对象方面，目前有两种方式，一种是狭义的多式联运，即《联合国国际货物多式联运公约》以及我国《海商法》定义下的：1 个多式联运经营人，1 份全程多式联运经营合同，涵盖 2 种或者 2 种以上的运输方式。当前我国可以签订全程一份联运合同"一单到底"的多式联运货物总体较少，导致这一情况的原因，部分是因为目前我国现在还是转关运输为主的监管模式，缺乏具有操作便利性的多式联运海关监管办法，还有一部分是因为我国多式联运的交通基础设施还不够完善。

还有一种是广义的多式联运,即根据企业实际需求,将签订多份联运合同的组合联运纳入监管范围,扩大多式联运货物的外延。即将联运运输也视同为多式联运。简言之,将原来的转关运输视同为广义的多式联运。这样认定的好处是海关的监管能够覆盖大部分现有的物流运输,缺点是在认定多式联运经营人时出现困难,因为运输实际上是联运运输,是分段运输,不同的运输区段,由不同的运输企业负责,那么在衔接处就容易出现各种纠纷和扯皮,也不利于海关监管。

总而言之,可以将多式联运经营人明确为以两种及以上运输方式提供全程运输服务,承担全程货物运输责任的承运人,或以承运人身份与托运人签订多式联运合同的其他主体(如无船承运人、国际货运代理人、快件公司等)。

需要重视的是,随着近年来海关全国通关一体化改革的深入,海关提供更加多样和便捷的货物管理模式让收发货人自主选择。对于多式联运进出境货物,其收发货人也具有相同的选择权利。收发货人选择在海关监管下进行联程运输,由多式联运经营人履行完货物交付义务再办理海关手续的,按照将要出台的《多式联运海关监管办法》接受海关监管;选择采用全国通关一体化、口岸报关、转关等方式办理货物海关手续的,仍可按现行规定办理。海关多式联运监管的基础上建立了一种新的顺应物流整体趋势的海关监管模式,但并不作为多式联运进出境货物的唯一监管模式,收发货人仍可根据企业自身的需求,选择适合企业运营状况的方式办理货物的海关手续。

2. 海关对多式联运经营人的监管

为了倡导贸易安全与便利,鼓励守法经营,应当应用联网管理手段,对国际多式联运相关从业企业实行“放管结合”。

一是对企业业务开通进行联网登记。简化企业业务开展准入手续,联运经营人、联运相关经营人、国际多式联运经营人只需向海关提交业务开通申请表,海关对申请表确认后,企业即可向海关传输多式联运相关电子数据,办理相关业务。这里,联运经营人,国际多式联运经营人视同为承运人的身份,类似于舱单管理中的运输工具负责人。

已取得海关监管货物仓储经营资质或多式联运海关监管中心资质的无需提交申请,视为自动开通。企业信息经一关开通后,在全国适用。

二是对企业资质实行联网认证。对应业务开通申请企业所要提供的资质证明,只要能够通过与工商、交通运输、公安等部门联网获取的,企业无需提交纸质证明材料,充分体现了海关与相关管理部门的信息共享、执法互认与监管互通。

三是对企业资信予以联网共享。建立联运经营人和联运相关经营人的信用记录,将失信企业的相关行为向社会公布,做到一处失信、联合惩戒。通过以上信息化手段对企业信用进行联网监管,借力"互联网+"强化部门协同互通,提升企业行为自律。

三、海关对过境运输的监管

1. 过境运输的基本概念

我国海关总署令第38号《中华人民共和国海关对过境货物监管办法》所称"过境货物"系指由境外启运,通过中国境内陆路继续运往境外的货物。"经营人",指经国家经贸主管部门批准、认可具有国际货物运输代理业务经营权并拥有过境货物运输代理业务经营范围(国际多式联运)的企业。"承运人"指经国家运输主管部门批准从事过境货物运输业务的企业。

2. 过境运输的海关监管

笔者认为,应当将过境货物纳入海关多式联运货物监管范畴,并对其监管作出比较全面的规范。首先是不再限定过境货物必须为陆路运输，明确对于同我国签有过境运输协定国家的过境货物，以及未签有运输协定国家的过境货物，联运经营人持主管部门批准文件即可向进境地海关办理过境手续；其次是取消《海关过境货物报关单》，海关对过境货物采用《过境多式联运申请单》进行全程监管，对于实施了 TIR 运输的货物，可以根据 TIR 的规定实施；三是取消 38 号令关于过境货物应当自进境之日起六个月内运输出境的规定，同时将 38 号令关于“过境货物自进境之日起超过三个月未向海关申报的，海关视其为进口货物”的规定，调整为“过境货物自进境之日起超过三个月未向海关申报的，海关按照超期未报关货物的相关规定进行处理”，赋予滞境过境货物后续处理更多的选择。

《中华人民共和国海关对过境货物监管办法》(海关总署令第 38 号)对于过境货物的定义是“由境外启运，通过中国境内陆路继续运往境外的货物”。随着多式联运业务的拓展，过境货物运输方式已成为国际多式联运的组成部分，传统的局限于陆路的运输方式既不符合国际惯例，也无法满足企业需求，相比之下，企业对于通过内河运输或内河与铁路、公路联合等形式运输过境货物的需求较为迫切。同时由于 38 号令起草时间较早，有关过境货物的监管流程，与当前物流作业不相适应，部分监管规定与海关现行监管要求不一致，亟须修改调整。海关总署 2018 年第 240 号令(关于公布《海关总署关于修改部分规章的决定》的令)，将原第六条修改为：“经营人应当凭主管部门的批准文件，向海关申请办理报关注册登记手续。经海关核准后，才能负责办理报关事宜。”删去原第八条第(一)项中的“(一式四份)”，将第(三)项修改为“海关需要的发票、装箱清单等其他单证”。虽然经过修改和调整，但是仍然不符合国际多式联运发展，建议对 38 号令予以废止，建议同步研究修订《海关法》关于过境货物的相关名称解释。

四、多式联运与转关运输监管的异同

国际多式联运货物与《中华人民共和国海关关于转关货物监管办法》(海关总署令第89号)所指的转关货物均属于在两个或两个以上设关地点间移动的海关监管货物。

貌似海关多式联运监管与海关的转关运输有许多相似之处,但在监管规定上存在诸多不同。一是在监管对象方面,转关以进出口货物收发货人及其代理人,境内承运人或其代理人为管理对象,并以之为申报主体和履行相应责任;多式联运是以多式联运经营人、相关经营人为主要调整对象,由多式联运经营人统一向海关办理境内运输期间的货物申报手续,承担保持货物监管完整性义务及相关连带责任。二是在监管方式方面,转关是关与关之间对货物实行点到点的分段式监管,即便是具有全程提运单,涉及境内运输工具换装和跨关区货物移动的,均需层层报关和传递数据,对货物进行加封管理。转关监管所涉及法律主体较多、关系相对复杂。与此相应,多式联运将货物进行全程运输或者联程运输,满足了货主只需指定目的地,一次性缴纳相关费用便可"一单到底、全程无忧"的需求。境内运输、换装或拆拼均由多式联运经营人以电子数据形式向海关申报,实际运抵目的地后才需收发货人介入进行货物的进出口申报,发生法律责任的转移,这意味着职责更加清晰,手续更加简便。由于适用何种监管方式为企业自主选择,且转关运输发展相对成熟,相关的产业链条基本固化,预计在海关多式联运监管推行初期转关业务仍将占有一定市场份额,待配套措施逐步完善、政策红利进一步释放,多式联运业务比重将稳步提升直至占据主导地位。

目前海关多式联运监管办法还没有出台,承运人对于多式联运单证的签发,考虑到内陆网点船舶代理制作的铅封,舱单都未经出口海关确认,货物不能作为离境处理,因此到口岸后集装箱无法直接装船,尚须经过口岸海关转关,由口岸统一制作舱单后才能装船,且装船前存在被抽检货物或退关的可能,因此内陆网点船舶代理通常在货物装上海运船后,方才代表承运人签发多式联运提单,提单签发时间为货物实际装船时间。如果内陆网点船舶代理在货物装上支线船舶后即签发多式联运提单,而最终货物没有装上海运船出口时,此票货物运输即变为内贸运输,已签发提单的内陆网点船舶代理应及时收回全套多式联运提单,并根据货方要求签发内贸运单。另外,如果内陆网点船舶代理不签发提单,也可按异地签单的情况处理,待货物实际装上海船后签发直达提单,提单签发时间为货物实际装上干线船时间。

第三章

承　运　人

第一节　我国海关对承运人监管现状研究

一、历史沿革

我国海关对于承运人监管现行的法律法规，除了《中华人民共和国海关法》（法律）、《中华人民共和国海关行政处罚实施条例》（行政法规）以外，还有《中华人民共和国海关进出境运输工具监管办法》《中华人民共和国海关进出境运输工具舱单管理办法》《关于进出境船舶所载货物、物品舱单传输的有关事项》。

1. 舱单

2009年至今，海关对承运人的监管，主要是依靠《中华人民共和国海关进出境运输工具舱单管理办法》（以下简称“新办法”）进行管理；1999年至2009年，海关对承运人的监管，主要是依靠《中华人民共和国海关舱单电子数据传输管理办法》进行管理。

《新办法》扩充了铁路列车、公路车辆舱单管理的内容；根据经济社会发展的实际需要，扩大了《新办法》的适用范围，将物品和旅客舱单也列入了管理范畴；《新办法》还调整了舱单等电子数据的传输主体；舱单的提前传输是核心的内容和基本原则，《新办法》突出和明确了舱单等电子数据的传输时限；针对舱单等电子数据的变，《新办法》更做出了专门规定，细分为“自由变更”“依申请变更”“处罚后变更”；《新办法》确定了新的舱单数据元，在此基础上，开发了新舱单系统。

2. 运输工具

海关总署第196号令《中华人民共和国海关进出境运输工具监管办法》(以下简称《运输工具监管办法》)自2011年1月1日起施行。

为适应进出境运输工具近年来发生的新变化,《运输工具监管办法》主要在"明确出境地点""遭遇不可抗力就近监管""运输工具用途限制""增加备案地""明确自用、合理规定""废弃物料退运"等方面做出了规范。从《运输工具监管办法》的主要内容可以看出,它仅对运输工具本身进行了规范,但是对运输工具的拥有者、经营者和管理者,即承运人,没有进行相应的管理,比如分类管理、事前事中事后的管理。

二、存在问题

1. 对承运人监管客体界定不清

(1) 运输工具负责人界定不清

根据《海关法》第十四条,进出境运输工具到达或者驶离设立海关的地点时,运输工具负责人应当向海关如实申报,交验单证,并接受海关监管和检查。其含义是指,进出境运输工具到达或驶离设立海关的地点时,运输工具负责人或者其代理人必须依法向海关如实申报该运输工具及其载运货物、人员的真实情况,交验载货清单、旅客名单和海关要求提交的其他单据、证明,接受海关的监管和检查。

由于海运中情况比较复杂,下面就以海运为例,分析运输工具负责人的确切定义,尤其是在存在租船等情况下,有多种主体都可被定义为运输工具负责人,那么就必须界定谁将承担责任,或者相关人承担的连带责任。由于主体界定的混乱,将导致《新办法》在实施过程中,难以明确具体的责任方,而导致新办法推广困难重重。

表 3.1 不同运输模式下运输工具负责人、所有人和承租人比较

租船类型	运输工具负责人	运输工具所有人	运输工具承租人
不租船	运输工具所有人 船长		—
定期租船	运输工具所有人(出租人) 运输工具的承租人(承租人) 船长(运输工具所有人配备)	出租人 —定期租船的船舶所有人 —出租人配备船员 —出租人不负责船舶运营	承租人 —定期租船的租家 —承租人不配备船员 —承租人负责船舶的运营
航次租船	运输工具所有人(出租人) 运输工具的承租人(承租人) 船长(运输工具所有人配备)	出租人 —航次租船的船舶所有人 —出租人配备船员 —出租人负责船舶运营	承租人 —航次租船的船舶所有人 —承租人不负责配备船员 —承租人不负责船舶的运营
光船租船	运输工具所有人(出租人) 运输工具的承租人(承租人) 船长(承租人配备)	出租人 —光船租船船舶所有人 —出租人不配备船舶船员 —出租人不负责船舶运营	承租人 —光船租船的船舶所有人 —承租人负责配备船员 —承租人负责船舶的运营
船舶管理公司(参加实质运营,但是责任由委托人承担)	运输工具所有人 运输工具出租人 船长		

资料来源:根据国际航运惯例和《国际货物运输》《租船实务与法律》《新编海商法学》整理。

(2) 运输工具负责人的代理人界定不清

在舱单传输过程中,与船舶有关的具体包括以下企业:无船承运业务经营人、船舶代理企业等能够对外签发提单的企业。航空器、铁路、公路由于其业务形式较为简单,本书略去不予以讨论。对无船承运人的管理需要进一步细化和明确。事实证明，无船承运人因为其经营特点，其风险远远高于海运承运人，因此如何区分对待两类承运人，加强对其的监管，也是海关对承运人监管中需要特别引起关注的。

(3) 未将国际船舶管理人纳入海关监管范畴

随着上海自贸试验区等国内多个自由贸易试验区、海南自由贸易港的建设和发展，由于允许成立外商独资船舶管理公司，海关面临的承运人监管将更为复杂。

(4) 缺乏对单船承运人的监管

目前，以单船公司的形式进行运作仍然被一些航运企业所采用，除了其在航线、税收和雇用廉价船员方面的便利和优惠外，还在于其特有的防范风险的机能。

事实上，国际船舶管理人已经涉足国际海运，而且由于其经营业务的特点(隐蔽性和实际操控性)，切实对货物进出境的海关监管活动产生了活动与影响，因此，建议海关总署将国际船舶管理人也纳入监管范畴。

2. 对承运人监管的差别化管理理念缺失

美国以及欧洲等发达国家对“便利”一词的理解是“遵纪守法”的便利，即海关要求所有的承运人遵守相同的法律法规。以美国为例，对于遵守美国海关规定并能够依法执行的承运人，其业务将会变得十分“便利”；而对于不遵守规定或试图越过法律规定进行商业行为的承运人，海关的这些法规将会变得十分“麻烦”。

目前我国海关的差别化管理理念仅针对经营单位以及申报单位，对供应链上的承运人，并不涉及。这不仅在管理上造成了很多不便，使得一项制度在推行的过程中变得复杂而且困难。而且，对承运人的监管缺失，势必导致二次申报等新的通关改革探索缺乏改革基础与支撑，因为二次申报等新型通关模式是建立在完善的舱单分析和严密的承运人监管基础之上的。

3. 与其他口岸监管单位的合作有待加强

海关目前对承运人的监管，主要基于舱单管理和运输工具的监管。对于舱单管理，海关已经在舱单管理办法中，对监管场所经营人、理货部门做出了详尽的规定。在货物进出境的实际监管活动中，除了海关这一口岸监管单位对货物的舱单、运输工具实施严密的监管之外，交通运输部也对此有其职权范围的监管义务。比如交通运输部对无船承运人采取了报备制，并收取了一定金额的保证金，为规范其经营，对其签发的提单格式还进行了留存和公示，与此同时，交通运输部对无船承运人的名单实施动态的监管，实时公布中止名单。

目前海关对无船承运人发送舱单实施备案制，在海关简政放权的背景下，是否可以将海关对无船承运人发送舱单的备案制与交通运输部对无船承运人备案制进行合并简化，以提高便利化程度，实现“一站式”管理的便捷边境管理模式？

4. 现有舱单管理办法存在的问题

(1) 缺乏实施细则

《新舱单管理办法》作为承运人监管的重要法律依据与载体，其立法并没有得到有效的配套。《办法》第三章第三十七条虽然明确规定“违反本办法，构成走私行为、违反海关监管规定行为或者其他违反海关法行为的，由海关依照《海关法》和《中华人民共和国海关行政处罚实施条例》的有关规定予以处理；构成犯罪的，依法追究刑事责任。”但在实际业务中，执行力度明显不够，许多并未按照《办法》规定传输舱单数据的承运人、甚至是违反规定从事走私活动的承运人，海关都不能根据其提供的舱单数据对其进行管理，违规行为并未受到相应惩处。这使得一部分守法的承运人不再愿意消耗“多余的”成本来执行《办法》。这也是《办法》推行至今受到严重阻碍的一大原因。

虽然《办法》构建了我国海关新的物流监管框架，但海关总署至今未出台实施细则，导致各地海关在实施推进的过程中对《办法》自行解释，执法标准不一，形成“一关一做法”的局面。

(2) 系统运行维护机制不完善

目前各地海关处理系统运行和数据传输等问题的效率不高，亟待建立高效的系统运行维护机制，以便及时处理承运人在通关过程中遇到的各类系统问题，确保日常业务顺利开展。

比较突出的问题是后期运维保障无法满足现场通关作业需求。由于系统切换推广与系统本身的完善程度以及后期保障运维密切相关。通过对新舱单系统的前期开发和后期运维工作的深入研讨可知：由于新舱单系统开发之初对其重要性认识不足，未意识到新舱单系统是一个比H2010系统更为复杂，牵涉面更广的实时通关作业系统。海关与检验检疫合并之后，对于舱单系统如何更好地为融合之后的新海关提供有效支撑，目前的舱单数据项还不能很好的解决相关问题，应尽快对舱单数据项与提单数据项、舱单数据项与订舱数据项、舱单数据项与港区作业物流数据项，进行综合整合开发。

(3) 过转通货物的承运人申报缺乏系统监管

海关是进出境监督管理机关，主要针对进出境运输工具、货物物品进行监管。其中物可细分为过境、转运、通运货物和实际进出口货物。实际进出口货物的收发货人要依照规定向海关进行进出口申报，但是过境、转运、通运货物的收发货人并不在该国，因此申报管理规定对收发货人不起约束作用，申报的责任就落到承运人身上。目前，我国海关对建立进出口货物的管理体系已经很完善，但对过境、转运、通运货物进行监管这方面的立法尚不健全，海关只能根据《过境管理办法》行使职能。

5. 自贸区“先入区后申报”模式对承运人监管的新挑战

根据《中国(上海)自由贸易试验区总体方案》,允许企业凭进口舱单将货物直接入区,对于供应链安全与国别要求提上议事日程。

根据自贸试验区海关监管中通关监管的“先进区、后报关”通关方式,试点凭货物进境舱单等信息先提货入区,再在规定时限内向上级主管海关进行进境备案清单申报。

具体而言,试点企业凭提(运)单,通过海关信息化监管系统向主管海关发送提货申请,提货信息至少包括船名、航次、提运单号等信息要素,系统自动验核提货申请后,向试点企业发送“提货申请核准”,并向口岸海关和口岸作业海关发送放行信息。

口岸作业部门收到放行信息后办理提货手续,口岸海关按照转关运输的相关要求将货物监管运输到自贸试验区;货物运抵自贸试验区的卡口时,信息化系统进行基于舱单的风险分析的判别、自动验核并且放行,必要时,海关可以在此环节对货物进行即决式布控查验。

试点企业在货物运输工具进境 14 日之内向主管海关进行进境备案清单申报。

(1) 舱单数据质量对海关监管和风险管理的挑战

自贸区以外,由于传统的“实货报关”原则和“运抵报告、理货报告、舱单数据、报关单数据”关联比对,通关环节的矛盾和监管风险并不突出;自贸区内,由于实行“先凭进口舱单信息直接入区,再凭进境货物备案清单办理申报手续”,这样一来,承运人的舱单信息就成了进入自贸区最关键的资料,同时舱单分析也成为阻挡非法贸易货物进入的第一道防线;而舱单的信息是由承运人提供,舱单数据的重要性尤为重要,特别是在海关的风险分析中。目前我国舱单数据的质量还有待进一步完善,比如:由于舱单(提运单)的信息是由舱单传输人提供,而且通常是英文,而货物进境备案清单是由货主自行提供且是中文，而且进境备案清单对货物的描述信息更为详细具体，具备货物的商品编码信息（HS Code），实际的通关过程中，常常可能出现这样的情况：舱单上的货物描述为CUP（杯子），而进境备案清单却可能显示为玻璃制品，即商品的品名存在不一致的现象。加强舱单数据质量的关键是完善和优化对承运人的监管，通过海关对承运人、舱单数据的管理优化，来倒逼货主对货物相关信息数据的高质量申报，从而真正提高海关对供应链全程监管的有效性。

舱单数据中货物描述是用于风险分析的关键和核心要素，但是目前现行的法律法规中没有对此提出具体要求，海关无法根据“杂货（Frieght All Kinds）”或者“汽车配件（Parts）”进行风险分析。自贸区以外的货物申报有报关单详细数据为海关提供了风险参考，但是自贸区货物入境采取“先入区后申报”模式，海关没有报关单数据，完全依赖舱单数据进行风险判别。因此，现行舱单数据中货物信息模糊将导致海关风险分析形同虚设。

（2）凭舱单“先入区、后申报”对现行贸易管制的挑战

进出口贸易管制制度是一国对外贸易管理职能的重要组成部分。为了保护本国国内市场，调控本国产品的出口和国外产品的进口，各国都会实施代表本国利益的贸易管制政策，对进出口贸易活动进行管理和协调。贸易管制政策在今后相当长一段时间内，还将存在。因为目前提货申请中仅提及“船名、航次、提运单号”，而并不涉及货物具体信息，货主本受贸易管制的货物就可能在凭舱单信息先提取货物入区，这将对贸易管制政策存在较大的挑战，例如，存在该票货物属于禁止进境货物，但是由于凭借试点企业“船名、航次、提运单号”信息向海关发送提货申请，由于舱单中货物信息的笼统不详细，那么货物就可能顺利通过舱单信息审核，并有口岸作业部门提货进入自由贸易区。而事实上，此票货物是贸易管制中禁止入境的货物，因此，这对自由贸易区的管理以及海关监管工作都会带

来挑战。

又比如贸易管制中涉证货物，如果货主的监管单证无法在运输工具进境14日内取得，那么就可能无法完成进境备案清单申报的工作，这就将产生货物已经进入自由贸易试验区，但是由于贸易管制单证的缺失，而导致入境申报的困难。

(3) 凭舱单“先入区、后申报”对海关统计的挑战

现行的中国海关统计采用专门贸易记录制。凡能引起中华人民共和国关境内物质资源存量增加或减少的进出口货物，即实际进出中国关境的货物，均列入海关统计。列入海关统计范围的进出口货物根据《中华人民共和国海关统计商品目录》归类统计。该目录以海关合作理事会制定的《商品名称和编码协调制度》(HS)为基础编制，由8位数编码组成，前6位数是HS编码，后2位数是根据中国关税、统计和贸易管理方面的需要而增设的本国子目。全目录计有8 000余个8位数商品编号。

进口货物按CIF价格统计，出口货物按FOB价格统计。进口货物统计原产国(地)统计，出口货物统计最终目的国(地)统计。进口货物按海关放行的日期进行统计，出口货物按海关结关的日期进行统计。海关统计的原始资料是经海关实际监管的《进出口货物报关单》。统计项目包括进出口商品的品种、数量、价格、国别(地区)、经营单位、境内目的地、境内货源地、贸易方式、运输方式、关别等。

按照“先入区、后申报”的原则，进入试验区的货物是否计入海关统计？如果计入，那么根据现行的舱单信息，较难完成上述统计信息的要素收集，如果不计入，那么与我国海关现行统计基本原则“引起中华人民共和国关境内物质资源增加或减少的进出口货物”是否存在背离？

(4) 凭舱单“先入区、后申报”对承运人监管的挑战

首先，自贸区实现快速通关的先决条件，就是依靠舱单数据进行货物是否可以进入自贸区，这对舱单数据要求和对承运人的监管要求远远高

于承运自贸区以外货物的承运人。

其次，为了加速通关效率，对承运人的监管和舱单数据的分析只能前置到货物抵港之前，但是目前对承运人的事前监管缺失。

第三，对承运人的监管还没有引入差别化的理念，监管效能不高。国际货物运输中，承运人存在着实际承运人和无船承运人等多元主体现象，目前的管理规定没有对区分和明确，尤其是针对无船承运人的相关规定，还比较粗放；而这两类承运人的实际运营、签发运输单据、监管风险都不相同；不同运输方式、不同守法水平的承运人都适用一样的海关监管措施。

长期以来，我国海关以“税收为轴心”的传统理念一直占据着海关工作的主要方向，对于物流的实体监控、承运人的监管以及舱单数据的提前分析和管理，显得相对比较薄弱，对承运人系统全面的管理还在不断探索之中。

海关对承运人管理文件散见于海关法的部分条文、运输工具管理规定和舱单传输管理办法，缺乏对承运人监管系统性的文件；为了适应自贸区新型的通关方式，相关法律法规需要调整、新增和完善。

第二节　政策网络治理背景下的中国海关供应链安全与国别研究

一、政策网络治理概述

有些学者把政策网络定义成不同行动者之间相对稳定的、非科层的相互依赖关系。行动参与者们在资源交换过程中通过互动协商的方式实现共同政策利益，以此来应对政府失灵和市场失灵。有些学者认为，政策网络是由一群具有共同利益的相互依赖的自主行动者所组成的关系。一旦政府失灵或者市场失灵，这种平等、协商、互动的政策网络就变成了一种网络治理模式。

虽然不同学者从不同角度来定义政策网络以及分析其特征，我们仍然可以看到政策网络具有共通的特点，即主体的多元化、主体关系的复杂化以及行动者的互动依赖关系。政策网络是政策参与者为了使公共政策能够朝向自己预期的利益方向而与其他政策参与者（即包括政府机关、利益集团、社会组织等公私部门、行政官员、学者、记者等个体）进行互动博弈的模式关系。政府处于政策网络的中心位置，随着社会的发展，公共政策参与者的范围不断扩大，社会参与者的作用力也在加强。

二、政策网络理论的应用

学者们对于政策网络基本理论概念、基本类型、分析方法等进行研究的目的还是希望政策网络理论能够为人们所用，能够指导公共政策实践，能够更好地解决公共政策问题。理论来源于实践，反过来，它能够更好地指导我们今后的实践行为，这回应了政治学中的物质与意识之间的辩证统一关系。我们可以对政策网络理论的应用范围、应用模式以及实证案例分析来做进一步研究。

1. 政策网络应用范围

(1) 政策制定

政策网络理论应用比较多的领域还是政策制定领域，包括公共政策的规划、形成到政策制定。

(2) 政策执行

当一项政策获得合法化地位被颁布实行，接下来的步骤就是政策执行，这两个过程节奏紧凑。政策执行是政策过程的中介环节，是将政策目标转化为政策现实的唯一途径。

普雷斯曼（Jeffrey L.Pressman）和韦达夫斯基（Aaron B.Widavsky）①

---

① Jeffrey L.Pressman and Aaron B.Widavsky, *Implemetation* (2nd., ed). Berkeley: University of California Press, 1979.

认为，可以将执行看作在目标的确立与适应于取得这些目标的行动之间的一种相互作用过程。琼斯(Charles O.Jones)①认为，执行是一系列指向使一个项目生效的行动，其中组织(资源、机构和使项目生效的方法的建立或重新安排)、解释(将项目语言转变成可接受和可行的计划和指示)和应用(服务、款项、工具等的日常供应)三种活动尤为重要。马杰(R.S. Montjoy)和图尔(L.J. Toole)②认为，政策执行是执行某一项政策所作的各项决定。斯诺(C.P. Snow)和特里林(L.Trilling)③认为，任何一项化观念为行动的行为都涉及某种简化工作，而组织机构正是这种简化工作的主体；是它们把问题解剖成具体可以管理的工作项目，再将这些项目分配给专业化的机构去执行。于是，只有了解组织是怎样工作的才能理解所要执行的政策，也才能知道它在执行中是如何被调整和塑造的。保罗·A.萨巴蒂尔(Paul A.Sabatier)和丹尼尔·A.马兹曼尼安(Daniel A. Mazmanian)④认为，可以将政策执行视为这样一种过程：即用法律、上诉法院决定、行政命令，或用议会决定、内阁政令的形式，实施一种基本政策决定的过程。林水波、张世贤⑤认为，政策执行可谓是一种动态的过程，在整个过程中，负责执行的机关与人员组合各种必要的要素，采取各项行动，扮演管理的角色，进行适当的裁量，建立合理可行的规则，培塑目标共识与激励士气，应用协商化解冲突，冀以成就某特殊的政策目标。

政策网络理论作为一种新兴的政策研究途径与分析框架，为政策执

① Charles O.Jones. *An Introduction to the Study of Public Policy*(3ed.). Monterey, California: Brooks/Coles Publishing Company, 1984. p.166.

② R.S. Montjoy and L.J.Toole Jr.. Toward a Theory of Public Policy Implementatcon: An Organizational Perspective. *Public Administration Review*. Sep.—Oct., 1979, p.465.

③ See R.F. Elmore. Organizational Models of Social Program Implementation. *Public Policy*, Vol.26, No.2, Spring, 1978. pp.185, 187.

④ [美]斯图亚特·S.那格尔：《政策研究百科全书》，科学技术文献出版社1990年版，第112页。

⑤ 林水波、张世贤：《公共政策》，五南图书出版公司1984年版，第264页。

行研究和实施提供理论支持,政策网络理论的应用为有效政策执行提供了一条新的解释途径。

对于政策执行研究主要存在两种理论模式:一种是自上而下的执行模式,它是一种科层式的官僚上层负责制,基层部门负责政策的贯彻执行;另外一种是自下而上的执行模式,它把基层组织作为重点,认为政策的成功执行依赖于基层组织或者基层人员。

而实际上我们发现,大多数公共政策的执行是处于政府部门与社会组织共同作用之下的。政策执行取得成功既依赖于政策执行机构或人员的努力与负责程度,又依赖于政策对象的认同和配合程度。麦克拉夫林(Mclaughlin)在《互相调适的政策实施》(1976)一书中指出政策执行过程是执行组织和受影响者之间就目标手段做出的相互调适的互动过程,调适程度能够决定政策执行成功与否。政策执行者与政策对象遇到利益不一致时,需要不断协商并扬弃各自的一些观点,基于双方利益寻求一个双方都可以接受的政策执行方式,这一调适过程实为平等交流协商过程。

政策执行过程中,不再是由政府部门独包独揽,政策对象即社会利益团体和其他非政府组织也积极参与并影响整个执行过程,而且政府机构内政策执行模式也转变成“自上而下”和“自下而上”相结合的双向模式。

2. 政策网络应用模式

近期,治理理论在西方政治学界蓬勃兴起,治理以及善治口号不断响起。

政策过程中,政府组织不再是主导者,而是与其他组织进行协商合作实现共治来完成整个政策过程。随着社会问题领域的不断拓展,政府已经无法实现单独治理,要更好地解决公共政策问题,政府机关必须运用和依赖次系统资源实现共治。

政策网络是一种结构,政策行动者们在这个结构机制下活动并有所作为。通常情况下，政府处于该网络结构的中心位置，对整个治理运作程序起宏观调控作用，协调和整合各方利益最终实现社会治理。而其他行动者按照自己所掌控的资源，如权力的大小、资金的多寡、信息的拥有量、组织或个人的实力等，在信任与合作的机制下相互结盟、坚持或放弃某一利益以整合集团利益并积极接触政策网络中心建言建策以得出共同接受的公共治理结果。

在网络治理模式中，政府运用强制性工具、混合性工具以及自愿性工具影响和协调其他政策主体的行为以解决公共议题（详见表 3.2）。

表 3.2 政策工具图①

家庭与社区	信息与规劝	管　制
志愿组织	补助	公共事业
私有市场	税收和使用者付费	直接服务
政府介入程度低	政府介入程度中	政府介入程度高
自愿性工具	混合性工具	强制性工具

网络治理模式强调的是政策过程中，行动者围绕公共议题相互讨价还价和协商合作所构成的网络结构。网络治理模式承认政策行动者的多元性，但也强调政府的中心协调作用，这表现为它对政策治理工具的选择和运用。

因此，网络治理模式成为取代传统统合主义和自由市场主义的第三种国家治理途径，而且在当今社会发挥着越来越大的作用。

三、政策网络治理在承运人监管中的适用性分析

1. 政策网络治理在我国公共治理中的适用性分析

随着全球化、信息化和知识化的发展，人类面临的各种经济、社会、环

① Howlett, Maichael, Ramesh. *Studying Public Policy*: *Policy cycles and policy subsystems*. Oxford: Oxford University Press, 1995, p.82.

境等公共问题越来越多，越来越复杂，现代国家决策范围不断扩大，单纯依靠官僚体制无法有效处理，政府失灵现象司空见惯。因而，要解决这些问题，相应政策制定与执行就可能涉及许多多元层次的组织，如国际组织、各国政府、不同层级的政府部门、公营机构、社会团体和私有部门等。在多主体、多组织直接或间接参与和影响公共政策的背景下，用各种“主义”已经无法解释复杂的政治过程与治理次系统，因此公共行政和政策研究需要新的理论框架和分析工具。

政策网络最初作为一种隐喻，一般用来分析国家与社会之间复杂的互动关系。出于工具主义表达便利性和网络理论的启发，政策网络被用来描述和分析政治政策过程中各个主体之间形成的复杂关系。

虽然政策网络理论出现的时间不长，但是已经呈现出巨大的生命力，并且对我国政府治理实践具有很强的借鉴意义①。

(1) 合理定位政府职能

将服务作为政府的核心价值，在政策网络中，权威主体和政府主体不是永远的核心，而应“因时治事”，对待不同的社会公共事务，由不同的社会主体来主导政策网络。这就要求政府在日常的公共治理过程中不能过多地干预社会管理的微观领域，更不能运用手中掌握的权力、信息等优势资源为少数特殊利益集团谋利，而应鼓励其他的社会利益主体参与社会治理，让它们分享治理权力，处理属于自己领域的公共事务，从而更好地发挥社会和市场的作用。而政府可以将精力更多地投入到社会治理监控过程中。

(2) 培育能够参与政策网络互动的成熟主体

引导各类社会主体在政策网络互动中维护自身的合理权益，形成完整的政策网络准入机制。当前，我国的各类社会利益群体逐步体现出不

---

① 任勇：《政策网络的两种分析途径及其影响》，《公共管理学报》2005 年第 3 期，第 55—59 页。

断觉醒的民主参政意识，但缺乏有效的组织，难以在网络互动中形成独立的行动主体。因此，政府部门不仅不应该忽视或是有意避免让社会利益群体参与到政策决策的网络中，还应当为他们参与政策决策创造更多的有利条件，主动引导他们参与政策网络互动。政府通过“参与代育机制”可以将单个、分散的利益个体整合集中成受权威承认的政策网络中的利益团体，并在日常行政管理工作中以民主恳谈等程序性机制保障各类利益团体参与网络互动的自由，既扩大了决策民主，又避免了决策拥挤现象。

(3) 畅通各方利益群体在政策网络中的利益表达机制

当前我国政府应当尽快通过机制创新，为各类利益群体构建了一个能够平等表达自身利益的平台，这样才能保证在政策网络的互动过程中实现共同竞争、共同受益的格局。为保障各方利益主体有均等机会参与决策过程，应通过“表达保障机制”由立法者以法律规范的形式明确各利益主体参与网络互动的具体程序。详细规定在政策过程中各参与主体所享有的均等机会，有助于表达各自观点、利益以及交换所掌握的资源。

为保证政策结果不为某一方或某些利益主体所垄断，应通过“表达规范机制”约束各利益主体在政策网络中的不合理行为，既要避免网络互动中的一方独大，又要防止多数利益主体联合损害少数利益主体的现象。

(4) 改善政府部门的行政方式

提高政府部门在政策过程各项环节中的公开度、公众参与度。面对新公共管理运动要求政府更加民主、高效的潮流，我国政府部门应自觉运用沟通和协调的方式广泛听取各方的意见.从而保障各社会主体的利益能被政策网络核心所接纳并得到及时的反馈。

有必要通过“政策回应机制”充分关注社会各利益主体对于政策问题的反应，从而为政府部门明确目标价值、确立解决方案、科学执行政策等程序性环节提供合理依据，同时，政府部门能够对已实施的各项政策的结果通过广泛征求各利益群体的意见进行重新评估并及时反馈，从而使各社会群体的利益均能在政府政策中得到一定程度的实现，保障了政策过程的科学和民主。

(5) 完善政策网络的评估与退出机制

为保证各类政策网络在社会治理活动中所发挥的效用始终保持最佳。应对政策网络体系进行定期评估。合理、有效的政策网络评估机制应当明确评估的主体、评估的标准、评估的具体内容和程序以及权威主体、政府主体、私人主体和社会团体主体在政策网络中的表现情况。我们还应建立政策网络的退出机制。如果说准入机制是解决各利益主体进入政策网络的问题，那么合理地淘汰政策网络中不合适的利益主体就需要退出机制了。

由于政策网络必须根据政策过程的外部环境中各种条件的变化作出适当的调整，如随着经济条件的不断发展，私人群体的力量得到壮大，政策网络结构也必然随之变化，私人利益主体在网络内的影响力不断增强，甚至转变成私人主体主导的政策网络。政策网络的退出机制就是要适时地调整政策网络内的主体结构，从而使政策网络能够更好地适应外部环境的改变，保持网络的活力和先进。

2. 政策网络治理在承运人海关监管中的适用性分析

(1) 简政放权转变职能需求与政策网络治理

治理是政府与非政府的合作、公共部门与私人机构的合作、强制与志愿的合作。政策过程中，政府组织不再是主导者，而是与其他组织进行协商合作实现共治来完成整个政策过程。随着社会问题领域的不断拓展，政府已经无法实现单独治理，要更好地解决公共政策问题，政府机关必须运用和依赖次系统资源实现共治。“在由统治向治理转变过程中，政府和社会的许多自治组织已形成互动和依赖的政策网络。”

简政放权是创造良好的发展环境，提供优质公共服务、维护社会公平正义转变，以更好地适应深化改革开放、加快转变经济发展方式、加强和创新社会管理、维护社会和谐稳定的迫切需要；简政放权的核心问题就是处理好政府与市场、政府与企业、政府与社会的关系；政府转变职能，简政放权，减少对微观事务的干预，把该放的权利交给市场和社会；可见，简政放权转变职能与政策网络治理的要义是一脉相承的。

(2) 承运人监管的与政策网络治理

海关作为监督管理和行政执法部门，管理工作中存在着一定数量的，具有审批性质的管理事权，比如运输工具备案、航空地面代理企业（地面代理）备案、航空货运代理企业备案、境内航空运输企业备案、境外航空运输企业备案、空运监管场所经营人企业备案、船舶代理公司备案、船舶负责人备案、海运监管场所经营人备案、海运理货部门备案、无船承运人备案等。

根据中央简政放权转变职能的要求，应以《行政许可法》确定的三优先原则，最大限度地减少对企业和人员资格资质的许可，最大限度地减少对各类生产经营活动的事前审批，最大限度地缩小海关审批、核准、备案范围。对于缺乏实际监管作用或者通过事中事后监管、通关作业流程管理等方式可以实现管理目的的审批事项一律取消；对可以移交给行业组织和中介机构进行管理的审批事项一律转移。

这些备案审批属于事前许可性质，可以赋予“行业中介组织”，如船东协会、无船承运人协会等社会组织进行管理，实现海关的简政放权；同时，充分信任行业中介组织的治理能力，也符合政策网络治理理论中的多元治理主体的基本要义。

表 3.3　承运人监管的简政放权与网络政策治理

简政放权内容	具体项目	积极意义
减少对企业和人员资格资质的许可		
最大限度缩小海关审批、核准、备案范围	运输工具备案、船舶负责人备案、无船承运人备案等可以与交通运输部共享资源	避免在不同政府部门重复备案 体现网络治理(多元治理主体:海关/交通运输部)
最大限度减少对各类生产经营活动的事前审批	运输工具名称变更等不涉及海关监管实质的变更,将允许企业自主变更。 通过企业自愿参加的供应链安全认证提高企业的守法水准	减少正常经营活动中的阻碍 增加承运人自觉守法的意识 强化海关监管效能 体现差别化的海关监管理念 体现网络治理(自愿性政策工具的使用)

资料来源:作者根据海关总署简政放权政研专题整理。

四、基于工具视角的治理路径构建

1. 治理的主体

作为一种公共治理的新框架,政策网络治理与新公共管理有一定的区别和联系。新公共管理侧重采用私有化和引入市场竞争机制,但仍相对肯定政府和行政官僚的重要性,认为政府在政策网络治理过程中,虽然不能扮演一个操纵角色,但是在网络治理的互动过程中,承担协调责任和资源的主要提供者。

在政策网络治理中,治理主体不仅是政府一方,同时也包括企业集团、非营利组织、专家学者、媒体以及公民个人这几方,他们共同承担公共事务治理的责任。但是在这几方主体中,政策网络治理强调政府在政策网络中的主导作用,政府需对其他几方主体进行有效整合以及对政策网络进行有效管理。正如国内学者孙柏瑛、李卓青①所言,在政策网络治理

① 孙柏瑛、李卓青:《政策网络治理:公共治理的新途径》,《中国行政管理》2008 年第 5 期。

过程中，政府应当“作为具有‘驾驭’（steering）能力的主体，灵活地运用各种治理工具，影响和协调其他主体的行为，发挥‘领航’（goal-oriented）的作用，实现对目标群体行为的改变，达到预期目的”。

由于治理是政府与非政府的合作、公共机构与私人机构的合作、强制与资源的合作，因此在构建申报制度时，治理主体包括监管机构的海关、交通运输部、海运承运人、无船承运人、船东协会、无船承运人协会以及舱单的相关数据传输人，其中海运承运人和无船承运人是完全意义上的承运人，将承担舱单申报的法律义务，并积极发挥行业中介组织，如船东协会、无船承运人协会等中介组织的作用。

交通运输部的主要职责是，拟订并组织实施公路、水陆、民航行业规划、政策和标准，承担涉及综合运输体系的规划协调工作，促进各种运输方式相互衔接等。交通运输部的机构职责中，与海关承运人监管相关的有：承担水路运输市场监管责任。组织制定水路运输有关政策、准入制度、技术标准和运营规范并监督实施。负责汽车出入境运输、国际和国境河流运输及航道有关管理工作。因此，交通运输部也是承运人监管的政策网络主体之一。

承运人的定义一般是“与发货人订立运输合同的人或者实际完成运输的人”。国际货运代理人进入运输领域，开展单一方式运输或多式联运业务时，由于与委托人订立运输合同，并签发运输单证（HBL 等），对运输负有责任，因而已经成为承运人。但是，由于他们一般并不拥有或掌握运输工具，只能通过与拥有运输工具的承运人订立运输合同，由他人实际完成运输，这种承运人一般称为无船承运人。无船承运人在实际业务中只是契约承运人，而实际完成运输的承运人是实际承运人。

因此，就海洋运输而言，承运人包括签发 HBL 的无船承运人，也包括签发 MBL 的实际承运人。而且考虑到租船运输等的实际情况，还应该将船舶经营人、船舶所有人等都纳入海关的监管范畴，在有船舶转租的情况下，即有船舶光船租赁或者期租转租为航次租船的情况下，应当将一船东、二船东以及船舶人都纳入其承运人的范畴，以明确海关对其的监管。

为确保申报主体严格执行海关赋予的申报义务，将为申报主体设置三重“惩罚”制度。一是罚款。首次违规行为一定数量的金额，第二次违规者则追加惩罚的金额，并依次累加。二是经济赔偿。规则表示，如果一个交纳了国际承运人保证金并被选出向海关报送电子舱单的无船承运人不能在规定的时间内向海关提供准确的舱单信息，或者提供了错误的、伪造的及经过改动的舱单信息，除上述惩罚措施外，还要因违反了国际承运人保证金的要求接受相应的清偿惩罚。三是推迟卸船，即海关不发卸船许可证。只有在船舶进港并且从海关获得了卸货许可后，才能将货物卸下。如果海关发现某些货物没有按照条例要求装船，有权对这部分货物进行不同的处理。除非有特殊情况，否则其余那些按照条理要求装船的货物能够得到卸货许可。

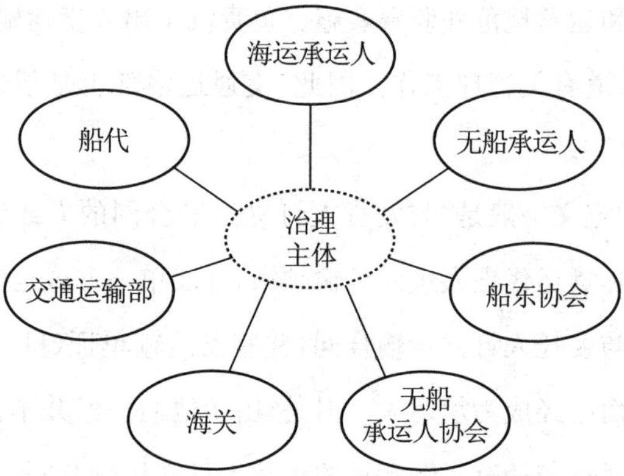

图 3.1　治理主体与申报主体示意图

2. 治理的工具

总的来看，现有对政策网络治理的研究可以分为三个视角：工具、过程、制度。从理论渊源来看，工具视角主要来源于政策科学，强调政策网络治理就是选择“民主而科学”的政策工具;过程视角主要来源于组织理论,强调政策网络治理就是如何便利于行动者互动过程,包括降低冲突和解决冲突;制度视角主要来源于制度主义,强调政策网络治理就是寻找正确的激励结构和正确的规则体系。

工具视角强调政策网络治理核心组织的重要性,治理的目标主要是解决问题,提高掌舵的效率,治理的路径是自上而下,优点是目标明确,效率高,缺点是有滑向工具主义的危险;过程视角强调政策网络治理行为体互动和博弈,治理的目标在于多元治理的环境中彼此间合作,增强彼此信任,治理的路径是自下而上,优点是提倡多元互动,民主性强;缺点是过度强调行为者个体行为,权威性弱;制度主义视角强调政策网络治理中网格的结构和规则,治理的目标在于分析网络结构性安排和治理产出之间关系,探寻一套行之有效的网络规则和机制,优点是将行为体博弈行为和利益表达制度化,缺点是缺乏对行为者行为逻辑完全信息了解,操作性弱。

表 3.4　政策工具光谱

低　(政府介入层次)　高 →		
自愿性工具 承运人安全认证	混合型工具 承运人分类管理	强制性工具 舱单提前申报

资料来源:Howlett, Michael and Ramesh M.. *Studying Public Policy: Policy Cycles and Policy Subsystems*. Oxford: Oxford University Press, 1995:82。

据霍莱特和拉梅什的政策工具光谱理论,治理工具可以分为强制性工具、混合性工具、自愿性工具。

强制性工具可以继续沿用现行的舱单管理办法,但是对于其后续的监管措施要落实到位。

混合性工具包括承运人的差别化作业理念,即根据承运人在海关的备案情况,以及舱单申报情况、舱单更改情况等一系列的情况,结合中国海关的管理实际,结合我国海关在进出口经营人和报关企业等的企业分类管理的基础上，制定承运人差别化作业制度。

自愿性工具可以借鉴美国的CTPAT海关商贸反恐怖联盟的做法，将差别化作业理念与世界海关组织的AEO认证标准，自行设立承运人相关认证体系，如果承运人自愿参加安全认证，那么可以授予承运人相应的认证证书，并在舱单申报中给予不同等级的便利。

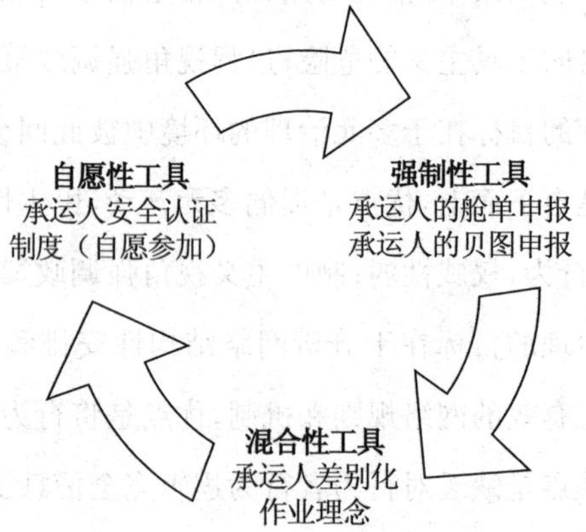

图3.2 政策网络治理工具

(1) 自愿性政策工具

建立优质承运人企业通关便利制度

优质企业通关便利制度是《全球贸易安全与便利标准框架》的支柱内容之一。《标准框架》支柱之二为海关与商界的合作：各海关都应该与企业建立伙伴关系，以保证国际贸易供应链的安全。其核心在于建立一个国际化的企业识别系统，为该系统在供应链中发挥作用提供高水平的安全保障。企业也应在这一伙伴关系中获得显而易见的益处，如通过快捷通关或其他方式的便利为企业提供实惠。

优质企业通关便利制度不仅适用于贸易商和生产商，也适用于其他商业实体，如海运空运承运人、物流服务商、口岸和机场、仓储运营商以及道路运输商等。优质承运人可以快速便捷地进行运输工具申报，并且可以给予优质承运人企业所承揽货物予以凭舱单快速放行的举措，非优质企业的通关程序则较为烦琐，实施不同承运人所承载货物的差别化作业。实施优质企业通关便利制度，在诚信的基础上推行简易申报，不仅有利于促进全球贸易发展，而且有利于提高企业竞争力。

推进全球海关舱单电子数据共享

WCO《贸易安全与便利标准框架》四个核心元素提到了《标准框架》协调了对进口、出口和转运货物提前递交的电子货物信息的要求，以及加入《标准框架》的国家都应针对安全威胁采用一致的风险管理手段；同时《标准框架》两大支柱之一为海关之间的合作：海关应当为相互间的信息自动交换制定相应的规则，因此，该信息交换系统应建立在统一协调的、能相互数据兼容的基础上。

考虑到未来实施24小时舱单预报制度的国家将进一步增加，我国应加强国际合作，出台相应的政策，推进全球海关舱单电子数据共享，以减轻承运人在申报方面的压力。

对承运人采取自愿性的安全认证

政策网络治理理论的核心要义就是强调多元治理的背景下，政府处于政策网络的中心位置。随着社会的发展，公共政策参与者的范围不断扩大，社会参与者的作用力也在加强。

政策网络治理的政策工具光谱理论，提供了自愿性的政策工具设想，事实上，美国海关在“9·11”之后，成功地将这一政策工具运用到海关监管之中，并受到了企业的欢迎，同时也大大提高了美国海关自身的监管效能。

美国海关对承运人采取的自愿性的供应链安全认证，即参与这计划的承运人将依据海关—商贸反恐怖联盟CTPAT所订立的安全建议强化其有关业务合作伙伴和客户管理、集装箱及其设备设施、人员、程序及付运方面的安全措施及管理，内容涵盖八大范围：程序安全、信息处理、实体安全、存取监控、人员安全、教育训练、申报及运输安全。

对于中国海关而言，可以在自贸区试点开展承运人供应链的安全认证工作，将认证工作外包给具有认证能力和资质的第三方组织，比如船东协会、无船承运人协会或者是独立的认证机构开展。承运人企业可以自行决定是否参加安全认证，海关对具备通过安全认证的承运人企业提供相应等级的便利措施，不参加安全认证的承运人企业，则不能享受相关的便利措施。

(2) 混合型政策工具

建设风险管控系统

风险管理需要以大量的基础性数据为支撑，尤其是与货物报关数据相互印证的第三方基础数据，而第三方基础数据大部分源于物流作业的各环节，因此，必须通过舱单这条主线，对物流作业各环节所产生的物流数据进行串联、印证和整合。

建议海关总署加快利用舱单风险分析系统，利用舱单等电子数据的提前传输，对包括舱单数据在内的供应链风险进行甄别和防范，充分利用并通过后续通关信息以及物流作业各环节数据的相互印证进行风险管控。

允许自主变更舱单电子数据

美国、加拿大和欧盟均允许舱单电子数据传输人在船舶抵港前对进口舱单电子数据进行自主变更，但是对原始申报信息的更改可能影响海关对该货物的风险评估，并导致对货物的检查。这就在兼顾风险管控的基础上，提高了舱单电子数据的处理效率。我国海关应当借鉴这一做法，在加强风险管控的同时，允许自主变更舱单电子数据，从而进一步简化贸易流程，提高通关效率。

对承运人采取分类管理

海关从 2009 年开始推行的舱单管理办法为自贸区背景下的供应链

安全与国别夯实了基础;同时,差别化管理理念在海关其他监管领域已经得到了积极的探索和推广,比如基于进出口收发货人和报关企业的分类通关改革,充分体现了政策的落差。这些探索为供应链安全与国别提供了有益的借鉴。

根据自贸区业务发展的需要,为了促进国际分拨、中转、集拼等业务的发展,对有特殊需求企业,采用“先进区、后报关”通关方式,试点凭进境舱单信息先提货入区,再在规定时向主管海关进行进境备案清单申报。

对于国际分拨、中转、集拼的承运人,更多地是以无船承运人的身份签发货代提单(House Bill of Lading),我国目前海关现行法律法规中,并没有对无船承运人的监管以及舱单传输做出专门的规定,将其与海运(有船)承运人的监管同样对待,事实上,无船承运人的监管风险要远远高于海运承运人,因此在自贸区内开展“先进区、后报关”的通关模式时,应当区别对待是无船承运人所承载的货物,还是有船承运人所承载的货物。对于前者,应当在风险通道判别时,加大其风险分值。

除了上述风险通道判别过程中的差别化管理,海关应当进一步明确和细化海运承运人和无船承运人舱单传输的规定:在无船承运人存在的情况下,一票货物有一套海运提单和一套货代提单并存的可能,或者多套货代提单与一套海运提单并存的情况,目前的相关法律规定中,并没有专门说明两套运输单据的信息如何进行向海关进行传输。在自贸区大力发展“国际分波、中转、集拼”业务的前提下,无船承运人的舱单传输具体要求亟待细化。

(3) 强制性政策工具

出台实施细则,统一执法标准

海关总署应当尽快出台强制性政策工具的实施细则,明确各类定义,规范报文传输人和地方海关的操作行为,并针对特殊业务出台特殊的操作规范,比如:建立危险货物直卸制度,在不违反海关风险管控规定的前提下，允许危险货物不在港报关，无需理货报告就可直接疏港分流。

建立健全舱单管理新系统支持体系

我国海关物流监管系统由H2010通关管理系统、运输工具管理系统、舱单管理系统、海关监管场所管理系统和风险管控系统等组成。舱单管理新系统的实施必然伴随新问题的产生，需要建立统一的支持体系，如日常业务和技术支持团队以及紧急联系人制度等，从而规范支持流程，完善沟通机制，使申报义务人能够及时跟踪申报情况，反馈业务和技术问题。

建立奖惩制度

在违反海关关于舱单等电子数据传输规定的法律后果方面，我国《海关行政处罚实施条例》第二十二条规定，对未按照规定期限向海关传输舱单等电子数据、传输电子数据不准确或未按照规定期限保存相关电子数据而影响海关监管的行为予以警告，可处以5万元以下罚款，并没收违法所得。建议海关总署在上述规定的基础上设置更加细化的奖惩规则，比如首次违规和二次违规的罚款数额等。

3. 治理的机制

网络治理在现代治理中的优越性得益于其良好的环境适应机制、主体间信任机制、网络内部协调机制以及网络的整合与维护机制。此五项机制可谓是网络治理的精髓。因而，对网络治理机制的清晰认识与准确把握是成功应用网络治理模式、实现有效治理的关键所在。

(1) 环境适应机制

在治理网络中，政府与其他组织的互动最具多样性和频繁性，凸显出环境适应性对政府组织的重要性。

一般来说，政府的适应性只能从政府与外界的互动和改革实践中得到强化和体现。从战略的角度看，这突出表现在奥斯本所指的核心战略方面。奥斯本在《政府改革手册:战略与工具》一书中指出，政府所扮演的核心角色是掌舵，政府适应性战略可以简单概括为三个方面:角色定位、关系处理、流程再造。政府在网络治理中应该是“同辈中的长者”，是仲裁者和网络管理员。

在交通运输部、行业协会、海运承运人、无船承运人构建的网络政策治理的多元主体中，海关应当承担掌舵的角色，由海关核心角色创新承运人海关监管工作。

(2) 主体间信任机制

许多研究都表明了信任机制在网络治理中的重要作用。在网络治理环境中，组织间的关系往往是竞争与合作并存的。竞争是为了进一步提高公共服务的质量和效率;合作是为了更好地整合和利用稀缺资源，提高组织效益。

在组织网络关系的互动中，对话和谈判成为必要的沟通途径，合作行动则以彼此信任为前提。网络组织成功运作就是要保证合作各方有足够的动机不去利用它们之间不对称的信息和不完整的规则体系来牟取私利，保证合作成员同步互动且有序高效地协作。

海关应当充分信任承运人，开展自愿性的承运人供应链安全认证工作，对通过安全认证的承运人给予相应的通关便利措施。

(3) 网络内部协调机制

从本质上来看，网络不是自发形成，其基础是“目的性的作为”。如果没有这种“目的性”，网络不一定存在。因此，协调是网络治理的基本目标。同时，协调也是网络治理的重要机制。这种协调主要是以降低外部干扰和进行负面协调为目的。

组织之间不可避免地存在利益和期望的冲突，常常会有不和谐的因素，从而破坏网络的稳定。在网络治理中，通过协调使参与者能在制定决策时进行沟通，并在信任、互惠的基础上共同确立战略方向，实现资源、信息与知识的共享和流动，扩展自身的竞争优势和发展潜在的核心能力。更为重要的是，协调机制能节约网络的运行成本与网络行为体之间的交易成本。

对行政组织而言，政府管辖的界限已经越来越模糊，对内部网络的协调主要体现在结构的调整和授权，因此与管制和放松管制的治理工具相联系。

政府作为一个整体面临资源的短缺问题，而单个政府部门更加面临着资源和能力的短缺。政府部门之间的协调与合作，可以对资源进行有效的整合，统一有序的行动可以更好地完成目标。对外部网络而言，行政组织一方面表现为第三方的仲裁者、监督者，政府的公信力可以减少冲突双方的防备心理，从而降低交易成本。政府的协调也表现为网络各节点的疏通和排障，减少干扰。

海关和交通运输部作为国际航运中承运人的管理部门，虽然有各自的监管领域，但是两个政府部门应当适时开展合作，比如无船承运人保证金(保函)能否作为承运人舱单传输的不符合规定的处罚金，以减少企业的经济负担。

(4) 网络整合机制

在网络治理中，除了资源整合外，还包括权力整合和组织整合。这三方面是相互联系，共同作用的。资源整合需要权力整合作为前提和保证，而权力整合也意味着组织的整合。

无论采取何种战略或工具，都要求政府的权力结构进行调整，例如合同外包，其实质是一种政府的委托授权，通过合同的形式将政府的部分权力委托授予营利或非营利的民间组织去执行。组织整合，其实是资源整合和权力整合的必然结果。一旦政府拥有的权力和资源发生了转移和变化，政府的组织结构和边界必然要进行调整，才能适应资源整合和权力整合的要求。

同时，从网络互动的动态性来看，这种组织的不断调整也是必然的，不仅是政府组织而且涉及参与到网络中的各种私有组织、民间组织等，政府更有必要根据需要进行适当的组织调整和整合。

承运人开展自愿性的供应链安全认证，但是安全认证的工作并不由海关承担，而是将认证的服务外包给具有资质的独立第三方机构，或者是行业中介组织，如船东协会、无船承运人协会、报关协会等。

(5) 网络维护机制

网络治理中的行为主体，在某些领域可以合作地采取共同行动。与此同时，它们在其他领域又是竞争对手，这就存在着风险与冲突。因此，网络治理的另一个重要目标是维护网络的整体功效和运作技能，以及行为主体间的利益均衡。由于网络治理不具有类似于科层治理的权威结构来保护治理者的权力，因此网络治理更多地是依赖社会关系的嵌入结构来发挥维护的效力。

对于政府来说，对网络的维护主要体现在两个方面：一是相应法律规范的制定与实施；二是有形网络的技术支持。既定的、正式的法规在网络治理中具有不可或缺的作用，它对于网络的运行和维护必不可少。但是，法规的制定也是一个随着环境不断发展、完善的过程，而且对于这样一种公共物品，它的提供是通过政府来实现的。政府有责任承担起制定有利于维护网络正常运作和整体功效实现的法规制定的责任和义务，充分考虑网络中行为的特征，在征求网络参与者意见的情况下出台相应的法规政策。

根据实际的情况，比如自贸区的新通关模式的背景下，及时调整法规，并及时推出相关法律法规的实施新细则。

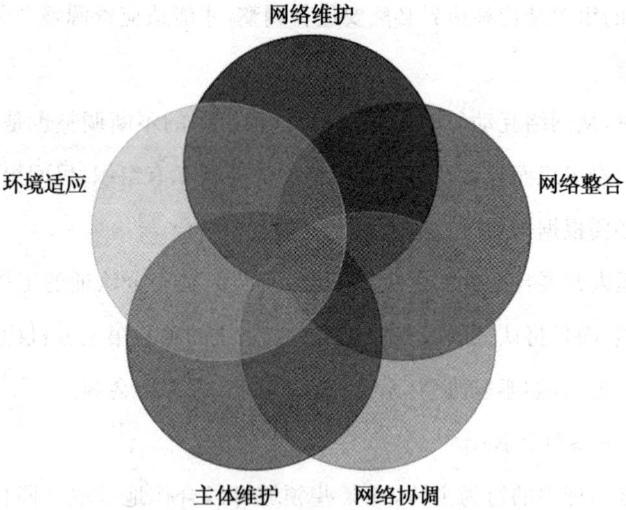

图 3.3　承运人海关创新监管构建机制示意图

第四章

舱　单

根据世界海关组织的《一体化供应链安全指南》，及时、高质量的信息和有价值的情报是有效实施海关监管与风险管理最为关键的要素。这些要素在加强全球供应链安全方面同样至关重要。由于该供应链是从货物实际原产地点开始至货物的目的地点为止，并伴随商业数据的流动，因此，一体化供应链安全的一个总体目标应当是在保证货物流动顺利流通的前提下，自整个供应链一开始就获得必要的、充足的信息资料来进行风险评估。

在目前世界海关组织和发达国家的海关监管实践来看，舱单数据无疑是供应链安全中关键信息的核心要素。因此本篇将基于此理念，对舱单管理进行全面的阐述和分析。

第一节　国际海关舱单管理的借鉴

一、美国

1. 提前 24 小时申报制度

美国"9·11"事件发生之后，在 2001 年 10 月举行的国际海事组织(IMO)第 83 届会议上，美国官员表示拟在当年年底前准备出台一份打击恐怖主义的意见书，首次提出关于始发港集装箱运输货物资料申报事宜的问题。2002 年 10 月 31 日，美国海关根据"集装箱安全倡议"(CSI)计划，提出了有关装船前 24 小时与申报货物舱单的法案。基于该项已于

2002年12月2日开始生效的新规定，对所有停靠美国港口的集装箱船舶，美国海关单方面强制要求集装箱班轮运输公司和无船承运人(NVOCC)在境外港口装船前24小时，必须向美国海关的“自动舱单系统”(AMS)预先申报集装箱内所装载货物的舱单资料。从新规定生效60天后的2003年2月1日起，相关承运人在集装箱装船前的24小时，应将准确而完整的舱单资料，预先用电子方式传送到美国海关的AMS，否则将面临首次违规罚款5 000美元、第二次违规罚款10 000美元，以及货物不许在美国港口卸驳的严重后果。2004年起，继海运货物要求24小时提前申报舱单后，美国海关也把空运货物列入提前申报舱单行列，即要求承运人在航班在抵达美国第一个空港前4小时向AMS申报舱单，否则将导致货物不能顺利清关，或将承担每个航班1 000—5 000美元的罚款。

在实行舱单申报制度后，美国海关不断致力于整合AMS系统，2015年前海运货物和陆运货物舱单申报已由AMS转入“自动化商业环境(ACE)”系统。2015年5月1日，空运货物舱单申报也由AMS转入ACE系统，至此，所有货物舱单申报全部由AMS转入ACE系统。

根据美国海关有关货物装运前24小时舱单预申报的规定，对于每一票进入美国的货物，承运人都必须以EDI的方式向美国海关的ACE系统提供四大类14项的舱单信息。这十四项信息分别是:1.运输工具到达美国前所停靠的最后一个口岸;2.承运人的标准数字编码(SCAC);3.承运人航次编号(航班号或汽车牌照号);4.运输工具抵达第一个美国口岸的日期;5.承运人海运提单号(空运提单号)及提单总数、主单和分单;6.承运人接获输往美国货物的第一个外国口岸;7.包括重量在内的货物的详细描述(空运货物要求提供件数);8.托运人全称、地址及ID号码; 9.收货人及货主代表的全称、地址及ID号码; 10.船名、船籍及IMO编号(航空公司名称);11.货物装船的外国港口(空港);12.危险品国际标准代码;13.集装箱号;14.集装箱铅封号。

2. ISF10+2 安全申报制度

提前24小时舱单制度实行五年后，美国对进出口及过境货物的反恐安全管制进一步强化，2008年1月2日，美国海关公布了酝酿已久的《进口商安全申报及对承运人额外要求》的管理规定初稿（以下简称《安全申报规定》），并向公众征求意见。因安全申报规定中要求美国进口商向美国海关申报10项内容，要求船公司提供2项内容，亦被美国业内人士称为“ISF10+2”安全申报规定。美国海关在发布安全申报管理规定的通知中称：鉴于目前在美国港口卸下的集装箱中货物的信息主要来自船公司和NVOCC的申报，为了能更有效和更有力地对货物风险进行评估，需要有关方提供更多的货物资料；在提前24小时舱单申报的基础上，提供更多的货物资料能够帮助美国海关提高对高风险货载的识别能力，对防止走私、防止将大规模杀伤性武器偷运到美国和保证货物安全都是合理和必要的。

根据安全申报管理规定中的要求，对于从其他国家运往美国的货物，美国进口商或其代理须至少在货物装船之前24小时提供下列内容（如随后出现变动，则需在装运船舶抵达美国港口之前向美国海关提出更改申报的要求）：1.制造商或供货商的名称和地址，即商品的最终制造者、组装者、生产者或种植者的名称和地址，或是出口国成品供货商的名称和地址。2.卖方的名称和地址，即最新所知的销售商或同意销售该商品的销售商的名称和地址。如货物以非购买的方式进入美国，则必须提供货物所有人的名称和地址。3.买方的名称和地址，即最新所知的购买方或同意购买该商品的购买商的名称和地址。如货物以非购买的方式进入美国，必须提供货物所有人的名称和地址。4.接受货物方的名称和地址，即货物由美国海关放行后，计划接受货物实物交付、也就是第一个接受货物人的名称和地址。5.货物的装箱地，即货物实际装入集装箱之具体地点的名称和地址。6.装箱人的名称和地址，即将货物装入集装箱的人或安排货物装箱人的名称和地址，如是大宗散货，则提供货物所在的准备发运地的地址和名称。7.进口商编号，即美国国内税号（IRS）、雇主身份识别号码（EIN）、个人社会安全号码（SSN）或CBP注册号码。8.收货人编号，即最终货物收取方的IRS、EIN、SSN或CBP注册号码。9.原产地国。10.美国协调关税税则中六位数字的商品编号，品名号前6位是必须要的，也可以申办完整的10位品名号，如果是用来在美国海关清关，必须申报10位完整的品名号。

安全申报管理规定中要求船公司提供的两项信息分别是：船舶的装载位置计划资料①和装载集装箱②的状态信息。船舶的装载位置计划资料须在船舶离开最后一个外国港口后48小时内通过美国海关认可的电子数据交换系统提供给美国海关，包括船名（含国际海事组织编号）、船舶经营人和航次编号，以及集装箱经营人、箱号、箱子尺寸及类型、装载位置、联合国危规编号、装货港和卸货港等。对于运往美国的集装箱货物，船公司在自己的设备追踪系统中出现下列情况后24小时内，须向美国海关提供集装箱状态通知：确认接受订舱、进入堆场大门、进出码头、堆场和其他场地、装上或从各种运输工具上卸下、装运船舶离开或抵达某一港口、在码头堆场之内的移动、通知装箱或拆箱、装箱或拆箱完毕、进厂做重大修理等。通知中须包括：状态标准代码、箱号、状态发生的日期和时间、空/重箱状态、状态发生地点、与此有关的船舶名称等。

“10＋2”必须由进口商或授权代理发送。授权代理必须具备以下条件：1.必须在美国海关自动报关平台（ABI）或ACE得到批准。2.必须在美国海关有保证金（bond）。3.必须得到进口商的许可。所传输信息必须是真实可信的；如果实际数据发生了更改，所申报的数据也需做相应更

---

① Stowage Plan，也称为船舶贝位图。

② Container Status Message.

改;如果“10+2”已经申报,但货物退运了,必须把原先申报的内容取消,并附上一个理由。发送方会从海关那收到电子报告,确认已经收到“10+2”申报。

3. ISF10+5 安全申报制度

自 2019 年 3 月 15 日起,美国海关和边境保护局(CBP)将开始全面执行 ISF5 对 FROB 货物(FROB 货物是指在船货物,即虽然不在美国卸下,但是在船经停美国港口的货物)的备案要求。这将影响任何在过境期间停靠美国港口的外国货物。

进口商安全申报(ISF10+2)规则于 2009 年生效。当时,进口商被定义为“承运人(CARRIER)”和负责 ISF 申报的一方。由于对裁决的法律语言存在混淆,ISF5 从未得到全面执行。2018 年 4 月 12 日,美国 CBP 发布了《ISF 决定和最终规则》,将无船承运的 ISF 进口商定义扩大并将进口商定义为无船承运人。

表 4.1　ISF10 与 ISF5 申报各方汇总

路　　线	ISF 种类	递交给美国海关的提单类型	申报 ISF 的负责方
卸货港美国 交货地美国	ISF10	所有类型提单	进口商
通过美国过境*	ISF5	简式提单	海运承运人
通过美国过境*	ISF5	船公司提单	不发送 ISF 以低一级的提单发送
通过美国过境*	ISF5	无船承运人提单由承运人代无船承运人申报 ISF	海运承运人
通过美国过境*	ISF5	无船承运人提单由无船承运人直接发送	无船承运人

（续表）

路　　线	ISF 种类	递交给美国海关的提单类型	申报 ISF 的负责方
美国在船货物	ISF5	简式提单	海运承运人
美国在船货物	ISF5	船公司提单	不发送 ISF 以低一级的提单发送
美国在船货物	ISF5	无船承运人提单由承运人代无船承运人申报 ISF	海运承运人
美国在船货物	ISF5	无船承运人提单由无船承运人直接发送	无船承运人

* 通过美国过境的意思是指转船或者在美国港口卸下，交货地为墨西哥或者加拿大。

资料来源：https://www.cbp.gov/sites/default/files/assets/documents/2018-Nov/Updated%20ISF%20FAQ%20FINAL%2011282018.pdf。

二、欧盟

1. 欧盟货运舱单申报管理的法律基础

自 2011 年 1 月 1 日起，欧盟 27 个成员国开始执行欧盟《海关法》中第 648/2005 号及 1875/2006 号法规。其中 648/2005 号法规要求所有成员国使用“进口控制系统”（Import Control System，ICS）对运往或途径欧盟的货物进行风险评估工作，其核心内容之一是强制承运人或入境的第一个海关（Office of First Entry）进行提前舱单申报（空运货物和近海贸易货物的时效性另有规定）。1875/2006 法则对入境申报作了进一步明确，其中涉及舱单的申报方式、数据项等重要内容。①

目前除了欧盟 27 个成员国外，挪威、瑞士两个非欧盟国家也同样执

① 参见 http://ec.europa.eu/ecip/documents/procedures/import_faq_en.pdf。

行了上述规定内容。这意味着欧洲绝大部分国家都已采用了进口控制系统和提前申报监管模式。①

2. 欧盟舱单申报管理的基本概况

(1) 舱单申报方式

根据1875/2006法规规定，承运人负责提供入境摘要申报所需的信息，个别情况下，海关可以授权第三方提供，其具体操作方式为承运人按照欧盟统一标准，通过计算机软件系统以电子数据形式向货物途径或者入境的第一个海关提供必要的货物信息，仅当接收方或者申报方电子数据出现故障时，才使用纸质单据进行申报。在时效性方面，不同运输方式和运输距离的货物要求有所差异，例如远洋集装箱货物必须在装船前24小时申报，超过4小时飞行时间的航空货物需在抵达前4小时申报，而近海贸易货物及铁路货物则需在抵达前2小时申报。

(2) 申报数据项

1875/2006法规中规定了所需申报的数据项，同时对"经认证的经营者(AEO)"提供了一定的政策优惠。下表为海运、空运、内陆水运和除行邮快递和公路运输外的其他运输方式的舱单数据项要求，以及AEO企业和非AEO企业在申报数据项上的差异。

表4.2 AEO与非AEO企业申报数据项差异

数据项名称	AEO企业	非AEO企业
托运货物数量		需要
唯一托运编码	需要	需要
运输文件编码	需要	需要
收货人	需要	需要

① 参见 http://ec.europa.eu/ecip/security_amendment/procedures/index_en.htm。

（续表）

数据项名称	AEO 企业	非 AEO 企业
信息申报人	需要	需要
发货人	需要	需要
通知人	需要	需要
运输工具的名称及国籍	需要	需要
航次航班编号	需要	需要
第一目的港代码	需要	需要
抵达关境内的第一个目的港时间	需要	需要
途径国家代码	需要	需要
装货地代码	需要	需要
货物描述	需要	需要
货物包装种类	需要	需要
货物件数	需要	需要
集装箱号	需要	需要
唛头		需要
货物种类数量		需要
商品编码	需要	需要
毛重		需要
危险品编号		需要
封志号		需要
运费支付方式和代码		需要
申报日期	需要	需要
签名	需要	需要
其他特别情况	需要	需要

(3) 收取费用情况

目前欧盟并未对舱单提前申报进行收费，但由于欧盟强制承运人进行该项工作，因此大部分运输企业对此进行收费，费用在每票25美元至35美元之间。

(4) 后续环节

在货物途经或者入境的第一个海关收到入境前摘要申报后，不论货物最终目的地是否为欧盟成员国，都将会在货物出发或抵达前对数据进行分析。根据风险类型，该海关将立即采取行动，或将分析报告发送到货物下一目的地海关：在货物存在重大风险情况下，海关可以对承运人发出“不予装船(Do Not Load)”指令，其他情况下可要求入境港查验或者卸货港查验。

3. 欧盟成员国提前申报模式的特点

除了欧盟现行的基于安全因素的舱单提前申报制度，各欧盟成员国海关仍然同时使用本国独立的舱单提前申报管理制度。与前者防范安全风险有所不同，后者的主要目的是为了方便风险分析部门提前判别货物在偷逃税款方面的走私风险。以德国和英国为例，其主要方式为海关与不同的承运人分别签署合作备忘录(MOU)，承运人在货物抵达前以电子方式向海关申报舱单，从而获得通关上的便利，而其风险分析部门则通过另外一套分析系统对舱单数据开展分析工作。

4. 欧盟舱单准入钥匙项目

2015年8月25日，欧盟海关开始实施“准入钥匙(Entry Key)”项目(详见附件1)。

在船舶营运人(VESSEL OPERATOR)发送到货通知(ARRIVAL NOTIFICATION)或者差异申请时，可以选择按照按MRN动态号(每申报一个ENS,就会获得一个MRN动态号,MRN动态号是申报人已履行申报义务的证据)或准入钥匙发送通知。由于目前船舶共舱情况的存在,许多船舶营运人并不掌握MRN动态号,因此目前许多集装箱班轮公司都选择了递交准入钥匙。

(1)“准入钥匙”项目的目的是让船舶运营者(Vessel Operators)递交“到货通知”和“差异(溢短装)申请(Diversion Request)”。

(2)方便申报者(Filers)[承运人(Carrier)或者第三方申报者(Third party filers)]递交最初的ENS准入申报数据和修改数据。

(3)“准入钥匙”包括以下数据:

入境的运输方式

进入边境的运输工具身份(比如船舶呼号)

预计抵达第一入境地海关的时间

第一入境地海关的国家代码

第一入境地的海关代码

5. 欧盟舱单申报模式的特点

(1)基于“安全”的监管模式

与欧盟成员国国内的舱单提前申报措施侧重于税收不同,欧盟强制实施的舱单提前申报制度安全从安全角度出发,并非为一项贸易便利化措施。AEO企业与普通企业在进行申报时的差异仅为数据项的差异,在其他方面并未获得更多的便利措施。

(2)向承运人转移执法成本

欧盟在进入电子化报关时代后已经承运人所提供的舱单信息作为风险分析的基础数据。由于增加了承运人的安全责任,能够促使其督促发货人提供真实有效的货物信息,一定程度上减轻了海关的执法成本。

三、日本

1. 到港前舱单申报制度

2003 年，日本开始实施到港后舱单申报制度；2004 年改为可在到港前进行舱单申报，2006 年确定了舱单信息必须在到港前申报。以上主要针对以 1 个集装箱提单情况为依据的舱单申报。2007 年，将以货主单位提单情况为依据的舱单申报也纳入其中。

2007 年 2 月，日本开始实施海运舱单信息在到港 24 小时前向海关申报制度，但针对近海邻国（如韩国、中国）则放宽了时间限制，规定为到港前 12 小时。空运舱单申报原则上规定在 3 小时前申报（航程在 3 小时以上的，减去 1 小时，即最短应在 2 小时 30 分前申报；航程在 3 小时以内时，则是在减去 30 分钟后的到港前的时间范围内向海关申报）。

申报义务人包括船公司和航空公司或货代、物流公司等。目前，舱单申报的形式除电子数据申报外，仍有部分纸质申报单。电子申报是通过"进出口和港湾相关信息处理系统"（Nippon Automated Cargo and port Consolidated System，简称 NACCS）实现的。

舱单格式包括 3 种：

一是针对一般外贸船舶的（附件 2）；

二是针对外贸集装箱货船的（附件 3）；

三是针对外贸空运货物的（附件 4）。

舱单申报项目分 2 种情况：

一是外贸船舶：发货地、抵运地、标记唛码、编号、品名、数量、发货人、收货人、提单号（集装箱货物时，应有集装箱号及该货物离开装货港的时间，参见附件 5）。

二是外贸航空器：发货地、抵运地、标记唛码、编码、品名、数量及航空货物运输证的编码。

海关在收到舱单信息后对报告的内容进行确认，船舶或航空器到港后，根据货物应存放的不同监管场所的海关管理规定，由辖区海关对申报情况进行必要审核的查验，无针对舱单申报的其他特殊的监管模式，舱单申报也不收取相关费用。

2. 离港前舱单报告制度

为进一步确保贸易安全和便利化顺利推进，日本海关依据《全球贸易安全和便利标准框架》规定制定了离港前舱单申报制度，并已于2014年3月10日开始实行。该制度主要针对海上集装箱货物舱单申报，规定海上集装箱货物须在离港24小时前向海关传送舱单电子信息。详细内容如下。

申报货物范围：进入日本的外贸船运集装箱货物。但空集装箱、板架集装箱(platform container)货物、不在日本卸货的海上集装箱除外。

申报义务者：掌握以1个集装箱提单情况为基础的舱单信息，欲进入日本港的外贸船航运者(简称船公司等)；委托掌握以企业提单情况为基础的舱单信息的船公司等开展货物运输的企业以及与该船公司签订了运输合同的发货人(简称物流公司等)。

申报时限：1.船公司等、物流公司等须在货物装船后离港24小时前(除第2项规定外)；2.在指定经纬度范围的装货港，与指定的日本第一个到达港口形成对应关系的，申报时间为离开装船港前。

申报方式：须通过“进出口和港湾相关信息处理系统”(Nippon Automated Cargo and port Consolidated System，简称NACCS)，以电子信息方式进行传输，如因临时通信线路故障不能通过NACCS传输时，在经海关认可的情况下，可递交纸质舱单信息。

出港前申报的免除：如遇暴风雨、洪水、地震、海啸、火山喷发等自然灾害和火药爆炸以及其他人为异常灾害（武装冲突）等，经海关确认不能在离港前进行申报的，可免予申报。

此外，如果只造成了通信线路故障不能通过 NACCS 传输时，仍有必要进行书面报告。

海关的事前通知：海关接到舱单信息后进行分析，如有影响日本安全的高风险货物则会采取暂时禁止卸货措施，并原则上在收到舱单申报信息的 24 小时内发出通知。如果海关接到与安全有关的新情报，即使收到舱单申报信息已超过 24 小时，也可发出同样通知。企业接到海关通知后可补充提供相关信息，海关再度进行判别。上述风险一旦排除，海关将迅速解除通知要求事项。值得注意的是通知内容均通过 NACCS 申报系统进行处理。

准予卸货申请：对于未按时申报舱单信息的情况，海关也将通过 NACCS 发出代码为“SPD”的事前通知（这时申报义务人有可能受到处罚）。接到不能卸货通知的企业，如其货物属于必须卸船的，则分以下两种情况，由拟卸船方提出申请。1.没有申报舱单信息的。拟卸货方通过 NACCS 申报舱单信息后，再向卸货港海关提出卸货申请，经海关许可后方可卸货。2.舱单信息申报超出规定期限的。拟卸货方也应向卸货港海关提出卸货申请，经海关许可后方可卸货。

海关处罚：船公司和物流公司等未按期申报舱单信息，且伪造申报信息时，将被处以 1 年以下徒刑并处 50 万日元以下罚款。如果按规定必须经海关许可后方能卸货者擅自卸货，也将被处以 1 年以下徒刑并处 50 万日元以下罚款。

舱单申报项目：根据以 1 个集装箱提单情况为基础的舱单信息、以企业提单信息为基础的舱单情况的舱单类型，申报项目有所区别。

第二节　国际海关舱单比较研究

一、申报时限

表 4.3　申报时限对比表

比较项目	美　国	加拿大	墨西哥	欧　盟	土耳其	中　国	韩　国	日　本	WCO 标准框架
执行时间	2002 年 12 月 2 日	2004 年 4 月 19 日	2007 年 9 月 1 日	2011 年 1 月 1 日	2012 年 1 月 1 日	2009 年 1 月 1 日	2012 年 4 月（仅出口货物）	2014 年 3 月 10 日	2005 年 6 月
申报人	船公司 无船承运人	船公司 无船承运人	船公司 无船承运人	船公司	船公司	船公司 无船承运人	船公司 无船承运人	承运人 无船承运人	承运人 或其代理
递交时间	装运港装运前 24 小时（远洋）							装运港离港前 24 小时（远洋）	装运港装运前 24 小时（远洋）
递交方式	原则上，强制电子递交								

二、申报内容

表 4.4　申报内容对比表

项　目	美　国	欧　盟	日　本	中　国
是否允许模糊申报	必须准确申报，不允许出现一般货物、设备、化工品等笼统模糊的名称			未提及
是否允许承运人不知条款	不允许			未提及
无船承运人的House 提单	NVOCC 在自行发送 AMS 舱单的同时需将船公司 MB/L NO.同时对应申报①	欧盟允许HBL 和 MBL只提交一份	如果有签发HOUSE B/L的货物，必须在提单上标注该票是否关联HOUSE B/L	HBL 和 MBL需要同时申报并关联
HS Code	舱单申报不需要； 但是在 ISF10+2 的进口商申报中需要提供	需要	货物的商品编码（6 位数字），如有多种商编，还需告知需要选择哪个商业编码向日本海关进行申报； 如果是拼箱或者一票提单下多项货物的，客户要提供一个 MAIN CARGO 的 HS CODE	不需要

注：关于空箱，欧盟海关规定，货主自由箱需要申报，但是空箱不需要申报在 ENS 中。冷藏箱的发电机、船舶物料都不需要申报在 ENS 中。

① 参见 http://www.cscline.com/zhweb/news/noticelist.aspx?ID=144。

三、禁止货物品名模糊申报的规定

1. 美国①

表 4.5　美国禁止模糊品名申报表

不能接受	接　受
衣服(Apparel) 服装(Wearing Apparel) 女士服装(Ladies' Apparel) 男士服装(Men's Apparel)	服装(Clothing) 鞋子(Shoes) 鞋子(Footwear) 珠宝,可能包括手表(Jewelry)
用具(Appliances)	厨房用具 工业用具 加热泵
汽车配件(Auto Parts)	新汽车配件 旧汽车配件
帽子(Caps)	棒球帽(Baseball Caps) 雷管(Blasting Caps) 瓶盖(Bottle Caps) 轮毂(Hub Caps)
化学品/危险品 化学品/非危险品	实际化学品名(非商标名) 或者联合国国际危规
电子产品	电脑 消费电子产品、电话机 电子玩具 个人电器(比如摄像机、电视机、掌上电脑)
设备	工业设备 油井设备 汽车设备 家禽设备
地板	木质地板 塑料地板 地毯 陶瓷瓷砖 大理石地板

① 参见 http://www.oocl.com/schi/resourcecenter/customeradvisories/usacanada/Pages/acceptableandnonacceptabledescriptions.aspx。

（续表）

不能接受	接　　受
食品	橘子 鱼 袋装大米 袋装谷物 散货谷物
铁	铁管 钢管
钢	铁建筑材料 钢建筑材料
皮革产品	马鞍 皮包 皮夹克 皮鞋
机器	加工金属机械 制烟机械
机械	缝纫机械 打印机械
管道	塑料管道 PVC 管道 钢管 铜管
塑料制品	塑料厨具 塑料家居用品 工业塑料 玩具 新汽车配件 旧汽车配件
聚氨酯	聚氨酯螺纹 聚氨酯医疗手套
橡胶制品	橡胶软管 轮胎 玩具 橡胶输送带

（续表）

不能接受	接　受
棒	焊条 钢筋 铝棒 反应堆棒
废料	废塑料 绿色废料 铁废料
据称装 STC 一般货物 杂货(FAK) 没有描述	(不允许)
瓷砖	陶瓷瓷砖 大理石瓷砖
工具	手工工具 电力工具 工业工具
电线	电线 自动线束 螺旋线

2. 欧盟①

表 4.6　欧盟禁止接受模糊品名申报表

不能接受	接　受
农产品	橘子 鱼 大米 面包

① 参见 http://ec.europa.eu/taxation_customs/resources/documents/customs/policy_issues/customs_security/acceptable_goods_description_guidelines_en.pdf。

（续表）

不能接受	接　受
救援物资	毯子 药物
动物	马 家禽 牛
纺织品（Apparel）	男士衬衫 内衣 女士背心 男士夹克
家电	冰箱 烤箱 微波炉 咖啡机
汽车配件	汽车刹车 汽车挡风玻璃
盖子	塑料盖子
化学品/危险品	实际化学品名（不是商标名称）
化学品/非危险品	实际化学品名（不是商标名称）
集拼货物	根据此列的具体名称显示
教学用品	铅笔 书本 电子白板
电器	计算机 电视机 CD 播放机 随身听 磁带录播机 移动电话 显示屏 打印机
设备	油井设备 家禽养殖设备

（续表）

不能接受	接　受
杂货(FAK)	根据此列的具体名称显示
食品	饮料(见农产品)
杂货(General Goods)	根据此列的具体名称显示
礼物	玩具 遥控汽车
家居用品	盘子 盆子 玩具(见用具)
工业产品	见电器
钢和铁	钢管 铁管 钢制建筑材料 铁制建筑材料
计算机商品	见电器
皮革产品	马鞍 皮包 皮夹克
机械配件	泵浦 铅封 发动机
机械装置	金属加工机械 卷烟制造机械 缝纫机械 打印机械
机器	见机械
油	矿物油 植物油
矿石	铁矿 铜矿
配件	见机械配件

（续表）

不能接受	接　受
个人物品	见表中所列商品
植物	郁金香
塑料制品	塑料厨具 塑料家具用品
聚氨酯	聚氨酯罗文 聚氨酯塑料手套
推进剂	见化学品
橡胶制品	橡胶软管 橡胶传输带
杆、棒	焊条 燃料棒 铜棒
据称装 STC	见表中所列商品
卫生产品	毛景 水桶 洗涤剂 牙刷
废料	塑料废料 泡沫废料 铁废料
备件	见机械配件
织物（Textiles）	亚麻布 T 恤（详见纺织品）
工具	手工工具 电力工具
玩具	详见礼物
各种商品	见此表所列商品
运输工具	船 汽车 自行车

(续表)

不能接受	接　受
武器	匕首 机枪
线	铁丝 钢丝 铜丝
木质商品	木制家具 木质厨房用具

3. 日本①

日本海关不予接受的货物模糊申报包括：

衣服(Apparel)

家用电器(Appliances)

汽车配件(Parts)

帽子(Caps)

危险化工品、非危险化工品(Chemicals Hazardous, Chemicals non-hazardous)

电子产品(Electronic Goods, Electronics)

设备(Equipment)

地板(Flooring)

食品(Foodstuffs)

钢铁(Iron, Steel)

皮具(Leather Articles)

机器(Machinery, Machines)

管道(Pipes)

① 参见 http://www.customs.go.jp/english/summary/advance/material04.pdf。

塑料制品(Plastic Goods)

聚氨酯(Polyurethane)

橡胶制品(Rubber Articles)

杆(Rods)

废料(Scrap)

据称货物(STC-Said To Contain)

杂货(General Cargo, FAK)

没有货物描述

瓦片(Tiles)

工具(Tools)

电线(Wire)

4. 中国

表 4.7 中国海关模糊品名申报规定

Non Acceptable(不接受申报)负面清单一类	Acceptable(可接受申报)
Agricultural products(农产品)	Long grain(籼米)
Aid consignments(援助的货物)	
Animals(动物)	Live horses(活马)
Apparel(服装)	Dresses(连衣裙)
Appliances(电器)	TV set(电视机)
Ceramic products(陶瓷产品)	Refractory bricks(耐火砖)
Chemicals, hazardous(化学品,危险品)	Red phosphorus(红磷)
Electronics(数码产品)	Video games(电子游戏机)
Equipment(设备)	
Flooring(地板)	Wood Flooring(木地板)
Foodstuffs(食品)	Sweet biscuits(甜饼干)
Freight of All Kinds(各类杂货)	

（续表）

Non Acceptable（不接受申报）负面清单一类	Acceptable（可接受申报）
Gifts（礼品）	
Iron（铁）	Iron Pipes（铁管）
Leather Articles（皮革制品）	Leather Handbags（皮革手提包）
Machines（机器）	Cutting-off machines（切割机）
Meat（肉）	Meat of swine（猪肉）
Mineral Products（矿产品）	Edible salt（食用盐）
Oil（油）	Lubricating oils（润滑油）
Personal Effects（私人物品）	
Pipes（管）	Plastic Pipes（塑料管）
Plants（植物）	Orchid（兰花）
Plastic Goods（塑料制品）	Lavatory covers（马桶盖）
Rubber Articles（橡胶制品）	Tires（轮胎）
Sporting goods（体育用品）	
Steel（钢）	
Textiles（纺织品）	
Tools（工具）	Screwdrivers（螺丝刀）
Wood（木头）	
Wooden articles（木制品）	
Animal products（动物产品）	
Rubber articles（橡胶制品）	
Glass articles（玻璃制品）	
Non Acceptable（不接受申报）负面清单二类	**Acceptable（可接受申报）**
纯单一字母，如：AAAAA，Bb 等	
纯单一数字，如：12345 等	
纯单一汉字，如：树、皮等	

四、申报与传输

表 4.8　申报与传输比较表

项　目	美国①	欧盟②	日本③④	中国⑤
申报义务还是传输义务	传输 Manifest Submission⑥	申报 Lodge ENS File ENS Declare cargo	申报 File data(cargo information)	传输
Master 提单传输/申报人	承运人	承运人	承运人	舱单传输人中的进出境运输工具负责人
House 提单传输/申报人	无船承运人	在取得承运人同意的前提下,可以由无船承运人发送,而海运承运人不发送;或者两者都发送但是海关来决定选用谁的信息,否则以承运人发送信息为准	无船承运人	无船承运人
FROB 货物	需要传输	需要传输	需要传输 所有装在外贸船舶上并将进入日本港口的集装箱货物均需进行申报。 如下货物例外: 承运人(CARRIER)调运空箱设备 不在日本港口卸船的货物 (也就是说经日本港口中转的货物也需要发送)	没有要求 在中国港口装卸的货物需要发送,对于途径货物,没有要求

① 参见 http://www.cbp.gov/trade/ace/ocean-manifest。

② 参见 http://ec.europa.eu/ecip/documents/procedures/import_faq_en.pdf。

③ 参见 http://www.oocl.com/schi/resourcecenter/customeradvisories/japan/Pages/jp24update24012014.aspx。

④ 参见 http://www.customs.go.jp/english/summary/advance/04.pdf。

⑤ 参见 http://www.customs.gov.cn/publish/portal0/tab399/info106314.htm。

⑥ 参见 http://www.cbp.gov/document/guidance/input-customs-and-border-protection-ace-camir。

（续表）

项　目	美国	欧盟	日本	中国
船舶共舱 VSA	没有提及	提单签发人①	没有提及	有提及，但是使用了“舱单传输人”的概念，实际操作中容易模糊②
整合运输 (Combined Transportation)	没有提及	真正入境的运输工具营运人申报③	没有提及	没有提及

此外，欧盟对承运人是否获得 AEO 经认证的经营者没有严格要求，但是要求发送舱单数据承运人必须登记 EORI 号码，而且如果数据是由第三方代申报，那么第三方和承运人必须同时提供 EORI 号码。欧盟要求在入境欧盟的第一地海关进行申报，而不是在卸货港进行申报。ENS 只需要在第一入境港申报，船舶靠泊欧盟的后续港口不需要再次申报。

欧盟认为 ENS 提前申报不能代替各国各自的舱单申报。除了 ENS 提前申报，还应当再申报舱单。申报时，可以自行选择，一票提单一票 ENS，或者一个集装箱一票 ENS，或者多票提单一票 ENS。

欧盟海关还将入境时的评估风险及时向欧盟其他海关进行通报，如果认为风险较重时，会发出禁止卸货指令。

如果船公司临时决定变更入境欧盟第一挂港，应当尽可能早的通知

---

① 如果有船舶共舱等情况出现，对于承运人的认定以提单签发为准，而非船舶运营人。

② 根据 172 号令，进出境运输工具负责人、无船承运业务经营人、货运代理企业、船舶代理企业、邮政企业以及快件经营人等舱单电子数据传输义务人统称为“舱单传输人”。

③ 比如渡轮运输卡车入境欧盟境内，抵达边境后卡车能够自行驶入欧盟，那么由卡车运营人负责申报舱单。

海关，原定第一入境海关也应当尽快将风险评估的结果发送给实际第一入境港。

特别需要重视的是，根据我国海关舱单管理办法(172号令)，进出境运输工具负责人、无船承运业务经营人、货运代理企业、船舶代理企业、邮政企业以及快件经营人等舱单电子数据传输义务人统称为“舱单传输人”。首先没有明确的法律法规界定“运输工具负责人”；通常理解运输工具的负责人为对运输工具拥有物权的人，即船舶所有人，但是在船舶营运的实际中，通常存在着船舶所有人、船舶营运人，而在共舱的情况下，还可能存在属于第三类的签发提单的承运人。比如船舶属于希腊船东，而船舶营运人为马士基，但是马士基与地中海海运舱位共享，那么就存在着部分集装箱的提单由地中海航运签发，因此实践中，应当予以明确“舱单传输人”，比如学习欧盟海关的做法，将签发提单的承运人定义为“舱单传输人”，而不是笼统将运输工具负责人定义为“舱单传输人”。

五、修改

表4.9 舱单修改国际比较研究

项　目	美　国	欧　　盟	日　　本	中　国
开航前	允许更改	原则上可以修改，但是在到货通知或者差异报告发出后，不得修改	船舶开航前，允许更改	允许更改
开航后	允许更改	可以修改，但是船舶或者航空器驶向下一个欧盟入境港后，不得更改①	船舶开航后，如果更改会导致日本海关卸船前会进行再次审核，可能导致无法卸船	允许更改

① 参见 http://ec.europa.eu/ecip/documents/procedures/import_entry_guidelines_en.pdf。

到货通知(Arrival Notice)必须由船舶的营运人(Vessel Operator),而不是签发提单的承运人向海关申报。船舶营运人可以选择准入关键要素(ENTRY KEY)或者选择申报到货通知。

对于欧盟海关,改港申请(Diversion Request)不等同于舱单变更(Amendment)。如果发货人要求改港,但是港口是在原定的航程中的,那么这就不算做改港。如果变更的港口不在航程中,发货人又要求在欧盟的港口间变更卸货港,那么这个应作为舱单数据变更。

六、费用

表 4.10 舱单申报传输收费情况比较

美 国	欧 盟	日 本	中 国
船公司目前每票舱单收费为 25 美元,修改每票舱单收费为 40 美元; 美国海关不直接收取舱单相关费用;但美国海关对于船舶等运输工具征收费用	运输企业向客户收取 25—35 美元/提单,修改为 40 美元/提单; 海关没有收取舱单提前申报费用	船公司提前舱单信息安全收费:25 美元/提单;提前舱单信息改单费用:40 美元/提单; 传输中心 NACCS 不收取费用; 海关不收取与舱单相关费用,但征收与船舶等运输工具相关费用	船公司收取费用 30 美元/提单;修改 40 美元/提单①; 中国海关不收取费用; 电子口岸数据传输费已取消②

各国海关虽然对舱单的传输没有直接的收费,但是美国和日本各自对承运人以及运输工具有相应的收费,特别是美国,根据所提供的服务,会相应的进行收费标准调整,而且从法律制度上予以保障,这一点非常值得我国海关借鉴学习。

---

① 参见 http://bbs.fobshanghai.com/thread-5179503-1-1.html。

② 参见 http://www.sinotransbooking.com/sinotrans-main/shipping-news/110000028079。

七、处罚

表 4.11 舱单申报传输惩罚比较

美　　国	欧　　盟	日　　本①	中国
罚款 承运船舶首次违反规定罚 5 000 美元；以后每再犯一次罚 10 000 美元	对于不遵守 ENS 发送的行为，按照欧盟各个入境国家的法律进行处罚。 对于 DNL（禁装）指令发出后还进行装箱的承运人，货物将不能在欧盟卸下，不会面临罚款	当 CARRIER 或者 NVOCC 在截止时间后才申报货物信息的，或者申报伪造的信息，CARRIER 或者 NVOCC 将受到不超过 1 年的监禁或者最高 50 万日元的处罚。另外，未得到日本海关许可的卸货也将受到不超过 1 年的监禁或者最高 50 万日元的处罚	罚款②

八、豁免

表 4.12 舱单传输申报豁免情况比较

美　　国	欧　　盟	日　　本	中　　国
散货（Bulk） 杂货散货（Break Bulk）	电能 管道货物 信件、明信片、印刷品，包括电子媒介产品 万国邮政公约下的货物 个人行李 暂准进口的 ATA 单证册和 CPD 单证册货物 欧盟内航行的货物 由成员国防部批准，仅用于军队的武器和军品 调拨的承运人空箱	空箱、平板集装箱及不在日本港卸货	国际通运货物

① 参见 http://www.customs.go.jp/english/summary/advance/index.htm。

② 《中华人民共和国海关行政处罚实施条例》第二十二条规定，有下列行为之一的，予以警告，可以处 5 万元以下罚款，有违法所得的，没收违法所得：未按照规定期限向海关传输舱单等电子数据、传输的电子数据不准确或者未按照规定期限保存相关电子数据，影响海关监管的。

九、对于承运人的分类管理

表 4.13　舱单申报传输的承运人分类管理比较

美国	欧盟	日本	中国
CTPAT	AEO	无	无

1. 美国海关对承运人的分类管理①

基于商贸反恐怖联盟 CTPAT，通过与国际供应链上参与方的合作，比如进口商、承运人、集装箱拼箱人、有资质的报关行以及制造商，美国海关和边境保护局能够提供最高等级的货物安全。除此以外，美国海关与边境保护局还有超级承运人项目（SCIP-Super Carrier Initiative Program），商业反走私项目 BASC（Business anti-Smuggling Coalition）和陆地边境承运人项目 LBCIP（Land Border Carrier Initiative Program）。

对于无船承运人的舱单传输，美国海关特别制定了相关的管理规定。比如将向美国海关发送提前货物舱单数据的无船承认人进行汇编并公布在其官方网站上，一方面方便企业查询有资质的无船承运人，另一方面也是便利美国海关进行监管。

2. 欧盟海关对承运人的分类管理

欧盟海关的 AEO 包括 3 种类型，并且覆盖包括承运人在内的供应链各方：

● 海关简化 AEO（AEOC-Customs Simplifications）：通过认证的企业可以适用简化措施。

● 海关安全 AEO（AEOS-Security and Safety）：通过认证的企业可以在其货物进出欧盟关境时，享受有关于安全的便利监管措施。

① 参见 https://www.cbp.gov/node/75505。

● 海关完全AEO(AEOF-Customs simplifications/Security and Safety)：合并了简化AEO和安全AEO的企业两种要求，通过认证的企业可以使用上述两种便利。有不少承运人都是完全认证的经营者(AEOF)。

第三节 中国海关的舱单管理

一、中国海关的舱单历史沿革

1999年2月1日海关总署令第70号公布《中华人民共和国海关舱单电子数据传输管理办法》。

海关总署令第172号《中华人民共和国海关进出境运输工具舱单管理办法》(以下简称《办法》)于2008年3月10日经海关总署署务会议审议通过，2008年3月28日公布，自2009年1月1日起施行。

2008年，海关总署先后对外公布了第54号、第80号、第81号、第97号、第101号公告，2009年公布了第22号等公告，对舱单传输主体和范围、电子传输报文格式、传输途径等作出进一步明确规定。

2010年，公布了2010年第70号、第77号公告，同时废止了2008年第54号、第81号公告。

2014年，公布了2014年第70号公告、署监发〔2014〕258号通知。

2018年，公布了2018年第40号(关于发布进出境舱单水运、空运货物舱单电子报文格式V1.2)公告，同时废止2010年第77号公告①。

2018年，发布了2017年第56号(关于调整水空运进出境运输工具、舱单监管相关事项)公告，同时废止2010年第70号、2013年第68号、2014年第70号公告②。

---

① 参见 http://www.customs.gov.cn/customs/302249/302266/302269/1840775/index.html。

② 参见 http://www.customs.gov.cn/customs/302249/302266/302269/747050/index.html。

2018年，发布了2018年第93号(关于调整水空运进出境运输工具及货运舱单管理有关事项)公告，同时废止2008年第97号和第101号公告①。

从上述舱单公告的不断更新可以看出，不断加强监管，包括从传输时限、货物描述、收发货人等信息的规范申报，中国海关的舱单管理也不断靠拢世界标准，与国际接轨。

二、中国海关舱单改革的背景和意义

1. 国际贸易与国际物流发展需要舱单改革

中国海关的监管，过去更多地依赖于报关单，但是自从2008年新舱单管理办法实施后，开始转向更为科学和合理的监管模式。海运、空运、铁路、公路各种运输方式下的舱单作业模式各异，不同地区间海关对舱单管理的要求亦各不相同，而且随着国际贸易和国际物流的发展变化，舱单管理办法自2008年出台后，也不断进行完善。

2. 全国海关通关一体化改革需要舱单改革

全国海关通关一体化改革后，风险管理需要大量的基础性数据作为支撑，尤其是与货物报关数据可以相互印证的第三方基础数据。而该第三方基础数据大部分源于物流作业的各个环节，这就必须通过舱单这条主线，对物流作业各环节所产生的物流数据进行串联、印证、整合。

3.《贸易安全与便利标准框架》需要舱单改革

世界海关组织的《贸易安全与便利标准框架》提出了4大核心要素，

---

① 参见 http://www.customs.gov.cn/customs/302249/302266/302267/1933900/index.html。

其中提前货物信息是首要的核心要素之一，而中国海关的舱单改革就是在不断地适应和推动《贸易安全与便利标准框架》在中国的实施和推进。

同时，《贸易安全与便利标准框架》又对一致的风险管理原则作出要求，而中国海关的安全准入风险防控，就是基于舱单数据开展的准入风险分析。

三、中国海关舱单管理对策

1. 运输方式的改进

新的舱单管理办法，改变了过去只覆盖水运和空运两种运输方式的狭隘，而覆盖到了水运、空运、铁路和公路运输方式。当然，随着海关改革的推进，多式联运海关监管制度出台以后，海关的舱单管理将进一步优化。

2. 对于单证传输客体的明确

新的舱单管理办法，对舱单的传输内容进行了明确，厘清了主要数据和相关数据的区别，规范了定义名称。

3. 明确了传输时限

在172号署令，明确了舱单等电子数据的提前传输是《办法》的核心内容和基本原则。《办法》根据海关监管业务的实际需求，结合水运、空运、陆运和铁路运输方式的特点，对进境舱单和出境舱单电子数据的传输时限作了具体规定，在2018年第93号公告中，中国海关又对舱单的时效进行了强调，主要基于以下因素。

首先是与国际进行接轨，特别是与美国、欧盟海关等成熟发达国家的舱单传输时限进行相同的规定。

其次是充分考虑了海关全国通关一体化改革的需要。因为全国海关通关一体化改革的重点是实施安全准入和准出的风险控制，而及时获取用于安全准入分析的舱单数据是根本和关键。

再次是通过供应链上各个节点的物流数据进行串联，而舱单管理办法是一个广义舱单的概念，事实上，更应该叫做物流数据管理办法，预配舱单、装载舱单以及原始舱单都只是物流数据中的一部分，而相互印证的物流数据将进一步加强海关风控工作的准确性和可靠性。

四、供应链各方对中国舱单管理的聚焦

中国海关的舱单管理办法，对与供应链各方已经产生积极而深远的影响，随着中国海关贸易安全与便利工作的不断推进，还将不断完善。

迄今为止，比较重要的，能够对供应链各方产生直接和广泛的影响的，还是《中华人民共和国海关进出境运输工具舱单管理办法》。

1. 传输时限

首先供应链各方应当清楚时限的内容，其次是相应的后果。

对于出口预配舱单：集装箱船舶装船的24小时以前；非集装箱船舶在开始装载货物、物品的2小时以前；集装箱货物与非集装箱货物混装的，应当按照上述要求分别传输；来往港澳小型船舶在开始装载货物、物品的4小时以前；调拨出境的空箱，在空箱装船的2小时以前；出境地直属海关审核同意后，临时计划转运出境的货物、物品在转运出境装船2小时以前。

如果未能满足时效要求，那么舱单将自动转为风险分析，舱单所对应的货物被查验的可能性就会大大增加，从而延长了通关时间。

海关在对转入风险分析的出口预配舱单信息进行审核时，还将要求舱单传输人提交说明材料，对舱单电子数据的规范性和超过时限传输的

合理性进行核实。

对于装载舱单，如果不能满足海关的传输时效要求，同样将转入风险分析环节。

2. 数据质量

运抵报告应与预配舱单电子数据进行比对，比对不符的，海关应当要求舱单传输人和监管作业场所经营人提交书面说明，可派员实地核实相关情况：是预配舱单错误，还是运抵报告错误的实际情况，应分别处理。如果需要删除运抵报告电子数据的，还应要求监管作业场所经营人重新发送运抵报告。

装载舱单数据审核通过的，海关以电子数据方式向舱单传输人反馈同意装载的指令；审核不通过的，海关以电子数据方式反馈不同意装载信息。

3. 结关手续

按照目前的管理办法，出口货物、物品提交理货报告后，海关方可办理对应货物、物品的结关手续。

但是，笔者认为，为了更好地打击出口骗税以及虚假贸易，建议以税务机关的出口退税办结信息回执作为自动结关的触发依据。对于不需要出口退税的货物，海关可以在理货数据发送后的若干个月内，予以自动结关，自动结关的货物，不再享受出口退税。

第四节　舱单管理的总结与展望

一、中国海关在舱单管理方面符合世界海关的通行做法

无论是舱单管理办法的开始时间，还是申报人、申报时间以及申报内容，中国海关对于舱单管理顺应了世界海关的主流管理理念和通行做法，

甚至比某些发达国家更早开始着手实施贸易安全与便利标准框架的相关内容：比如比欧盟、日本更早开始着手实施货到前的舱单信息传输和风险分析工作。

二、部分国家地区在舱单管理上做法比我国繁复

有些国家或者地区的海关，在舱单管理中，比较中国海关的手续更为繁琐复杂：比如欧盟，采用了“准入钥匙”，以及美国的“ISF 10＋2”的承运人递交贝位图信息和集装箱状态信息。

三、中国海关在舱单管理方面还应当继续加强监管

1. 中国海关应当进一步加强无船承运人的监管

对交通运输部联网进行无船承运人的动态（交通运输部对无船承运人有准入和退出的机制）和无船承运人的舱单数据中的收发货人信息和地址应加强监管，为后续的风险分析奠定数据基础。

2. 中国海关应当尝试开展承运人的分类管理

比如美国海关针对不同的运输方式，制定了不同的承运人分类管理机制；而欧盟海关，则对承运人开展了 EORI 号码登记制度，即申报舱单(ENS)的主体必须提供 EORI 号码，并且通过 EORI 注册登记号，将相关的海关回执等信息及时反馈到承运人。

3. 中国海关在整合供应链监管方面还有待加强

欧盟海关已经尝试从源头收集整个供应链上的数据，包括利用舱单在内的物流数据、交易数据以及金融数据，并在此基础上开展监管。欧盟海关联合企业、高校正在着手开展了航线试点实证研究，进行整合供应链

数据海关监管研究①,他们充分意识到了舱单数据的重要性,但是也清楚地意识到从供应链源头(如从发货人)收集源数据的重要性。

4. 中国海关在舱单数据质量还应当继续加强

比如禁止货物品名的模糊申报,无论是美国、欧盟还是日本都明确列明了不能接受的模糊申报品名;此外,为了便于我国海关开展报关单以及舱单数据的核对,建议在今后舱单数据中增列 HS 编码。

5. 中国海关应当明确舱单传输主体

国外海关在舱单数据申报人的规定更为明确具体;我国海关在《办法》的实施细则第四条规定船舶负责人应按照《办法》规定的时限传输电子数据舱单,同时在实施细则的第六条对于多家公司签有协议,共用同一船舶舱位从事国际运输的,由各舱单传输人以同一航次分别向海关传输各自的舱单数据。但是《办法》第四条没有明确界定"舱单传输人",仅规定了进出境运输工具负责人、无船承运业务经营人、货运代理企业、船舶代理企业、邮政企业以及快件经营人等舱单电子数据传输义务人统称为"舱单传输人",应当按照海关备案的范围在规定时限向海关传输舱单电子数据。

这与目前航运现状存在一定的理解误区或偏差,特别是在共舱的情况下,既存在着船舶营运人(A 企业),也存在着提单签发人(B 企业),还有船舶可能是通过期租的方式从船舶所有人(C 企业)租赁,很难界定"运输工具负责人",而且在航运惯例中也没有"运输工具负责人"或者"船舶负责人"的提法。②

欧盟入境摘要(ENS)由提单签发的海运承运人(Ocean Carrier)发送,

---

① 参见 http://www.cassandra-project.eu/articles/data-sharing.html。

② 参见 http://ec.europa.eu/taxation_customs/resources/documents/customs/security_amendment/procedures/import_faq_en.pdf。

而并非实际完成运输的人；到货通知(Arrival Notification)由船舶运营人(Vessel Operator)发送；舱单(Manifest)由提单签发的海运承运人发送给欧盟卸货港海关。这值得中国参考。

四、中国海关应对舱单管理实施"顺势监管"

为了实现贸易安全与便利化，真正做到"顺势监管"，我国海关可以进一步梳理和遵循国际惯例，实现高效监管。

1. 豁免承运人空箱集装箱

我国海关规定对于不作为货物的进境空载集装箱，可在船舶抵达境内第一目的港卸货前，向海关传输空箱原始舱单。而欧盟海关对于船公司的空箱调拨，不做舱单申报要求，由于空箱调拨在实际中的箱号不确定性，因此建议可以学习欧盟海关的做法，对于承运人的调拨空箱予以豁免申报。

2. 明确承运人的申报责任

欧盟海关认为舱单申报中，应当遵循谁申报，谁负责原则，即准确完整地进行申报，但是同时，欧盟海关也认为，应当限于申报人所知道的内容，即运输合同(提单)所披露的内容。这就意味着，如果货主在提单上所提供的信息是虚假的，承运人是无法了解所载内容的真实性，那么承运人只要提供他所了解的提单信息即可。这就意味着，我们海关的风险监管一方面要加强承运人的监管，充分利用好舱单数据，同时，也要意识到舱单数据的局限性，对于承运人的责任有客观公正的认识。

最后，《办法》中是指舱单数据的传输责任，而非承运人的申报责任，考虑到与今后我国海关通关作业改革相适应(澳大利亚海关的二次申报就以舱单数据申报为第一次申报），与我国海关的准入风险防控建设相适应（以舱单数据作为安全准入分析的主要依据），同时进一步明确承运人的申报责任，我国海关可以选择适当时机进行表述的调整，将“传输”修改为“申报”。

五、基于网络政策理论进行供应链安全监管

随着国际物流发展和国际海关贸易安全与便利实践的不断深入，承运人申报制度是立足现实情况和长远发展目标进行的海关监管创新，是实现物流监管科学化、电子化、国际化而迈出的重要探索。

在海关简政放权和上海自贸区建设这一特定背景下，本书运用公共管理中的政策网络治理理论和经济学的委托—代理模型进行了建模分析，从而得到以下结论。

舱单等物流信息在海关监管和海关风险管理中日益重视，承运人申报制度的重要性不言而喻。承运人监管的网络治理主体应当包括：海关、交通部、承运人、船东协会等中介组织。承运人监管的网络治理工具可以运用政策光谱理论，实现自愿性、强制性、混合性相结合的措施：

将无船承运人的舱单传输要求明确；

将运输货物的明细要求明确；

将船舶管理公司纳入管理范畴；

进一步细分和明确承运人的定义；

将承运人安全认证的工作外包给行业中介组织；

基于政策网络治理理论，与交通运输部、中介组织、承运人等一起共同实现承运人的监管创新。

中国海关确保物流监管系统和规则适应物流业务发展，在推动国际海关反恐合作和国际贸易发展方面发挥积极作用。

六、加强与政府机构间的合作

这里所说的加强政府机构间的合作，包括海关与本国政府其他监管部门的合作，也包括与其他国家海关的国际合作。

世界海关组织的《一体化供应链安全指南》指出，为了有充足的时间获得高质量的信息资料并实施风险管理，各国政府和海关机构应将全球性供应链视为一个整体的商业活动过程。这就要求对同一个供应链上的各国海关机构创建一个自货物的原产地点开始至货物的目的地点为止的整个供应链，包括单证、实际货物监管、货运、人员与信息资料的安全等关键要素的管控作出制度性安排事项达成一致意见。为了实现监管结果互认，各国海关需要(以双边或多边方式)就监管和风险管理的认定标准、情报及风险信息分享、常规数据交换等事项达成协议。

七、改变舱单数据传输模式

首先是改变目前以装船前 30 分钟的装载舱单和理货报告作为结关的依据现状，其次，要求补充清洁舱单，或者要求船公司在签发提单后，申报或者传输全套提单数据。最后，要求港区等海关监管场所经营人递交其他电子数据，比如电子装箱单、电子设备交接单等目前以纸质方式传输递交的数据实现无纸化。

第五章

安 全 准 入

按照世界海关组织的《一体化供应链安全指南》，进口国海关在跨境货物运抵之前甚至启运前就可获得相关信息。不同商业模式、不同运输方式的信息资料的格式要求需要通过相应的规则予以规范。原则上说，各海关机构对所有在运抵前规定时间内上传了法律所规定的、符合海关要求的信息的货物，应当实现快速验放。海关的安全准入监管工作应当就上述原则进行设计和优化。

第一节　安全准入的国际借鉴

一、世界航运理事会的评价和意见①

1. 世界航运理事会（WSC，World Shipping Council）概述

WSC（World Shipping Council）设在美国首都华盛顿特区内，由占全球90%以上的海运集装箱运量的班轮航运商，一共29家组成，它主要是由船公司高层成员组成，着重于班轮业的影响和作用，并通过“圆桌会议”讨论方式，一直以来专注如何改进海上安全，并以支持建立全球航运业的环境标准为议题。

---

① 参见 http://www.worldshipping.org/pdf/wsc_trade_act_strawmen.pdf。

2. 世界航运理事会关于美国舱单提前传输的意见综述

(1) 入境美国的提前货物信息相关事宜

● **总体意见**

世界航运理事会认为海关开展提前货物信息传输,实现供应链安全非常有必要,并且全力支持。

由于舱单的信息来源于提单,提单信息又来自于承运人和托运人双方所订立的运输合同,并不是第一手的货物信息,因此世界航运理事会建议海关能够直接从供应链的最源头(比如发货人处)获得货物信息,由承运人传输的舱单只是转手货物信息。

● **时间节点**

关于提前24小时发送的时间节点,一方面这对供应链安全防控的意义并不重大,同时因为唯一准确的方式就是按集装箱装卸的时间节点计算,但是船公司很难统计而且耗时耗力,建议以航海日志中的境外离港时间为准。

● **无船承运人发送提单信息**

美国海关要求无船承运人发送船公司提单信息,理事会予以支持。

(2) 离境美国的提前货物信息相关事宜

● **出口2次舱单发送**

世界航运理事会认为,由于离境的风险要小于入境,因此没有必要进行2次舱单申报(预配舱单申报和装载舱单申报)。而且,世界航运理事会援引美国贸易法的规定,应当向直接掌握货物的信息的相关方获取信息,而货主的报关单SED已经能够实现这个功能,因此没有必要过分依赖出口的舱单信息。

● **时间节点**

对于发送的时间节点,同样建议为离港前,而不是装运前,因为每一个箱子的装运时间都是不同的。

● **无船承运人**

对于出口，美国海关没有强制要求无船承运人递交提前货物舱单信息，但是承运人对无船承运人签发的货代提单(House Bill of Lading)信息很难获知。

● **散货出口**

世界航运理事会要求美国海关对出口的散货进行舱单传输豁免。

● **空集装箱**

世界航运理事会要求美国海关对出口的空集装箱进行舱单传输豁免。

3. 世界航运理事会关于欧盟提前申报准入摘要的意见综述①

世界航运理事会建议欧盟海关向美国、加拿大和中国海关学习，要求承运人和无船承运人都同时发送舱单信息给海关，以便有充分和足够的数据开展风险分析。

针对欧盟委员要求承运人提供"买方(Buyer)"和"卖方(Seller)"信息的计划，世界航运理事会表示了坚决的反对，根据航运惯例，承运人是无从知晓真实的买方和卖方信息的，他们能够获取的就是列在运输文件上的"收货人(Consignee)"和"发货人(Shipper)"。

二、荷兰海关的通关与安全准入基本情况

1. 荷兰海关的基本进口通关流程

荷兰海关的进口包括2个步骤：即安全准入和进口申报。

---

① 参见 http://www.worldshipping.org/industry-issues/security/cargo-and-the-supply-chain/eu-programs-and-issues/eu-advance-cargo-shipment-data#proposed。

第一，以第一入境港口为荷兰鹿特丹港口为例，承运人（或者其代理），如马士基向 PORTBASE（类似我国的电子口岸）发送舱单数据（ENS, Entry Summary）给荷兰海关，荷兰海关作为欧盟的第一道门户口岸海关，收到 ENS 舱单数据之后，开始进行安全准入风险分析。

第二，首先系统根据设置好的风险参数规则进行自动研判，分为红、橙、白三色。红色为高风险货物，直接进行查验，查验无误后才准入海关监管区，等待货主报关；白色为低风险货物，无需查验允许准入海关监管区，等待货主报关；只有进入橙色的货物需要进行人工干预，即专家审单，但是此时，进行审单的数据仍然是基于货物的舱单信息，而不是根据报关单信息。

第三，海运货物风险分析中心（CCC Marine, Customs Control Centre Marine）将橙色通道的货物进行风险研判，做出需要查验或者不需要查验的判断。不需要查验的货物直接进入海关监管区，待货主进行进口申报。

通过安全准入风险分析的货物，只是完成了准入欧盟的风险研判，而且此阶段也不是申报状态，只是基于承运人传输的舱单进行安全准入风险研判阶段。

第四，通过安全准入后，货主开始进行电子申报。99%的货物进口申报都是电子的形式。货主根据不同的货物流向开始申报，进口（IMPORT）形式多样：有放行清关（Free circulations），也有转运（Transit），也有进料加工（Inward Processing），或者进入各种类型的保税仓库，等等。

第五，货主开始进行货物的申报，货主的申报仍然是通过 PORTBASE 进行货物数据的申报，需要注意的是，货主（或者委托报关行进行报关）申报时，只需要电子数据的申报，并不需要随附单证。海关的审单系统进行审单，并且会返还回执给他们：通知他们是否需要查验，同时会通知货主需要缴纳的关税，实现网上自动缴税。

第六，无论是否在安全准入时接受了查验，货主申报后，荷兰海关仍会对报关单申报数据进行风险分析，对高风险货物实施单证审核或实际查验，比例总共约为5%，低风险的由计算机自动放行。无论是单证审核或是实际查验，货主都会以电子邮件的形式，将所有的随附单证发送给海关。实际查验包括扫描查验、人工查验和缉私犬查验。

2. 灵活的简易申报方式

对于具有特殊资质的企业（并非指 AEO 企业，需要单独申请简易申报资格），荷兰海关允许货主在货物随附单证或者货物申报信息没有完备之前，进行简易申报①，而且简易申报甚至可以由发票和提单来代替报关单。

简易申报有2种形式：

第一种是提交不完整的 SAD（Single Administrative Document，单一窗口申报文件）申报表向海关进行申报。

第二种是提交商业（比如发票或者提单）许可证件，提交这些文件可以代替 SAD 申报表的功能。

简易申报时，需要说明最终目的地，当货物抵达最终目的地时，货主向海关发送货物抵达的信息，海关决定是否需要进行查验。

简易申报后，事后须提交补充申报，通常是一个月内完成。

3. 荷兰海关的删改单作业

放行结关后，如果企业发现有申报数据出现错误，可以主动向海关提

① 参见 http://translate.googleusercontent.com/translate_c?depth=1&hl=zh-CN&ie=UTF8&prev=_t&rurl=translate.google.com.hk&sl=nl&tl=en&u=http://www.belastingdienst.nl/wps/wcm/connect/bldcontentnl/belastingdienst/douane_voor_bedrijven/invoer/aangifte_doen/vereenvoudigde_procedure/vereenvoudigde_procedures&usg=ALkJrhimgtuGIDUFNWjwb-xl8RAM_vmDwQ。

请修改，荷兰海关的删改单基本程序如下。

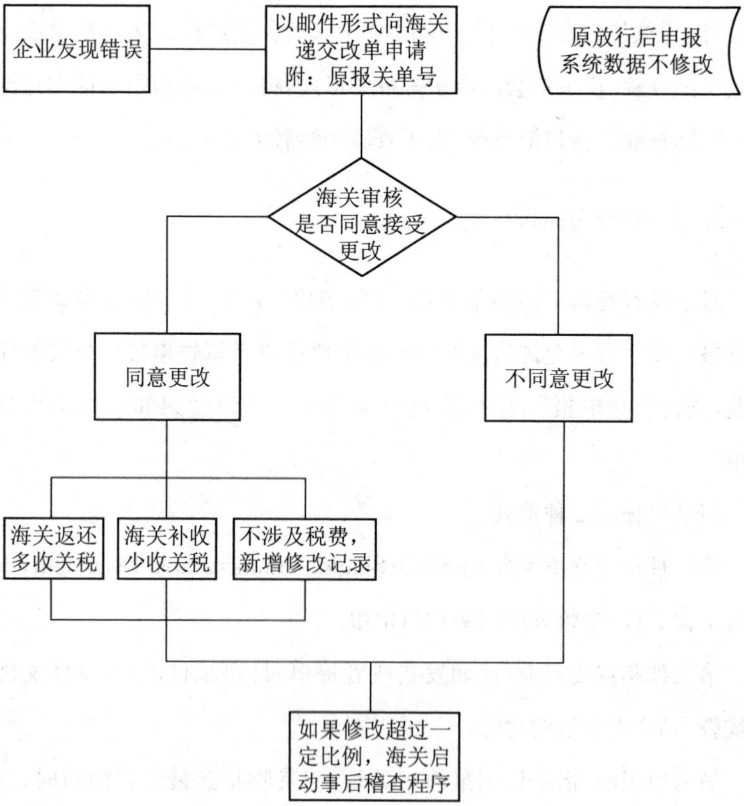

图 5.1　荷兰海关的删改单流程图

从上述流程可以得知，荷兰海关对删改单之后的原始数据并不涂改消失，而是始终记录在案。而且，如果一个企业的删改单比例达到一定程度之后，海关就会对此企业启动稽查程序。

4. 荷兰海关的安全准入舱单风险分析数据

(1) 参数来源

欧盟海关对于货物准入欧盟的安全准入分析使用的是货到前(Prearrival)参数:第一组风险参数是关于欧盟安全准入(Safety and Security);第二组风险参数是关于荷兰本土的国家层面的参数,关于安全准入方面的有(不涉及资金或关税任务):健康、环保、安全、经济。

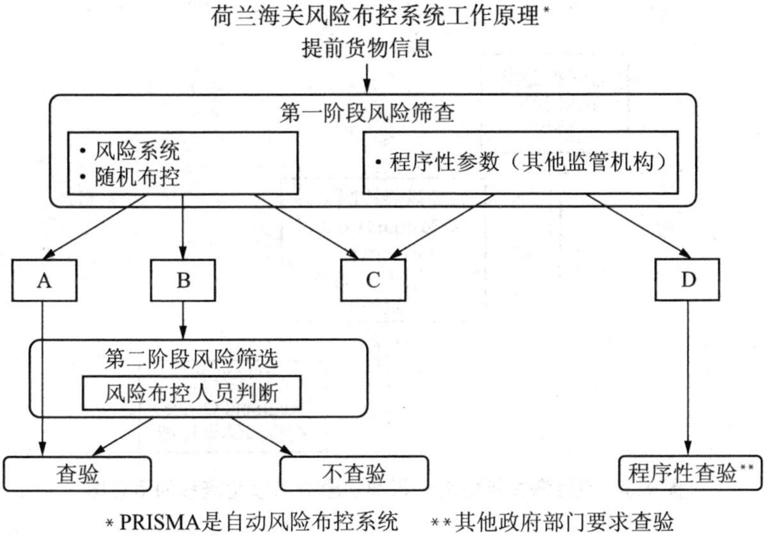

图 5.2　荷兰海关风险布控系统工作原理图

A 区域:直接查验
B 区域:是否查验由风险控制中心的关员人工判断
C 区域:直接放行

(2) 自由裁量部分的判断依据

B 部分的风险控制中心关员做出判断的依据:信息比对、早期的风险查验结果和稽查结果、知识和经验、互联网资料、其他政府机构政府部门的联网查询。

(3) 先进的管理理念与高科技查验设备相结合

查验基本概况

荷兰海关的查验分为安全准入查验和报关查验两种,安全准入查验是根据承运人提前发送的货物舱单数据(ENS)进行风险分析,布控选查的，发生在货物申报之前；而报关查验时在货物准入欧盟境内之后，海关根据货主的申报，即报关单的信息，进行风险分析和布控选查的，是发生在货物申报之后。

荷兰海关的安全准入和查验流程如图 5.3 所示：

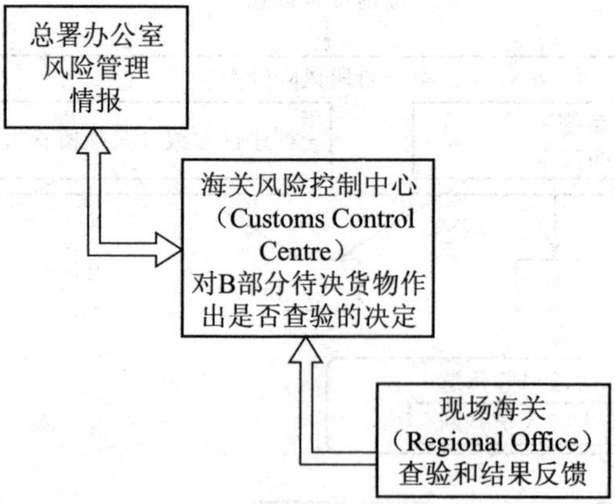

图 5.3　荷兰海关货到前分析和安全准入查验流程的示意图

智能门

为了便于企业提高通关效率和加强海关的有效监管，荷兰海关在史基浦机场开展了智能安全门项目（SMART GATE）：即将 X 光机扫描设备安装在机场的仓库，如果需要查验时，企业根据海关要求将成像图像发送到海关集中审像中心，企业不需要将货物再搬运至专门的查验场地，海关关员也不需要再前往查验场地，提高了通关效率并节约了物流成本。史基浦机场的智能安全门货物查验是世界上第一个在空运货物领域进行政府和企业合作的示范。通过政府和企业的共同努力来加强边境的执法，创新了监管方式。①

① 参见 http://www.schiphol.nl/SchipholSmartGateCargo/WhatIsSchipholSmartGateCargo.htm。

三、欧盟海关的风险管理和供应链安全理论

1. 基本概况

(1) 欧盟海关供应链安全与安全准入的指导原则:《贸易安全与便利标准框架》①

欧盟海关认为,根据不断增长的安全角色责任,欧盟海关将紧跟世界海关组织《贸易安全与便利标准框架》(以下简称《标准框架》)的标准,与其保持一致。

(2) 欧盟海关供应链安全与安全准入风险防控框架

● 利用欧盟一致的风险评估标准,识别和监管高风险的货物;

● 利用经认证的经营者在海关与商界之间构建合作并且便利合法贸易;

● 充分利用货到前信息和货物预离前的信息,通过提前发送的货物信息进行风险分析。

2. 欧盟海关在供应链安全与安全准入的成绩

(1) 进境概要申报和安全风险分析

《标准框架》提出了标准 6-提前电子信息,与标准 6 相对应,欧盟海关制定了进境概要申报(ENS,即 Entry Summary Declaration)的制度设计。《欧盟海关法典》指出,所有运入欧盟关境的货物均应进行进境概要申报。

作为一般性的原则规定,欧盟立法要求,所有进入欧盟关境的货物,无论是否最终运到欧盟或者最终目的地如何,都应该在规定的时间内,向进境地海关提交进境概要申报,比如欧盟关境内的第一个预定停靠港的

① 参见 http://ec.europa.eu/taxation_customs/resources/documents/customs/customs_controls/risk_management/customs_eu/com_2014_527_en.PDF。

海关。这就意味着所有进境货物，包括过境货物(FROB)，都必须将进境概要申报在货物运入欧盟关境前提交海关(对于深海运输集装箱，ENS应在国外装货港装货之前提交)。

欧盟海关规定，进境概要申报应当由承运人提交，此外也可以由进口人、收货人或者委托承运人以其名义或者代表其行事的其他人，能自行或者委托他人向进境海关呈验货物的任何人提交，进境概要申报应包含为安全目的开展风险分析所需要的详细信息。

《标准框架》的四个核心要素中的第二、三点指出：凡加入《标准框架》的成员有义务采取一致的风险管理方法以应对安全威胁；在进口国提出合理请求的情况下，出口国海关应通过风险分析，预先查验高风险的出口货物和集装箱，并且尽可能使用非侵入式检测设备，如大型X射线探测设备和放射性物质探测设备。

欧盟海关认为安全是重中之重，海关在边境安全方面发挥着重要作用。现代海关更要优先考虑公民的安全、保障和健康。资料显示，2015年欧盟海关查获了397吨毒品，超过4 000万件假冒物品(其中包括90万种药品和400万个玩具)，7 300件武器和320万件弹药。

因此，基于进境概要申报的安全风险分析对于实施风险管理相当重要，面对不断增长的贸易量和供应链监管的需要，欧盟海关利用风险管理实施有效且高效的控制，同时避免对合法商业活动造成不必要的干扰，有效地部署资源。

对风险信息进行评估后，欧盟海关根据货物不同的风险水平，将风险等级分为三类。C类风险(低风险)：海关在风险货物按计划卸货时进行控制，从而确保合法货物流可以继续不间断地流动。B类风险(中等风险)：如果认为货物造成严重威胁，需要立即干预，第一入境海关可以采取禁止措施。A类风险(高风险)：即禁止装载，对于深海集装箱运输，立即向承运人发出禁止性的信息，禁止货物装上运往欧盟关境的船只。

欧盟在2005年将风险管理引入法律框架中，并于2009年至2011年期间实施之后，欧盟委员会对风险管理的实施情况进行了评估，并于2014年8月21日通过了《欧盟海关风险管理战略和行动计划：应对风险、加强供应链安全和促进贸易》(COM/2014/527，以下简称《战略和行动计划》)。《战略和行动计划》提出了一系列逐步行动，以在外部边界实现更加一致、更有效和具有更高成本效益的欧盟海关风险管理，绘制了切实可行和详细的路线图。

《战略和行动计划》提出了欧盟海关供应链风险管理的四项基本原则。第一项是"提前评估，必要时控制"。强调海关必须提前对货物进行风险评估，区别对待不同的风险。第二项是多机构合作。要求欧盟海关与国际海关、其他政府部门(包括执法和安全机构)以及经济经营者之间密切合作。第三项是多层次和协调的方法。欧盟及其成员国建立一种多层次、协调的方法，由海关提供信息，供应链中的部门及时向海关提交正确一致的数据。第四项是资源的有效利用。欧盟及其成员国必须利用和提高现有的信息技术，多渠道收集、整合电子信息，并在欧盟海关内部，共享相关数据和信息。

2016年7月19日，欧盟委员会通过了有关《战略和行动计划》的进度报告和工作文件。2016年12月6日，理事会在其第3 506次会议上通过了关于《战略和行动计划》实施进度报告的理事会结论。2018年7月20日，委员会通过了第二份关于《战略和行动计划》的进度报告和工作人员工作文件。该报告根据理事会2016年12月的结论，对欧盟战略和行动计划的执行情况进行了全面的定性评估。它表明，所有会员国和委员会都取得了重大进展，特别是加强参与海关风险管理的各方在启动新举措上的合作。

(2) 经认证的经营者制度(AEO)

《标准框架》中对供应链企业如何成为安全伙伴提出了几点标准，包括:1.企业要开展风险评估,制定安全计划、通信计划,以应对被评估风险;2.通过完善相应程序,阻止异常或无记录的货物进入国际供应链;3.构建人员审查和信息保护系统,以保障装卸、仓储场所的建筑环境、货物以及运输工具的安全。

基于《标准框架》中海关与企业的伙伴关系,欧盟海关制定了经认证的经营者计划(AEO),海关与满足标准要求的贸易商密切合作,以达成确保供应链安全的共同目标,企业也有权在全欧盟享受相应的便利。

目前,欧盟的AEO制度包括简化通关类经认证的经营者(AEOC)、安全类经认证的经营者(AEOS)两类AEO认证。经营者可以申请AEOC或AEOS,并且这两种认证类型不相互冲突,可以同时获得。新修订的《欧盟海关法典》中关于AEO的规定位于总则第38—41条,与欧共体海关法相比,该规定更加具体。新欧盟海关法典将AEOC和AEOS两种不同类型的AEO列在了法律文本中,而此前这两种类型仅被写在了实施条例中。

欧盟规定,任何主动申请认证并满足相应的标准的欧盟经营者都可以依法获得AEO的地位,并且AEO的身份可以被欧盟境内的所有成员国承认。特别注意到《欧盟海关法典实施条例》(CCIP)在第27条第一款(a)项,提出了两项新标准。AEO企业至少拥有三年的海关实践经验或符合欧洲标准化机构的资格标准,以保证申请企业的能力。

修订的《欧盟海关法典》使得经认证的经营者能够获得更大的优势,增加了AEO身份所带来的好处。除了之前由CCIP第14条授予的优势,经认证的经营者可以获得更多优惠政策。其中具体包括:1.简化通关类经认证的经营者可以进行自主确认,可以向海关申请办理特定海关手续,以便确定进出口关税应纳税款,并在海关监管下实施特定的监管措施(第185条第2款)。2.可以由海关批准降低总担保的金额,甚至免除担保(第95条第2、3款)。3.简化通关类经认证的经营者可以申请向设立地主管海关，申报其在另一海关呈验的货物，进行集中清关(第 179 条第 2 款)。4.依申请免除货物呈验义务(第 182 条第 3 款)。等等。

综上可以看出，新修订后《欧盟海关法典》明确告诉了进出口企业，如果没有经认证的经营者的身份，企业将无法利用简化的通关措施，达到大幅优化运营、降低成本的目的。此外，从《欧盟海关法典授权条例》第 23—25 条可以看出，AEOC 和 AEOS 给企业带来的竞争优势上的区别变得更明显。《欧盟海关法典授权条例》倾向于向 AEOS 的持有者提供便利的优惠政策，以此鼓励更多的企业成为安全类经认证的经营者。可以说，欧盟希望建立以 AEOS 为主要标准的认证体系，将供应链安全放到更加重要的位置。

表 5.1　AEOC 与 AEOS 可以适用的优惠措施比较

优惠措施	AEOC	AEOS
更容易适用简化的海关手续	适用	
更少的实际查验和单证审核(涉及安全)		适用
更少的实际查验和单证审核(涉及其他规定)	适用	
被选中实际查验时事先通知(涉及安全)		适用
被选中实际查验时事先通知(涉及其他规定)	适用	
被选中查验或者单证审核时优先处理	适用	适用
要求在海关查验场地以外接受查验	适用	适用
AEO 互认的优惠措施		适用

资料来源：整理自《欧盟海关法典》和《欧盟海关法典授权条例》。

(3) 供应链安全监管科技手段

《标准框架》中将科技手段作为提高供应链安全性的有力武器，在支柱一(海关与海关的协作)中提出标准 3，要求海关使用现代技术升级查验设备，查验时尽可能采取非侵入式查验的方式。在支柱二中提出标准 4，强调各方均应鼓励支持现代技术的应用，海关应该鼓励 AEO 企业自愿使用更加先进的技术，用以取代机械关封，监测集装箱和货物的完整性，及时发现、报告对集装箱和货物未经授权的入侵，防止货物被调换。

通过不断创新和提高科技化水平，将科技设备应用于海关监管中，可以在提高查验效率的同时，有效地查获高风险集装箱或货物，保障合法贸易的正常进行。

欧盟海关在提升监管科技手段上，获得了大量资金用于提升供应链安全。“第七框架”项目中，供应链安全研究主题：“增加公共基础设施的安全”分配 293 839 345 欧元资金、“智能监控和加强边境安全”分配 210 528 107 欧元资金。地平线 2020 计划的研究基金中，供应链安全主题属于“安全社会”挑战，分配 1 695 000 欧元。

欧盟海关于 2011 年成立了一个海关检测技术专家组，由欧洲委员会主持，联合了若干成员国的技术专家，负责研究检测探测技术。欧盟海关也积极参与到欧盟委员会的“第七框架”项目，项目为欧盟海关提供了安全研究资金，使海关与学术界、工业界和研究机构合作接触，开发创新技术，提升边境保护水平。包括嗅探项目（SNIFFER project）、特殊核材料模块化检测系统（the MODES Special Nuclear Materials project）、货物 X 射线扫描图像自动比较（ACXIS，Automated Comparison of X-ray Images for Cargo Scanning），等等。欧盟地平线 2020 项目将继续开展安全研究，欧盟海关也将继续参与到大批量货物检验、增强型非侵入式人体扫描仪的研制等项目的研究中。

此外，欧盟海关正在研发一种综合应用了传感器、通信设备和复合材料技术的安全复合材料集装箱（Secure Hybrid Composite Container），欧盟还将全球导航卫星系统（特别是伽利略卫星导航系统）用于危险品运输的定位和跟踪，以提高安全水平。智能电子关锁也较为广泛地被研究和应用。

从 2014 年到 2018 年的持续优化的安全弹性全球供应链项目（CORE，Consistently Optimized Resilient Secure Global Supply-Chains），

整合了各个供应链部门的解决方案，包括港口、集装箱、航空、邮政，促进了整个欧盟成员国在供应链安全方面显著且可持续的进展。

此外，中欧安全贸易智能航线试点计划（SSTL，Smart Secured Trade Lane）是较好地实现了海关与海关之间合作、海关与商界平等关系的典范，目前已经覆盖海运、空运和铁路等运输方式。2006 年欧盟提出，2007 年与中国共同实施。截至 2019 年 2 月 28 日，目前我国十个城市包括深圳、上海、天津、重庆、青岛、广州、宁波、成都等海陆空多个试点加入了该项目。该计划旨在完善亚欧供应链安全与便利，关注海运集装箱物流程序，实施全程监控以打击假冒和侵犯知识产权货物和反恐。在共同风险规则和技术的基础上，各国海关信息高度共享：如广州与荷兰海关 2016 年起通过 CENCOMM 平台进行数据交换、定期举行视频会议；伙伴国家互认监管结果：进口国不再查验伙伴出口国实施过查验的货物，将供应链安全监管边界前推后移；关企共同提高效率：带有安智贸的货物可以先办理通关手续，在提高通关时效的同时降低恐怖袭击导致的供应链受损风险，实现供应链总体安全的目的。

3. 欧盟海关在供应链安全与安全准入风险防控存在问题

欧盟海关认为他们的安全准入防控虽然已经开展多年，但是仍然存在着以下问题。

(1) 数据的准确性和经营者的角色

要实施充分有效的安全准入风险管理，就必须了解“谁托运，由谁运输，从哪里运，运到哪里，交给谁”。海关的风险管理需要获得这些隐藏在交易背后真实数据：即买家和卖家等货主信息和精确的货物描述。

欧盟海关目前依赖的是货到前的货物数据，但是研究表明，目前提前货物数据情况并不理想。而且有很大的系统差距（systematic gap），比如在真实货主隐藏在交易背后难以发现；低质量的数据；许多提前的货物信息并不准确，不能够实现有效的风险分析。

而且，海关（以及政府其他机构）在全面地利用企业数据进行风险分析方面，也做得不够。

(2) 确保供应链安全和经认证经营者

确保供应链的安全可靠是公民、企业、政府的共担的责任。欧盟海关认为，经认证经营者项目应当得到海关以外的其他政府机构的认可。但是目前还没有这方面的举措，所以导致了企业要多次参加来自不同政府部门但是内容类似的认证。

需要推广 AEO 经认证经营者在非海关的政府部门的应用，同时将供应链安全的要求融入经营者的认证内容当中。

(3) 操作方法

欧盟海关也承认，要把风险管理框架的指导运则具体落实到实际操作困难重重。不同成员国之间的风险管理水平差异明显。

风险管理框架实施是参差不齐的，主要是由于以下原因。

- 各国风险管理的软硬件水平参差不齐。
- 各国承担的风险管理责任不同：以进口的风险管理为例，有些国家的风险分析业务量和查验业务量，空运是欧盟平均水平的 9 倍，海运是欧盟平均水平的 50 倍。
- 协调与信息交换：对于入境港的安全准入风险来说，单纯依赖第一入境港的信息进行风险分析还是不够的，最终目的国家和地区层面的信息或者知识经验对于有效风险分析也是至关重要的。此外，欧盟以外的供应链的信息也是入境安全准入风险重要的信息来源。

4. 供应链的风险管理的发展需要更广域的视角

(1) 挑战的规模：贸易增长和供应链的复杂性

随着贸易增长和供应链的复杂性，海关面临的挑战越来越大，需要做好监管和减少对合法供应链阻碍的平衡工作。

在2005年到2014年，尽管受到金融危机的影响，但是欧盟的贸易量还是增长了50%[①]超过90%的货运量是通过海运来实现运输的，尽管散杂货运输比集装箱运输风险低，但是最近一项研究表明：非法的散货贸易大概占到7%—10%。

(2) 风险的范围和海关与其他政府机构的联系

各政府机构在供应链安全管理中应当共同合作，协调一致。和货物流动相关的风险管理需要特别重视，如空运，目前是被认为最容易受到恐怖袭击。同样，危险货物的运输也要受到关注。在事关公共安全、环境保护、人员安全等方面的安全准入何风险评估时，亟须其他部门及时、共同地介入来减少和控制风险。

(3) 海关风险管理的挑战：多层级干预

欧盟认为他们现在海关风险管理框架还是不足以应对安全的威胁，需要新的风险举措来弥补现在的不足，但是也不能过度监管，欧盟并不支持100%扫描，他们认为已知安全的货主之间的贸易安全性要高于未知的货主。

2010年也门空运包裹炸弹恐怖威胁事件很好地说明了实现供应链安全应该考虑的几个方面：

- 为减少风险，政府各部门联合采取行动的及时性；
- 几个成员国海关同时参与，以及他们的相互联系；
- 海关开展与国际组织、机构的合作；
- 在供应链系统中关键利益行业和利益相关者的参与。

(4) 安全准入风险与关税风险管理

提前对安全风险进行评估至关重要，应当将风险分析前置到装货环

① 参见 http://ec.europa.eu/eurostat/web/international-trade/data/database。

节。有关资金或者关税方面的风险可以等到货物到达之后才进行评估，甚至可以利用事后稽查的方式来实现。

5. 欧盟风险管理的发展趋势

(1) 数据的质量、可得性和交易数据的融合

根据高级欧盟空运货物安全小组的工作，欧盟货到前分析的相关系统和规定进行了调整，确保海关能够得到用于有效风险分析的数据。其中重要的几项包括：找到隐藏在交易背后的真实地货主，货物的物流轨迹，货物充分的描述。

供应链风险分析做得越早，监管的效果就越好，而且可以根据不同的物流形态制定针对性的监管方案。应当着力研究从不同的来源渠道、不同的政府部门获得数据并融合使用，提高风险防控的绩效。

(2) 经认证经营者的参与

确保供应链的安全需要经认证的经营者和海关以及政府的共同努力。

在欧盟，AEO的认证资格被海关以外的政府监管机构认可至关重要，比如海关AEO的资质被航空运输监管机构全面或者部分认可将对海关的风险布控工作意义重大。

扩大欧盟经认证经营者的国际互认和双边互认也非常重要。

经认证的经营者参与到风险防控工作对海关的意义重大，通过提升企业对数据准确的重要性认识，能够对风险管理产生积极影响；此外，经认证的企业能够帮助海关增加此类型供应链的知识，更好地了解供应链的脆弱性和威胁。

(3) 解决风险管理能力不均衡

非常有必要解决各成员国海关由于人员设备等资源配备导致风险管理水平参差不齐现象，欧盟各成员国海关的联合行动也非常重要。

(4) 加强和其他政府机构合作和国际合作

有效的风险管理依赖于的国际合作，欧盟应当致力于与主要贸易伙伴国家和邻近国家加强信息交换的合作，推动双方的互认，还要加强和世界海关组织、世界民航组织、世界海事组织、万国邮政联盟的合作。

四、欧盟海关的风险防控理论与实践经验对我国海关供应链安全的启示

1. 加强舱单数据管理，提升安全准入风险防控能

(1) 数据要求

加强舱单数据的管理主要体现在数据的质量、数据的完整性、数据的及时性。

荷兰海关在经验介绍、案例展示以及欧盟的安全准入风险指引中都反复提出三大核心数据对于海关安全准入的重要性：收发货人（谁交给谁）；货物描述（是什么）；承运人（谁运）。我们海关应当进一步提升对舱单数据质量、数据完整性以及数据及时性的管理，使传输到海关的舱单数据能够进行有效的安全准入风险分析。

(2) 散杂货和集装箱船舶共享协议

欧盟海关强调了散杂货运输中安全准入防控的重要性。我国海关在监管中也需要引起重视。特别是散杂货运输自身的复杂性：涉及租船运输和租约下签发提单，对于真实承运人的认定更加复杂，如何在复杂的租船运输中明确舱单数据传输人需要引起我们的重视。

对于集装箱运输，由于航运的不景气，船舶共享协议（VSA）等新的运输方式的出现，与传统意义上的互换箱位或者租用箱位有本质不同，对于我国海关传统的舱单管理也提出了新的挑战，如何认定船舶共享协议情况下舱单的传输义务人，是亟待解决的新问题。

2. 统一报关单与运输单据收发货人信息,加强准入风险分析有效性

除了航空分运单[①]对应的航空主运单[②],以及海运分提单[③]对应的海运主提单[④]外,荷兰海关的报关单据上的进口商或者出口商的信息是与空运单或者海关提运单上的收发货人信息是一致的。这大大便利了海关对其进行查询、审查以及监管。

我国海关目前报关单的经营单位、申报单位、收发货人与运输单据上的收发货人基本没有对应性,而根据国际贸易的特性,运输单据上的收发货人的信息更加真实地反映了实际货主信息,因此,我国海关在进行安全准入风险评估时,应当充分重视。

3. 明确我国安全准入风险分析对象,顺畅货物流动

安全准入的目的是为了防范和控制准入的风险,同时为了顺畅供应链的流程,尽量减少对供应链货物流动的干扰,减少货物在港口等海关监管区域的停留时间,并且增加物流环节的可预测性,充分利用舱单/提单/空运单的数据进行安全准入的风险分析。

如果安全准入环节涉及了涉税信息,那么就要等到货主进行货物申

---

① 航空分运单:House Air Waybill,指由空运代理人签发给真实货主的航空运单。即航空分运单是航空货运代理签发给各委托人的货物收据及提货凭证。为了节省运费,航空货运代理常以集中托运者(Consolidator)的身份,将各委托人的零星货物集中在一起向航空公司托运。但航空公司只签发一套航空运单,无法分给各委托人,因此航空代理就签发航空分运单发给各委托人。委托人可将此凭证寄给到达站收货人,收货人就凭分运单向到达站航空代理所委托的代理人提取货物。

② 航空主运单:Master Air Waybill,主运单是集运商和航空公司之间的凭证。主运单是集运商与承运人交接货物的凭证,同时又是承运人运输货物的正式文件。其托运人和收货人栏都是集运商。在我国只有航空公司才能颁布主运单。提货时,航空货运公司凭借航空主运单向航空公司提货;货主即收货人凭借航空分运单向航空货运公司提货。

③ 分提单 House Bill of Lading 就是无船承运人或者物流公司以自己作为承运人,和发货人签订货物运输合同而签发的提单。

④ 主提单 Master Bill of Lading 简言之就是船公司签发的提单。

报之后，才能获得报关单的信息，安全准入的风险分析节点就要大大滞后。

荷兰海关的风险分析主要是根据安全准入、申报风险分析和事后稽查风险分析等三方面进行全方位的风险防控，因此我国的安全准入防控中心建设中，建议关注非涉税的要素，而将涉税的内容后置到关税风险防控中心和后续稽查中，大大提升在港口的货物流动效率。

同时，将安全准入申报和“一次申报、分步处置”改革的工作相结合，即安全准入环节主要依靠舱单解决货物是否准入，实现货物在口岸的快速流通，然后根据货主(经营单位)的不同分类，分别适用不同的通关申报模式或者便利待遇，实现“一次申报、分步处置”与安全准入的无缝连接。

4. 加强各层级合作，拓宽安全防控风险信息渠道

(1) 加强海关与其他政府机构的合作

我国安全准入风险防控中心之后，也要注意各级风险防控中心与地方政府机构的信息交换，加强合作。

(2) 加强海关内部的合作

加强海关风险防控中心与海关各职能部门之间的合作；加强海关风险防控中心垂直层级之间的沟通。

5. 统一数据标准，加强我国参与海关国际合作主动性

随着国际海关合作的进一步加强，数据统一的问题日益提上议事日程。根据在世界海关组织的调研得知，各国都在积极致力于数据模型(Data Modal)相关标准的修订和完善，并根据本国国情积极提出各自的诉求，世界海关组织数据模型最新已经为3.5版本，我国海关需要对此引起足够的关注和重视，为我国进一步开展国际海关的合作奠定技术基础。

6. 精简随附单证便利贸易

建议我国海关对企业递交的随附单证实行进一步简化，只有海关重点审核单证和查验时才需要企业递交随附单证，否则就不需要递交企业递交随附单证，进一步降低和减轻企业的负担，也减少海关关员的工作强度，真正实现监管资源的有效合理配置。

7. 保留报关单、删改单原始记录，减少风险

为更好地保留删改单的作业痕迹，建议对放行后的原始报关数据仍然保留，不进行覆盖，仅将修改后的数据作为新增记录，同时以此作为稽查的依据，通过痕迹管理，减少廉政风险和执法风险。

五、美国供应链安全与风险防控经验

1. 美国海关供应链安全管理体系

2012年美国提出《全球供应链安全国家战略》，该战略与美国供应链安全的多种政策和制度并行，共同营造了逐步稳定成熟的供应链安全体系。战略的重点包括交通、基础设施、通信系统等货物从生产到最终消费者的所有环节。要求供应链中的各级需要从供应链自身的缺陷出发，使用多层的防御体系，完善安保防御措施，预防潜在的外界威胁。

美国实施的多层化防御体系包括以下四方面内容：相关的政策法规，情报和风险的分析，技术的合理应用以及高效的合作伙伴。以下将就多层化防御体系的四方面分析美国海关现行供应链安全体系现状。

2. 组织机构设置及政策法规

(1) 组织机构设置

美国海关全称美国海关和边境保护局，隶属于美国国土安全部。从

机构设置上来说，相对于保障税收，美国海关的最主要任务是保护国境安全乃至供应链安全。无论从政策法规、技术支持、工作重心来看，供应链安全都在首要的位置上。

除了海关的机构设置，美国还有其他许多针对供应链的组织设置，对于保障供应链安全起着重要的作用。美国物流管理协会（CLM）于 2005 年更名为美国供应链管理专业人士协会（CSCMP）。美国国会于 2007 年成立了国土安全部科学技术局（S&T）、国际合作计划办公室（ICPO），监督供应链安全发展活动，负责发展各国伙伴关系。①美国也在 2001—2007 年间成立跨部门全球供应链工作组，目标是阻止假冒商品进入美国供应链。美国商务部于 2011 年 11 月成立两年一任期的供应链竞争力咨询委员会，由最多 45 位委员组成，提供供应链综合政策咨询，以促进美国贸易增长及保障供应链安全。这些组织机构与美国海关通力合作，致力于美国供应链安全管理。

(2) 政策制度设置

从 1993 年开始，美国历任总统就开始签署有关供应链政策和制度，以至发展为供应链国家战略，与之相应的，美国政府各部门几乎都有针对供应链的政策制度。特别是“9・11”事件后，美国全境将工作重心放在供应链安全建设工作上。保护美国供应链成为美国政府的工作目标之一。2001 年至今，美国各政府机构部门、非政府组织、行业协会制定了关于供应链安全各个方面的管理政策和制度，内容涵盖不同环节、不同行业和不同对象。如进出境环节供应链安全管理、信息通信技术供应链安全管理、网络供应链安全管理以及供应链安全从业人员工作指导标准等方面。下表罗列了 2001 年至今美国海关及一些其他机构组织在以上提及的供应链安全方面颁布和建立的政策及制度。美国在供应链安全管理的政策

① 参见 https://www.dhs.gov/science-and-technology/blog/2019/03/11/st-announces-new-international-call-proposals。

和制度发布工作中有着参与部门广、更新速度快、涵盖范围多的特点。

表5.2　2001年以来美国提出的供应链安全政策和制度

时间	名　称	制度内容
2001	海关贸易伙伴反恐计划(CTPAT)	美国海关与私营企业合作,防止在供应链中运输等各个环节遭受恐怖主义的侵害。加入这一计划的企业将获得更高的服务竞争力而提高绩效,并享受更为便捷的货运制度。
2002	集装箱安全倡议(CSI)	增强海运货物集装箱的安全。确定危险集装箱的统一标准,向境外海港派遣人员,在集装箱装船前安全评估,使用非侵入式和放射性探测技术,采用智能规范的安全集装箱。
2002	自由与安全贸易计划(FAST)	供应链上每一环节的企业,包括从制造商、承运人、运货司机到进口商,需全部通过CTPAT认证。通过资格要求审查后,从墨西哥和加拿大进口美国的货物可以走自由与安全贸易通道。
2002	安全商业行动(OSC)	美国政府、私营企业和航运业之间的合作,为集装箱安全运输分享最佳实践,在供应链中应用新技术。
2003	24小时舱单规则	使集装箱内货物信息在装货前及时送达美国海关。2015年后舱单信息申报到自动化商业环境系统(ACE)。每一宗进口美国货物的承运人,都必须采用电子数据交换向自动化商业环境系统提供14项舱单信息。
2003	大港倡议计划(Megaports Initiative)	提升贸易伙伴国的防扩散能力,有效地检测和遏止核材料及其他辐射物质的非法运输,以保障美国国土安全。①美国资助外国港口安装辐射探测设备,对外国海关人员提供培训。
2003	防扩散安全倡议(PSI)	寻求全球合作,旨在采取各种行动制止大规模杀伤武器及相关材料的非法贸易,保障供应链安全。

① 解涛、李丽:《集装箱海关监管问题研究——美国海运集装箱监管经验的启示》,《海关经贸研究》2017年第11期,第25—33页。

(续表)

时间	名 称	制度内容
2009	10+2 进口安全申报制度(ISF) 10+5 进口安全申报制度(ISF)-2019	海关能够提前掌握货物承运商以及货主等明确信息。进口商需提供 10 项信息,承运人另外提供 2 项信息。 2019 年变更为 ISF10+5
2010	航空货物预检[Air Cargo Advance Screening(ACAS)]	装货前更详细地了解航空货物信息,在飞机起飞前对高风险货物精确识别。由美国海关和美国运输安全管理局联合施行,2010 年进行试点项目,2018 年实行强制 ACAS 项目。
2012	全球供应链安全国家战略	促进安全高效的货物运输,形成弹性的供应链。涵盖了商品的制造、装配、整理、包装、运输、仓储以及相应配套的通信系统和设备。
2012	NIST IR 7622 联邦信息系统供应链风险管理实践理论	美国国家标准与技术研究院(NIST)出台的网络供应链风险管理指南,旨在消除在供应链环节中信息系统面临的风险。①
2014	ASIS 供应链风险管理标准	美国工业安全协会发布,为供应链安全从业人员提供实用的指导标准,有助于安全从业者预测、预防、保护、减轻、管理、回应,和恢复潜在破坏性的事件。②
2015	NIST SP 800-161 联邦信息系统和组织供应链风险管理实践	制定政策,帮助管理信息通信技术供应链安全。提出评估供应链安全风险方法和可采用的对策模板。③
2018	FERC 供应链风险管理可靠性标准 CIP-013-1(网络安全——供应链风险管理)	由联邦能源管理委员会发布,可靠性标准的范围包括电子访问控制和监测系统过程,目的是将供应链安全网络风险管理框架集成到系统开发生命周期。④

资料来源:美国海关网站、美国国土安全部网站、美国国家标准与技术研究院网站、美国工业安全协会网站、联邦能源委员会网站。

---

① 参见 Boyens J.. *NIST IR 7622: National Supply Chain Management Practices for federal information systems*. Gaithersberg: National Institudes of Standards and Technology, 2012。

② 参见 https://www.asisonline.org。

③ 参见 Boyens J., Paulsen C., Moorthy R., et al. *NIST special publication 800-161: Supply chain risk management for federal information systems and organizations*. Gaithersberg: National Institudes of Standards and Technology, 2015。

④ 参见 https://www.federalregister.gov/documents/2018/10/26/2018-23201/supply-chain-risk-management-reliability-standards。

3. 情报及信息的分析

提前货物信息是《世界海关组织全球贸易安全与便利标准框架》中的四大核心要素之一。提前货物信息在美国的《贸易安全与便利港口法案》中有所要求。海关通过在货物到达以前得到的信息,可以提前甄别风险,评估供应链安全,尽早对风险较高的货物采取措施,将供应链安全的风险分析举措最大限度提前。提前货物信息是很多供应链项目的基础。一些制度建立在提前货物信息思想之上,包括 24 小时舱单规则、进口安全申报制度。

(1) 2002 年起美国海关实行“24 小时舱单规则”(24-Hour Rules)。根据此规定,在外国港口装船前 24 小时,所有运往美国的货物承运人必须向自动舱单系统(AMS)预先申报舱单信息,2015 年后舱单信息申报到“自动化商业环境(ACE)”系统。对于每一宗进口美国货物,承运人都必须以电子信息交换的方式向美国海关的 ACE 系统提供四大类 14 项的舱单信息。①该制度使得集装箱内的货物信息能够在装船前及时的进入美国海关数据库,海关的安全管理系统能够及时并高效地对货物内容进行监管及安全审查,大大提高了供应链安全在这一环节的保证。

(2) 在 2009 年提出的 10+2 进口安全申报制度(ISF)同样也起到了至关重要的作用。此项制度与《贸易安全与便利港口法案》中的内容相符,要求进口商提供 10 项信息,承运人另外提供 2 项信息。在实际海关工作中,美国发现实际上,海运承运人根本无法证实在海运提单上的货物描述和装船信息,因而海关无法只依据海运承运人的提单作出最优和有效的风险评估。“10+2”进口安全申报制度要求进口商直接提供另外一组数据来便于海关使用目标甄别和风险管理工具进行筛选。该制度旨在

① 胡蓉、干春晖、李华东:《上海自由贸易港海关监管制度构建初探——基于舱单视角》,《海关与经贸研究》2017 年第 6 期,第 17—29 页。

海关能够提前掌握货物承运商以及货主等明确信息，能够对于货物的进出港进行高效的管理工作。

4. 技术的合理应用

(1) 非侵入式和放射性探测手段使用情况

美国海关2015年以来使用的非侵入式检查工具分为四类，大型非侵入式检查系统(LS NII Systems)、小型非侵入式检查系统(SS NII Systems)、大型辐射探测工具(LS RED Systems)和小型辐射探测工具(SS RED Systems)。通过使用这些设备，美国海关在2015年对进出口货物物品进行了700多万次检查，查获2 451件物品，包括39万磅毒品、61名偷猎者和410多万美元，达到了保卫供应链安全和国土安全的目的。同时，77.9%的妨害警报被消除，由于技术的提高，88名查验人员可以从原有的岗位转入其他执法职责岗位并减少了大约58 000小时的通关延误时间。①

(2) 有关技术的倡议

集装箱安全倡议自2002年开始实施，其中规定所有进口美国的集装箱安装电子封条、采用智能规范的安全集装箱以保障安全。同时要求在集装箱装船前进行安全风险评估，使用非侵入式和放射性探测技术手段提前检查高风险集装箱，进一步确保集装箱的安全，达到确保供应链安全的目的。

另一个重要的倡议是大港倡议，其目的是，通过给伙伴国提供设备和技术支持，在出口环节有效地探测和阻断核材料及其他辐射物质的非法运输，确保美国供应链和国家安全。中国大陆的上海洋山港、香港和台湾部分港口均参与美国该项倡议。美国资助在外国港口安装辐射探测设

---

① 参见美国海关网站 https://www.cbp.gov/border-security。

备，培训外国海关工作人员，并为贸易伙伴国提供为期三年的技术支持和设备维护。大港倡议计划提供给各伙伴国海关包括门式辐射侦测器、手持检测仪器、光学辨识技术、通信设备及技术培训等支援，同时要求共享使用其仪器探测到的数据。由此实现将供应链安全防线扩大到出口国的目的，极大程度上保证了供应链前端的安全。

5. 多元合作伙伴

(1) 海关与认证对象合作

美国海关在“9·11”事件后提出的海关与贸易伙伴合作反恐认证(CTPAT)的自愿计划则在公共部门和私营企业的合作方面发挥了重要作用。[①]该计划于2002年4月16日施行，通过该计划，美国国土安全部海关边境保护局管理部门能够与私营企业合作，建立起成熟的供应链安全管理系统，防止在供应链中运输等各个环节遭受恐怖主义的侵害。CTPAT规定合作的伙伴企业必须遵循以下商业要求：国外的制造商必须有书面且经过认证的合作伙伴审查程序，其中包括与制造商有合作关系的原材料供应商，承运商，代理经销商等等。该计划制定了许多企业需要遵守或达到的最低安保水准，以保证外国制造商的安全保障措施水平，其中包括了七个方面，分别是：集装箱安保措施、物理安保措施、人事安保措施、程序安保措施、信息技术安保措施、安全培训和反恐意识、保安系统。加入这一计划的企业将获得更高的服务竞争力而提高绩效，因为外界在选择产品以及服务时会更倾向于选择有更好的安全保障的企业且CTPAT成员将享受更为便捷的货运制度。并且管理部门也达到了对私营企业自身安保措施水平的监管目的，大大提升了反恐安全水平。

自由与安全贸易计划是一个商业通关程序，即通过资格要求审查后，

---

① 周阳：《试论美国海关贸易便利化制度的特点——以美国海关CTPAT制度为视角》，《上海海关学院学报》2010年第2期，第77—84页。

从墨西哥和加拿大进口美国的货物可以走自由与安全贸易通道。该计划要求,只有供应链上每一环节的企业,包括从制造商、承运人、运货司机到进口商,全部通过 CTPAT 认证,该笔货物才能参与自由与安全贸易计划。通过参与此项计划,运货企业能从中节省物流的时间成本,并通过宣传有效提升市场竞争力。美国海关也能达到提高效率,保护供应链安全的目的。

(2) 海关与外包企业合作

任何想要加入 CTPAT 计划的企业需要向第三方认证机构提交申请,认证方会与其签订合同并对该企业的安保措施水平进行审核并召开会议,在所有措施均达到管理部门的要求后会通过该申请,美国海关边境保护局会向私营企业提供认证。美国海关将 CTPAT 成员的认证工作外包给企业,由此能够节省人力物力,在保障供应链安全的同时将有限的海关资源进行合理配置。

(3) 海关国际合作

美国海关在供应链安全管理这一方面,积极寻求与国际海关的合作。

集装箱安全倡议中,美国致力于与其他国家海关确定危险集装箱的统一标准,先行向境外重要海港派遣人员,提前识别高风险集装箱,在集装箱装船前进行安全评估,此项倡议大大拓展了美国海关的管辖权,从境内延伸至进口国的港口,共有世界各地的 58 个港口加入了集装箱安全倡议计划,这些运营该计划的港口预先筛选了进口到美国所有集装箱的 80%。①

在 CTPAT 项目中,截至 2018 年 12 月美国海关先后与新西兰(2007),约旦(2008)、加拿大(2008)、日本(2009)、韩国(2010)、欧盟(2012)、中国台湾(2012)、以色列(2014)、墨西哥(2014)、新加坡(2014)、

① https://www.cbp.gov/border-security/ports-entry/cargo-security/csi/csi-brief.

多米尼加共和国(2015)、秘鲁(2018)十二个经济体签署了互相承认的协议(MRAs)。在实现互认的国家,CTPAT 认证成员的身份被互认。这一举措可以帮助实现供应链安全标准的全球化,对于全球供应链安全利益大有裨益。

针对 FAST 计划,美国与加拿大和墨西哥达成合作,大多数的专用快速通道位于密歇根、纽约和华盛顿州等北部边境口岸和从加利福尼亚到得克萨斯州的南部边境口岸。截至 2019 年 1 月,美国境内已有超过 75 000 名商业承运商参与注册此项计划。

同时,大港倡议寻求多方合作,一方面拓宽了美国的供应链安全防线,将威胁消灭在出口国;另一方面提升了伙伴国的技术使用水平和供应链安全监管水平,达到互利共赢的局面。截止到 2018 年,防扩散安全倡议已经集结了全球 100 多个国家①,采取具体行动支持陆海空的拦截工作并制定程序促进国际信息交流。

除此之外,美国海关在全球各地外派了 21 位专员,他们属于美国大使馆的执法外交官。这些专员在各自的岗位定期与当地海关执法部门会面,向他们展示支持美国利益同时符合他们利益的最佳方式,寻求他们的合作。具体例子有荷兰驻扎关员与荷兰当局共同在阿姆斯特丹史基普国际机场建立组织非法药物流动和促进信息共享的入境审查设施。②

6. 美国海关供应链安全管理优势

(1) 制度建设成熟,组织机构紧密

供应链安全隶属国家战略层面

美国是最先提出并系统实施供应链国家战略的发达国家。2012 年 1 月,美国总统签署《全球供应链安全国家战略》,供应链安全正式成为国家

① https://www.cbp.gov/border-security/international-initiatives/proliferation.
② https://www.cbp.gov/frontline/cbp-attaches.

战略。同时供应链安全国家战略不断完善，2017 年美国公布的《美国国家安全战略》，其中 7 次提到“供应链”，涉及铲除跨国犯罪组织的全球供应链、保卫国防工业供应链、建立富有弹性的供应链、防止敏感信息泄露并保证其供应链的完整性等。[①]2017 年美国发布《保护战略矿产品安全和可靠供应的联邦战略》，对涉及矿产品的供应链安全做了明确规定。2018 年 9 月发布《美国国家网络战略》，在供应链网络安全方面提出规定。可见美国在供应链安全战略发布工作中有着更新速度快、涵盖范围多的特点。

认证范围广泛，组织机构合作紧密

首先，美国认证项目范围广。CTPAT 的认证范围中，不仅涵盖了进出口收发货人，还包含供应链上的其他实体，包括进口商、航空运载商、海运运载商、陆路运载商、货物承揽/货运代理商、无船舶公共承运商、美国本地港口管理当局、码头经营商、外国制造厂商、第三方物流提供商、报关行[②]等等。同时，美国海关还制定了其他项目，如 TSA Pre、全球入境(GE)、NEXUS、Sentri 等受信任的旅行者计划，通过审查，协助预先批准的对象包括车辆和个人入境。

其次，美国组织机构合作紧密，政策标准全面。一方面美国海关的执法依据来自各个组织机构的标准与政策，多部门之间针对供应链安全合作紧密。美国海关的执法依据包括美国国防部编纂的《军事物资和服务供应链手册》，美国食品药品监督管理局(FDA)制定的《药品供应链安全法》，美国国会、交通部、能源部、商务部、农业部等颁布的大量关于供应链的政策，美国国家标准与技术研究院、联邦能源管理委员会、工业安全协

---

① 何明珂、王文举：《现代供应链发展的国际镜鉴与中国策略》，《改革》2018 年第 1 期，第 22—35 页。

② https://www.cbp.gov/border-security/ports-entry/cargo-security/c-tpat-customs-trade-partnership-against-terrorism/apply/security-criteria.

会等发布的供应链风险管理标准和供应链风险管理实践等，在涉及交通、能源、农业、工业等各种供应链产品的供应链安全管理的进出口环节起到重大作用。

另一方面美国海关也与其他部门联合发布计划，制定有关国家供应链安全战略的全面政策和执法标准。例如2010年的《2010知识产权联合执法战略计划》，是由美国海关与包括农业部、商务部、健康与人类服务部及食品药品监督管理局、司法部、国务院、总统行政办公室及贸易代表、国会图书馆及知识产权办公室联合发布。其内容指出，要守卫美国供应链安全，保护美国军事及经济供应链，并以此为依据，创建“供应链管理项目”，以对进入美国供应链的货物的知识产权进行分类管理，阻止侵权货物。美国海关还与美国运输安全管理局联合执行航空货物预检，2010年试点，2018年强制执行，实现装货前更详细地了解航空货物信息，在飞机起飞前对高风险货物精确识别。海关还与国家经济顾问委员会、美国贸易代表、科学和技术政策办公室、联邦通信委员会和联邦贸易委员会针对关键技术的供应链安全管理有着多方合作。

着眼网络安全和通信信息技术，侧重重点行业

美国海关供应链安全管理对于信息通信技术和国家新兴、基础和两用技术等行业有所侧重。2018年国土安全部宣布成立信息和通信技术供应链风险管理工作组。2019年，美国商务部提议设立关键技术供应链安全办公室，直接向总统进行报告，与海关等部门通力合作，以“停止向构成国家安全风险的国家转让关键的新兴、基础和两用技术”。该法案还用以宣传私营部门的供应链风险。2015年发布的“NIST SP 800-161：联邦信息系统和组织的供应链风险管理实践” 提出具体的指导，供美国海关等机构遵循，以识别、评估和减轻信息和通信技术（ICT）供应链风险。

“9 · 11”后的十年内美国供应链安全主要集中在供应链物理实体上，而近年来的重点则放在了供应链网络安全上。从工厂到货运公司、码头运营商、航运公司以及海关等监管部门都可能通过直接数据馈送、共享在线门户或受感染的电子邮件附件成为供应链中网络安全的受害者。①所以 2012 年和 2015 年的后续工作继续扩展物理和网络供应链安全的概念。此类指导包括"NIST IR 7622：联邦信息系统供应链风险管理实践"和"NIST SP 800-161：联邦信息系统和组织的供应链风险管理实践"，提出供应链安全保障中透明度的重要性和建立可重复的供应链保障方法。2018 年网络供应链安全成为众多美国新闻头条的重要话题，2018 年 10 月美国联邦能源监管委员会批准了供应链风险管理可靠性标准 CIP-013-1（网络安全——供应链风险管理）②，对大规模电力系统供应链风险管理提供安全控制措施，达到保护供应链网络安全的目的。

(2) 关企伙伴关系，共建安全供应链

商界的积极参与和大力配合，是美国海关的供应链安全制度达到预计设想的目标的基础。因此，美国海关和企业建立了新型伙伴关系，美国海关将服务思想运用于海关工作中。对于 CTPAT 的合作企业，海关给予了如下几点资源：最佳实践标准和实例、安全概况审核信息指导、五步风险评估指南、安全和威胁培训思维导图、执法和上诉程序。借助这些规范和程序，美国海关让相关企业最大限度地参与到规则的制定、实施和修改中来。一方面，通过资源分享，对于表示愿意加入 CTPAT 的企业，美国表示可提供信息和援助，以人员培训、现场诊断评估和技术援助等方法帮助其能力建设，帮助更多中小企业提高供应链安全情况。另一方面，通过得知企业诉求，美国海关得以根据实际情况制定政策规则，使供应链安全项目可行性和参与度大大提高。

---

① https://www.americanshipper.com/main/asd/special-coverage-cyberattack-on-maersk-brings-data-security-to-forefront-68744.aspx.

② https://searchsecurity.techtarget.com/tip/How-supply-chain-security-has-evolved-over-two-decades.

(3) 检查技术先进，确保供应链安全

在实现海关人力资源合理配置方面，技术的合理应用起到了决定性的作用。由于技术的提高，88 名查验人员可以从原有的岗位转入其他执法职责岗位并减少了大约 58 000 小时的通关延误时间，77.9％的妨害警报被消除。

同时美国海关通过使用非侵入式检查工具和辐射探测设备，在进出口货物通关阶段最大程度保障了供应链安全。根据美国海关网站，利用大型非侵入式检查系统、小型非侵入式检查系统、大型辐射探测工具和小型辐射探测工具，美国海关能够对不同体积、不同包装、不同运输形式的货物进行侦测辐射源、辨识放射性同位素、辨识货柜、传输资料回中央监控站等操作。

(4) 多方互认合作，扩展安全边界

美国海关供应链安全管理战略为“实施层次防御，扩展安全区域”。正如前任美国海关署长巴沙姆(W.Ralph Basham)所言：“自从‘9.11’之后，我们已经努力构建起了一种多层次的战略，确保了合法贸易和旅客以及边境的安全。实质上它就是一种通过与其他国家、私营部门发展合作伙伴关系以及利用最先进的技术，向外延伸我们边境的战略。”①

美国海关与国内外企业达成合作，与各国海关达成共识，以《供应链国家安全战略》为蓝本，大力拓宽美国供应链安全的监管范围。

① 事前：建立 CTPAT 与 FAST 等供应链实体认证项目，将安全监管前移，与监管对象合作达成认证后，简化查验手续，通过认证标准对于企业自身安全和对其上下游企业安全标准的约束，实现供应链安全与企业便利的双赢。

② 事中：多层次防御体系在海关进出口的环节中的体现涉及完善的

① 周阳：《试论美国海关贸易便利化制度的特点——以美国海关 CTPAT 制度为视角》，《上海海关学院学报》2010 年第 2 期，第 77—84 页。

相关政策法规，提前情报和信息的分析，探测技术的合理应用，以及受到正规训练的工作人员和高效的合作伙伴。与国际海关达成合作互认后，各国海关的机构设置无形中成为美国海关的供应链安全多层防线之一，以此保障海关在职责范围内形成对供应链上下游最大程度的监管。

③ 事后：利用已有供应链安全风险管理标准，运用海关及其他政府部门、行业协会和企业的共同资源，保护、减轻、管理、回应和恢复供应链破坏的事件，建造有弹性、恢复快的供应链。

(5) 多层防控的供应链安全

美国海关与边境保护局针对供应链安全，设计了一套基于风险的多层防控监管模式，经过多年的发展，该方法已经成为一个能提升所有潜在的运输安全的综合战略，比只注重单层防控的供应链安全管理方法更加有效，而且节省时间。多层的含义，不仅包括海运、空运、陆运等多种运输方式，还包括在不同的供应链节点、不同的时间点，发现、预防、组织针对供应链或者利用供应链进行袭击。

这一战略包括货到前的提前 24 小时电子货物信息、10＋2 的进口商安全申报和承运人的贝位信息申报，利用自动布控系统 ATS 和国家布控中心(NTC-National Target Center)，借助进口和执法系统，对每票货物进行风险分析和甄别；利用与商界的平等伙伴关系，做好经认证的经营者认证工作，比如 CTPAT，海关与商界反恐伙伴关系；与外国政府建立伙伴关系，比如集装箱安全倡议(CSI)和安全货物倡议(SFI)；与美国其他政府部门建立伙伴关系，如与运输安全管理局，关于空运货物安全方面；对所有高风险的货物使用非侵入检查的查验技术和强制查验。

第六章

前　沿

第一节　供应链安全的国际前沿趋势

一、整合供应链平台

1. 整合供应链平台概述

通过线上化操作及建立有效的信用数据系统，整合供应链平台持续地推动传统外贸模式的革新。通过整合各项外贸服务资源和银行资源，为中小企业提供专业、低成本的通关、外汇、退税及配套的物流和金融服务。

整合供应链平台与银行合作，根据中国供应商的出口数据提供纯信用贷款的金融服务。在物流方面，通过整合船公司和货代资源(如整合供应链平台的典型代表一达通)，为客户提供安全、价格100%透明的整柜拼箱服务。

由于整合供应链平台参与了全程的贸易、物流服务、金融服务，掌握了真实有效的贸易数据、物流数据，整合供应链平台成为外贸生态圈中的重要组成部分。基于这些贸易大数据的应用，国际贸易信用保障体系不断强化，为海外买家的生意保驾护航。

2. 整合供应链平台优势

整合供应链平台主要优势是提供一站式服务，对企业、承运人等供应链上各方，对海关等监管机构都有着积极的作用。其中主要包括以下服务。

● 整合供应链平台提供金融服务：无抵押、无担保、零门槛的融资服务。提供类似 B2B 信用卡、赊销（OA）买断、信用证（L/C）买断三种国际主流的金融支付方式。

B2B 信用卡：B2B 信用卡是阿里巴巴基于国际贸易中的赊销模式所开发的融资服务，以信用卡作为其表现形式。通过虚拟信用卡，海外买家可以实现以赊销方式在中国大陆采购货物，阿里巴巴将为买家提供相应的资金支持和付款担保，并为买家全程提供国际贸易报关、物流、保险、金融等相关服务。

赊销（OA）买断：是出口企业接赊销订单时，一种为企业分担收款风险，提前“放款”的金融服务。

信用证（L/C）买断：是出口企业接信用证订单时，一种为企业审证制单、分担收款风险，提前“放款”的金融服务。

● 通关服务：以整合供应链平台名义完成全国各口岸海关、商检的申报。海关高资信等级，享受绿色通关通道。

● 物流服务：服务涵盖中国主要港口与全球贸易区间内的海陆空各种物流方式，物流专家按需为客户定制最佳物流方案，持续降低物流成本。主要通过平台与代理合作的模式与货运代理公司进行合作。

● 退税服务：为企业与个人正规快速办理退税，加快资金周转。

● 外汇服务：银行与整合供应链平台设置外汇结算网点，提供更方便快捷的外汇结算服务。亦可为客户提供外汇保值服务，提前锁定未来结汇或者购汇的汇率成本，防范汇率波动风险。

● 对于海关而言，由于整合供应链平台具有完整、真实的国际贸易交易信息、物流信息、金融信息，同时将风险分析在前期、中期、后期三个阶段实施，帮助海关部分分担了风险管理的职能、同时提供有效的实时风险分析数据，特别是平台主要服务中小型企业，对于海关提高监管效率，有着积极的益处。

3. 整合供应链平台流程

供应链平台流程主要包括以下环节。

环节一:前置审查环节。“产品预审”和“开票人预审”是整合供应链平台为了确保外贸进出口服务操作的合法合规而设定的服务使用准入检测流程。

通过该流程,企业可以通过整合供应链平台更深入地理解国家对产品的监管条件及退税相关政策,确保货物更顺畅地出口,同时保障退税金额安全及时到达。完成产品审核,整合供应链平台将会根据产品提供对应的海关编码(HS Cod)及监管条件。

环节二:货物安全环节。企业在整合供应链平台下订单,为了打造健康持续的外贸生态环境,推动真实数据沉淀形成企业信用分级,整合供应链平台进行货物安全分析,制定安全服务体系,向客户提供免费的安全出货服务,包含装柜/出货前的数量、重量、体积等信息核对,做好风险防控,清查安全隐患、剔除不良数据。

表 6.1　货物安全检查图

序号	操作步骤	操作要点	服务规范
步骤 1	接收任务	收到任务后 2 小时内,跟客户预约上门时间	1. 登录 App,获得此次服务的开票工厂的公司名称、地址、联系人、联系电话以及产品信息等任务信息;委托单将处于暂停处理的状态。
			2. 收到任务 2 小时内联系客户,确定装货地址、时间;并将具体上门时间通过 App 进行反馈。
			3. 需明确告诉客户提供的货物安全服务的具体服务内容;如客户拒绝供应链拍档上门提供服务,需通过 App 进行反馈,并向客户宣导服务的意义和因此可能导致的后果。

(续表)

序号	操作步骤	操作要点	服务规范
步骤 2	上门	表明身份、来意、签到	1. 上门操作人员需在服务前首先向客户表明身份,操作人员应注意礼仪礼貌,严禁奇装异服造成不满。
			2. 再次跟客户确认具体的货物安全服务内容。
			3. 在厂牌前进行自拍签到。
步骤 3	收集发货信息	对装货全过程进行拍照和视频拍摄,确保客户已完成装货	1. 收集四类信息及照片:空柜(车)照片、正在装货照片、封柜(车)视频和装封柜(车)照片。
			2. 必须收集出口报关货物装上运输工具的全过程照片和视频,否则无分。
			3. 装运车辆照片必须为出口订单对应的承运车辆,不允许拍摄无关车辆信息;若有多车辆承运的情形,则空柜与满柜必须为同一主体,且必须为实景拍摄。
步骤 4	收集核对货物信息	操作要求	1. 产品照片必须是从装车的货物中进行随机抽查并拍照,每项产品至少抽查 2 箱以上。
			2. 根据 App 提供的信息进行现场核对,并将不符点进行反馈。
			3. 所有照片必须根据 App 的内容一一对应进行拍摄,严禁出现产品信息和照片不一致的情况。
		操作标准	1. 品名核查:核实实际出口货物名称与 App 显示货物名称是否一致,若不一致,则应和客户沟通确认,并将货物的实际情况通过 App 反馈。
			2. 品牌核查:核实包装、外观、铭牌、吊牌、彩盒上是否有明显图案 LOGO 和是否带有™、®、品牌、brand 标示,若有,则应和客户确认是否为品牌,并将货物的实际情况通过 App 反馈。

（续表）

序号	操作步骤	操作要点	服务规范
步骤 4	收集核对货物信息	操作标准	3. 型号核查：核实包装、外观、铭牌、吊牌、彩盒上是否有明显突出字符和 model、type、型号标示，若有，则应和客户确认是否为型号，并将货物的实际情况通过 App 反馈。
			4. 申报要素核查：根据 App 推送的申报要素内容，进行逐一核对，并将不符点通过 App 进行反馈，核对内容根据不同产品会有所变化，常见产品参数（成分含量、材质、功率、容量、截面形状、货号、规格尺寸、用途）。
			5. 知识产权排查：排查产品是否存在 HDMI、RU、UL、蓝牙（BLUETOOTH）、CSA、SD、DOLBY、DVD 认证标示，若有，则应和客户确认是否有授权书，并将实际情况通过 App 反馈。
			6. 如发现个别货物包装外观和出口货物包装不同，应对该包装的货物进行开箱核查，判断是否含配件、赠品、夹带未申报货物的情况。
			7. 如未对不符点进行反馈，后台会默认实际货物和下单信息相符，后台将不接受后续更改要求，且由此产生的一切后果由供应链拍档承担。
步骤 5	核实货物的数量和净毛重	清点所有货物数量，确保与报关单上的申报数量一致	1. 必须对每项产品的装箱情况进行抽查，并清点装箱个数。
			2. 若发现有未满箱的情况，应对未满箱再加以清点。
			3. 可以通过单个包装中数量乘以包装件数的方式算出报关数量。
			4. 如发现非均箱包装，数量无法计算，可通过 App 进行反馈。

（续表）

序号	操作步骤	操作要点	服务规范
步骤5	核实货物的数量和净毛重	估算净毛重，确保误差在3%以内	1. 利用工厂工具或自带测量工具对单个产品重量进行测量。
			2. 如货物过大或过多无法过磅，需抽取一定数量称重，测算整批货物净毛重。
步骤6	风险排查	排查出口货物是否有违禁品和限制类产品	1. 根据产品上划痕、霉变、标签、生产日期、是否使用过等信息判断出口货物是否为旧货（政策规定不允许出口旧货）。
			2. 排查产品是否为限制类产品，如：仿真枪、迷彩服、两用（军民通用）物项、涉黄等信息，如发现必须进行拍照并通过 App 进行反馈。
			3. 如发现有疑问或不确定的情况，必须通过 App 进行反馈。
步骤7	收集工厂信息	按照 App 要求，收集工厂基本生产情况，确保出口产品为开票工厂生产	1. 收集工厂厂牌和厂房外观照片，需留意是否有多个厂牌的情况，如有必须进行拍照。
			2. 按要求拍摄产线设备、人员、仓库照片，并通过产线标识、公告通知等核实看货工厂内产线设备实际归属方是否为开票工厂，若归属方非开票工厂则请拍照反馈。
			3. 清点核实看货工厂内的工人人数，核实产线在产产品与出口产品是否一致，若有不一致情形需通过 App 进行反馈。
			4. 平台可根据不同产品和不同工厂，要求收集不同类型的照片。
步骤8	完成	提交任务	1. 单项拍照和信息核对后，先进行单项提交完成，再完成整个任务的提交。
			2. 提交任务后跟进平台审核结果。

资料来源：阿里巴巴一达通。①

① https://service.alibaba.com/hc/supplier/detail/20468928.htm.

环节三:报关单申报环节。传统的报关模式效率低、易出错。整合供应链平台的智能报关系统,提时效、降差错,省时省力省心。效率提升:货物订单和随附单证一键上传,还可以辅助 OCR 图像识别和 Excel 导入,直连海关单一窗口;差错减少:一键上传,海量校验逻辑,申报准确率达到 100%;状态跟踪:所有申报节点,在线实时跟踪;数据存储:申报信息集中管理;也便于管理。货物申报放行后装船,驶离港口。

环节四:安排外汇收取。

环节五:操作结算货款和退税款、支付代理费等费用。

环节六:出口退税。备妥出口退税的备案单证,包括基于该订单的供货合作合同;运输单据,必须是该笔订单相对应的真实完整的运输单据,不允许遮蔽任何信息,需要清晰完整的扫描件或者复印件,具体可以根据运输方式分为海运提单(Bill of Lading, B/L)、陆运载货清单、空运提单(airway bill)、铁路运单(Rail Waybill)、快递运单(Express waybill),出口货物放行通知书(少数未实现无纸化的地区可提交装货单)、外贸合同。

为了更好地实现风险管理和供应商管理,做好合规工作,除了对企业客户实行提前的风险甄别之外,整合供应链平台还对为平台提供服务的供应商实行信用等级制度。

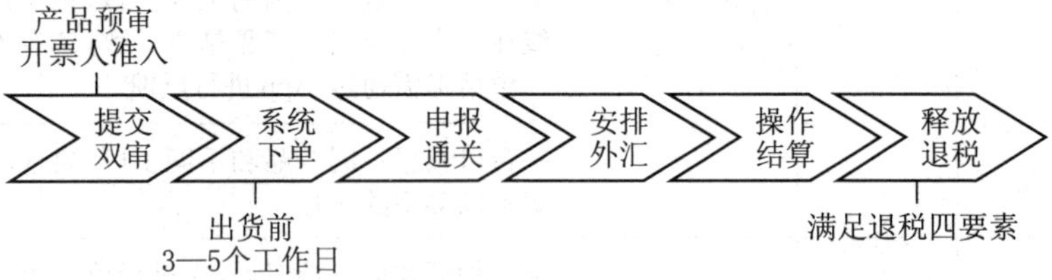

图 6.1　退税流程

二、两步申报通关模式

以舱单提前传输—第一步提货申报—准入检查/货物提离—第二步完整申报—办理相关手续—放行/结关为基本流程,以"两步"为基本特征，建立高效便捷的申报制度。企业通过第一步申报办理提货放行手续，在规定时间内通过第二步申报完成余下的全部通关手续。结合“准许入境”与“合格入市”不同的监管特点，以“两步”为区分，改革现有的申报制度，一方面为企业快速便捷提离货物创造更加有利的条件，提高口岸物流运作效率，另一方面为海关实施各类监管提供更加充分的时间，实现海关管理效能与企业通关效率的双赢。

1. 货物报关单申报前

(1) 风险统一研判

风险防控、税收征管部门按照分工，全面收集整理各类风险信息（包含情报、企业资信、预警通报等），根据安全准入（包括“准许入境”和“合格入市”）和税收征管要求，构建风险研判模型，加工风险布控规则与税收风险参数，按照处置环节统一作用于舱单管理系统、运输工具管理系统和通关作业管理等系统。

(2) 运输工具申报与舱单提前传输

运输工具负责人按照规定时限，向运输工具管理系统申报运输工具进境电子数据。海关根据已加载的风险规则，甄别高风险运输工具并实施分流处置。风险防控部门下达运输工具检查指令到口岸海关，由口岸海关运输工具检查岗根据指令，在运输工具抵达口岸实施卸货之前，在指定区域处置排查运输工具安全准入风险。根据《舱单管理办法》规定，舱单传输义务人应在运输工具抵港 24 小时前传输舱单数据。对于不符合舱单填制规范的，系统退回舱单传输义务人予以修改。

对通过逻辑检控和审核的舱单数据实施风险甄别，根据已加载的舱单风险布控规则，由风控部门、现场海关对应岗位处置排查相关风险。

(3) 税款担保备案

对于涉税货物需要提供税款担保的，企业应根据相关规定向海关提供有效税款担保,对符合规定免除担保条件的企业可向海关申请免除担保,并按照海关规定办理有关手续。

(4) 许可证件办理

国家有限制性规定,应当提供许可证件的,企业应在通关前根据相关规定办理进口所需的许可证件。检疫准入、境外预检、境外装运前检验等在进口申报前实施的,企业应在申报前根据规定办理相关手续,取得相应的进口批准文件及证明文件。

2. 货物报关单申报至货物放行

在“两步申报”模式下,具体有两种申报方式,一种是“分次录入”,另一种是“一次录入”。允许企业根据实际需要,自主选择“分次录入”或“一次录入”的方式。

第一步申报后,风险防控局一次完成货物安全准入风险甄别,其中,准许入境风险在提离前排查处置,合格入市风险在提离后排查处置;对存在重大税收风险的,税收征管局和现场海关在货物提离前通过税收风险参数和实货验估指令开展税收征管要素风险排查并处置。第二步申报后,税收征管局对货物税收风险进行甄别,对货物税收征管要素实施风险筛查研判,统筹下达报关单修撤、退补税、验估、稽(核)查等指令,进行税收征管要素风险排查处置。风险防控分局需对税收风险进行排查处置的,应通过稽(核)查指令的方式下达。

3. 货物报关单放行结关后

(1) 后续税收风险排查

税收征管局对结关后货物税收征管要素实施批量审核,筛选风险目标,根据需要下达验估、稽(核)查指令,分别由现场验估岗、属地海关稽查部门实施。各直属海关根据分层次多角度税收风险协同防控的分工开展税收风险处置，对需要税收风险进行甄别的，由风险防控分局统筹下达稽(核)查指令，由属地海关稽查部门在报关单放行结关后进行处置。

(2) 后续监管风险排查

风控部门统筹安全准入风险的后续排查，下达稽(核)查指令或形成线索，由属地海关稽查部门、缉私部门处置。

三、供应链安全的发展趋势：区块链技术

1. 背景

(1) 背景一：世界银行营商环境的排名

为了构建公平透明、持续改进的营商环境，加快建设开放型经济新体制，海关一直致力于深化改革，主要从“减单证、优流程、提时效、降成本”几个方面入手①。

在“减单证”方面，海关压缩通关时间取得明显效果，进出口环节验核监管证件 2018 年减至 46 种，较 2017 年的 86 种减少三分之一以上，除 4 种不能联网外，其余 42 种监管证件全部依托“单一窗口”实现联网核查。

在“优流程”方面，商务部将 10 种汽车零部件自动进口许可证下放至地方办理，并实现了全流程无纸化；海关总署、中国贸促会的原产地证书以及国家市场监管总局的特种设备行政许可项目等均可实现在线方式办理。

全国通关一体化方面，关检业务全面融合“五统一”正在推进中，国家市场监管总局与海关总署之间实现了涉企信息数据的共享，中国铁路总公司会同海关总署开发的铁路运输工具和舱单管理系统已上线运行，“双随机、一公开”在执法领域实现了全覆盖。

备受关注的“关税保证保险”试点，已扩大至全国海关。

① https://baijiahao.baidu.com/s?id=1618560831154533661&wfr=spider&for=pc.

在“提时效”方面,“单一窗口”建设取得显著成效,口岸通关管理模式进一步创新,通关更加便捷高效。据悉,2018年11月1日起,“单一窗口”在原有26项服务项目的基础上,新增8项服务项目并在全国推广应用。目前,“单一窗口”实现了与25个部委系统“总对总”对接,覆盖了大陆31个省(区、市)所有口岸范围,主要业务应用率从上一年底的30%提升至87%以上,其中货物申报应用率基本达到100%。

此外,海关总署、国家移民局在港珠澳大桥、青茂等口岸实施“合作查验、一次放行”等新型查验推广模式,在新疆、内蒙古边境口岸与哈萨克斯坦等国家开通了5条农副产品快速通关“绿色通道”,下一步将在其他边境口岸继续推动开通“绿色通道”。

在“降成本”方面,按照《清理口岸收费工作方案》部署,国家口岸办配合财政部并会同地方政府清理规范口岸经营服务性收费,严格执行行政事业性收费清单管理制度。世界银行日前发布的《2020年营商环境报告》显示,我国跨境贸易排名由65名升至56名,跃升9名。

(2) 背景二:贸易安全与便利

为了实现贸易安全与便利,海关和商界,以及其他政府机构都需要借助科技手段,而跨境贸易大数据平台就是顺应了这一要求,既能为合法的企业提供便利,也能有效实施海关监管,是海关监管的理想工具。

跨境贸易大数据平台也很好地体现了贸易安全与便利标准框架的3大支柱,海关与海关之间、海关与企业之间、海关与政府之间的平等合作。

(3) 背景三:区块链技术与海关监管的融合

区块链是一种多方共享的数据库,它基于密码学技术,使得交易数据几乎不可能被伪造或销毁。

区块链技术特有的数据库组织形式,使得区块链技术有四个特点:去中心化、公开透明性、可追溯性以及智能合约机制。去中心化是指区块链具备分布式账本技术,使得处于不同地理位置的多个节点,共同完成交易记录，并且每一个节点都保存真实、完整的交易记录。区块链技术避免被单方面控制而记假账的可能性。公开透明性是指区块链技术在信息记录的每一个环节都实时复制交易数据，产生了公示效果，无法欺骗整个区块链网络。可追溯性是指所有被记录进区块链网络的数据将被永久储存，实现了交易数据的不可删除和篡改。智能合约机制是指一旦达到了履行条约的条件，区块链将会自动强制执行条约。

区块链技术对于数据及信息的不可更改性促进了贸易公平，减少了贸易纠纷，间接减轻海关监管工作；它提高了经济活动的透明性，让企业的交易有迹可循，对于海关企业信用管理带来巨大帮助，也减少了企业逃税、漏税、骗取出口退税等发生的可能性；区块链内部文件分区块储存，加强了保密工作，提高了信息复原可能性，有助于海关风险信息的采集、分析、评估与处置……因此，如果海关监管能在区块链背景下创新，合理运用区块链技术，将助力海关智能化监管。随着业务与科技的不断融合，区块链将是海关智慧监管有效载体和平台。国外的区块链海关监管探索，基本围绕供应链展开。限于篇幅，笔者以供应链为核心，探讨基于区块链技术的海关智慧监管。

表 6.2　区块链技术与海关智慧监管对照表

特　　点	区块链技术	海关智慧监管（以供应链为例）
去中心化	各个节点地位相同	供应链上各个节点信息对称 ● 海关 ● 口岸其他监管机构 ● 中介代理 ● 货主 ● 承运人
公开透明性	单一节点无法篡改数据	数据真实有效 ● 通关数据 ● 舱单数据 ● 监管证件

（续表）

特　点	区块链技术	海关智慧监管（以供应链为例）
可追溯性	数据按时间顺序保存	物流数据的不可逆 供应链上所有单证的数据链条完整，形成完整的监管数据，提高安全准入和准出风险识别，提升智能化管理水平 ● 订舱数据 ● 装箱数据 ● 预配舱单数据 ● 申报数据 ● 运抵报告 ● 装载舱单数据 ● 正式海运提单数据 ● 无船承运人提单数据 ● 提货单数据
智能合约机制	自动执行条款	数据自动比对审核 ● 出口国出口报关单数据审核 ● 出口国舱单数据审核 ● 出口国出口报关单数据核销 ● 银行的提单审核 ● 货款支付比对 ● 进口国进口申报数据审核 ● 进口国关税支付审核

2. 基于区块链技术的跨境贸易大数据管道构建

(1) 平台设想

构建覆盖整个贸易链、相互之间印证对比的完整的信息链的大数据平台，基于该数据平台实现通关流程的再造和优化，充分利用物联网技术、云计算功能、大数据池、区块链技术形成数据驱动、智能集成、多方协同治理的海关监管新格局。需要引起重视的是，不同于其他的区块链技术平台，跨境贸易大数据平台从一开始就是基于海关为主导的，是为了更好地实现贸易安全和贸易便利的实现工具和有效载体。

(2) 构建目标

首先是收集和集成供应链上各方数据，加强数据的源头管理。将数据管道理念充分地运用到海关监管中，将供应链上的贸易方、物流方、监管方数据都纳入海关的监管平台之中。这对贸易与便利标准框架中的核心要素—提前货物信息理念有了新的一步发展，从提前覆盖到了全链条。

其次是基于数据的风险管控，根据现在的数据挖掘技术，对来源于不同渠道的数据进行比对和印证，由于跨境贸易大数据平台是基于源数据，而非货主企业自身申报的数据，数据的准确性和真实性有了很大的提升，贸易流、物流、资金流等各种信息进行印证比对，利用区块链技术的去中心化和不可更改等特点，更好地实现了风险管理前提下的海关智慧监管、智能验放货物。

最后是平台充分实现了贸易安全与便利标准框架下的3大支柱，分别是海关与海关合作、海关与商界平等合作关系以及海关与其他政府机构合作。通过数据共享实现协同治理，跨行业、跨部门、跨区域、跨关境地实现了合作，推动数据在安全前提下的开放和共享，形成了海关的监管合力，提升监管效能。

(3) 管道益处

表6.3 数据管道的益处

类型	益处
企业	电子换单、自助申报(直接接入海关)、绿色通道、通关便利、提前提货 海关的数据反馈给企业
船公司	瞒报信息(交叉检查)
港区	更准确的货物信息、实现更合理安全的船舶配积载
海关	流程再造 实时监控提单变更信息(目前提单变更海关不知道) 集装箱实时轨迹 船舶实时轨迹

从表中可以看出，数据管道对各方都有益处，而对海关尤为重要，实行大数据贸易管道，首先可以将进出口流程进行彻底再造，航行时间和换提单的时间同时并行，大大缩短了进口环节的作业时间。以往由于货主向船公司换单必须等到进口商到船公司将提单换成小提单（提货单）以后，通关环节才能开始，如果货主因为各种原因，无法获取提单，那么进口程序将迟迟无法开始，这严重阻碍了进口的效率，换提单成为限制进出口流程效率的重要障碍。

其次，海关可以实时掌握提单信息，以及提单的变更信息。由于目前舱单数据与船公司提单数据相差较远，真正严密的数据比对，单独依靠舱单数据并不可靠，而是应当依靠提单数据，因为提单是物权的凭证，所以提单数据更具有真实性。调研船公司反映，提单从信息完整开始到提货前，经常发生单证修改的情况，而这类变更信息并不反馈给海关。

此外，海关还能够掌握集装箱的实时轨迹和船舶实时轨迹，为切实防止退运"洋垃圾"转港再次入境，海关依托船讯网、船载航行记录仪等信息化系统设备，跟踪掌握载运"洋垃圾"船舶航行轨迹，将"洋垃圾"拒于国门之外。①

3. 基于区块链技术的数据管道运用的成功实践

通过船舶的轨迹跟踪技术，海关分析通过分析物流轨迹，不再单纯依赖申报，成功地排除了违法企业试图利用中转港，更换提单起运港等手段，甄别高风险的废物起运港信息。

（1）管道实践之一：压缩通关时间

通过管道，船公司的提单可以提前更换成小提单，无需等到货到港口后再更换提单，大大减少了物流作业等待时间，货物舱单信息和报关单信息可以通过管道提前向海关申报，货到港口即可以实现提离作业。经测

① https://baijiahao.baidu.com/s?id=1623435451078582785&wfr=spider&for=pc.

算，进口节约通关作业时间66.46小时，压缩时间可达98.8%。

此外，通过管道，还成功实现了许可证件信息和报关单信息、舱单信息的比对，提升了风险布控效率。

(2) 管道实践之二：数据池

目前上海模式中，海关、船公司、港务局、税务、银行、工商、信用平台、企业都接入管道，而且向管道分别提供数据。

企业提供数据：合同、订单、发票、订舱信息、装箱清单、信用证、保险、报关单、税费支付信息。

承运人提供数据：提单订单、订舱人信息、装货计划、舱单、船图信息、航线、运抵日期、港口、冷冻、特种、包装、危险品等信息。

海关提供数据：申报数据。对于跨境贸易大数据管道的报关单，报关数据与其他来源渠道的数据，包括物流数据、贸易数据的比对，比对后系统自动置特殊标志，在后续通关过程中，给予通关便利。

码头提供数据：靠泊计划、靠泊信息、称重、装卸信息、提箱信息等。

银行保险公司提供数据：收付汇信息、保险信息等。

(3) 管道实践之三：一体化供应链安全管控

基于数据池的大数据，运用大数据挖掘技术，开展数据建模和智能分析技术，以人、企业、空间地理等静态数据库为基础，借助管道推动口岸以及其他各主管部门的数据共享、行政互助和执法合作，通过管道逐步建立与公安、工商、税务、司法等部门的数据常规共享机制，在扩大与民航、海事、铁路、交通运输等部门之间的数据共享和执法合作。基于以上数据信息和数据挖掘技术，为监管对象绘制相对完整、立体的风险"画像"：经由公安部门授权的境内外个人犯罪记录、通讯、户籍、居所地、车辆管理、行动轨迹等信息；工商部门提供的企业注册信息、经营存续、行政处罚情况信息；税务部门提供的企业、个人纳税记录、税收违法行为处罚信息；交通运输部门提供的客、货运车辆卫星定位运行轨迹信息；银行提供的企业或个人现金资产、借贷情况；社会信用部门提供的企业或个人征信情况等。

(4) 管道实践之四：作业单证的无纸化

虽然海关已经实现了通关作业无纸化，报关单和随附单证等海关作业单证都已经实现了无纸，但是物流单证还停留在纸质单证阶段(提单换小提单；设备交接单无纸化)。通过管道，可以顺利实现上述纸质单证的无纸化，进一步提高港口的效率和海关监管效能。

4. 跨境贸易大数据管道与其他平台的比较

表 6.4 各种平台与大数据管道的比较

类 型	大数据管道	一达通	新加坡 劲升逻辑	欧盟 区块链项目
驱动者	海关—政府机构	整合供应链平台公司	平台开发公司	船公司
驱动原因	政府监管和便利	商业获利	商业获利	占据市场
运行情况	起步阶段	成功，发展迅速	起步阶段	海关脱离
主要障碍	货主企业是否愿意将 ERP 接入 海关与海关国际交换	监管机构对平台的信任 平台自身的风险管控	供应链各方是否愿意接入数据	竞争者是否愿意加入马士基主导的公司
数据是否公开	点对点公开	对货主企业公开自己数据 对监管机构公开	Tradenet 类似单一窗口	点对点公开
功能	通关 换单 海运物流 风控	收款 贷款 通关 物流 退税	通关	通关 海运物流 金融

(1) 和单一窗口比较

简单理解，单一窗口就是贸易商能够通过一个入口，向各相关政府机构提交货物进出口或转运所需要的单证或电子数据。单证或电子数据通过相关政府机构审查后，结果可以通过“单一窗口”通知申请人。

目前中国的单一窗口 3.0 版本由统一版加地方版共同组成。更多是向政府监管机构申报数据的一个统一窗口和平台。平台本身不涉及风险管理，也不开展额外的增值业务。类似于新加坡的单一窗口 tradenet。

(2) 和马士基 IBM 比较①

马士基和 IBM 在联合声明中称，新加坡、香港和鹿特丹的港口运营商，荷兰、沙特阿拉伯、新加坡、澳洲和秘鲁的海关机构，以及集装箱承运商太平船务(PIL)都已加入了这个平台。这两家公司表示，该平台仍处于试运行阶段。双方在 2019 年 1 月宣布共同组建一家合资公司，利用区块链技术组织全球贸易。这家新合资公司总部设在纽约大都会区，曾在马士基航运公司(Maersk Line)担任北美区总裁的 Michael White 领导新公司。外媒认为，该平台能否成功将取决于马士基和 IBM 能否说服更多航运商、货运代理人、海运承运人和海关当局签约参加。

(3) 和新加坡劲升逻辑比较②

新加坡电子政务服务提供商 CrimsonLogic 宣布，推出一个专注于跨境贸易的区块链平台 get Open Trade 区块链，这是一个经过许可的网络运行，并由被认可的行业合规公司邀请的节点进行验证。据悉，在开放基础设施的基础上，跨境供应链行业的企业可以开发基于定制需求的分散应用程序，目标是使港口、航运公司和客户等各方能够以分散的方式查看和交易与贸易有关的文件，以提高供应链的效率和透明度。

5. 基于区块链技术的数据管道发展挑战

(1) 企业是否有接入数据管道的意愿

企业是否愿意接入管道，取决于管道能够给企业带去什么样的积极

---

① 参见 http://info.jctrans.com/qygg/AnnoDetail.aspx?id=745574。
② 参见 https://3kemao.com/archives/45619。

作用。

对于通关时效敏感的客户，对于接入管道，应该有着积极的兴趣；但是实务中，还有一些客户，本身对于时效性并不敏感，甚至还希望利用港区的免费堆存期，进行免费的仓储。

(2) 国际海关数据交换缺乏

由于目前跨境贸易大数据管道还只是在一个国家海关的范畴内，并没有实现两国或者两国以上的海关数据交换，因此基于更有效的监管效能考虑，还应该将国际海关间的数据交换纳入发展规划，这部分工作，还需要世界海关组织的适时介入。

(3) 部分 TO ORDER 提单业务目前还不能实施

由于提前换单等功能，是基于收货人明确的情况下，即海运单或者记名提单情况下使用，对于不记名提单或者指示提单，由于无法确认收货人，实施提前换单不具有可操作性。因此目前的跨境贸易大数据管道功能实施，仍然受到具体单证种类的限制。

(4) 现有的平台(TRADENET/SINGLE WINDOW)何去何从

目前跨境贸易大数据管道与单一窗口的关系比较微妙，因为跨境贸易大数据管道的功能，能够很好地替代单一窗口的数据上传和数据反馈功能，简言之，单一窗口的功能比较跨境贸易大数据管道的功能弱化，随着进一步的发展，跨境贸易大数据管道完全可以替代单一窗口。虽然在技术层面上替代是非常容易实现的，但是从经营主体层面看，替代是比较困难的，因为单一窗口由各地的电子口岸主管，是横向的组织管理模式，比如上海的单一窗口，是上海市亿通公司建设和运营的，而跨境贸易大数据管道是由海关倡导建设和运营的，海关是垂直管理模式，这就决定着合并这两者并非易事，这两个功能重叠的平台，今后的发展命运，值得关注。

(5) 各方的数据实现电子化是前提

跨境贸易大数据管道的成立和发展，取决于当地港口的信息化程度，并非有建设意愿或者政治意愿就能成功，首先需要海关等监管部门的无纸化改革和通关流程的彻底无纸化，这就需要企业的随附单证电子化、海关内部作业单证无纸化、政府间的监管证件联网无纸化；还需要港区作业单证的无纸化，这就需要包括电子装箱单、运抵报告、理货报告、设备交接单等一系列单证的无纸化；最后，还需要供应链企业的作业无纸化，比如贸易企业和生产企业具有 ERP 系统而且能够将 ERP 信息导入跨境贸易大数据管道、班轮公司、航空公司等承运人能够将运输单据无纸化。简言之，海关无纸通关、港区各种单证电子化、船公司单证电子化是技术前提。

(6) 集装箱的跟踪目前还缺乏商业运营的跟踪工具

由于目前集装箱跟踪设备的技术还没有到商业化运用的程度，集装箱跟踪技术仍然是跨境贸易大数据管道的痛点之一，导致 CY-DOOR 这段信息缺失，在测试环境下，冷藏集装箱通过插电设备，可以实时地传输返回信息，但是对于其他类型的集装箱，如果仅仅通过电池消耗来提供能源，目前成本较高，很难实现商业化推广。

(7) 数据分享的问题

数据隐私保护是阻碍目前很多国家发展的原因。《欧盟通用数据保护条例》认为以下二类企业需要受该法律调整：设在欧盟内部的企业(即使其服务器设在欧盟之外)会受该法律的调整；数据处理商没有设在欧盟，比如中国、美国的企业，但如果它对欧盟内的自然人提供商品或服务(哪怕是免费的商品或服务)，同样受该法律的调整。

《欧盟通用数据保护条例》关于数据使用的原则包括：合法、合理、透明原则。目的限制原则，如果违反初始目的即视为违反协议；当然，基于公共利益、科学或历史研究或统计目的，不视为违反初始目的。最小化使用原则，只需要采集能够实现初始目的相关和最小化数据。准确使用原则，当用户数据被错误利用时，用户享有请求纠正的权利。重要数据的期限存储原则，这里的“重要数据”是指能够识别用户的个人数据，比如姓名、身份证号码等数据；上述数据的存储时间不得超过实现目的的必要时间。安全使用原则，用户企业应当安全使用数据，要防止被黑客非法利用；安全使用原则还要求“不得毁损和灭失”。①

第二节 基于供应链安全的出口骗退税防控

一、出口退税相关单证

1. 出口货物装货单

由于目前装货单已经取消，而且“出口放行通知书”已经替代了装货单，因此核对出口货物装货单已经没有意义。

2. 海运提单

对于海运提单，首先要区分海运提单（MBL）还是无船承运人提单（HBL），如何区分的关键在于提单是否由大型班轮公司签发，如果不是知名的前20的班轮公司，那么可以高度怀疑是无船承运人，至于无船承运人的提单，建议到中华航运网进行提单备案件的查询。如果发现备案提单件和企业所递交的提单有不一致之处，那么可以高度怀疑。

3. 航空运单

对于航空运单，主要需要区分是主单还是分单，空运中，就货主而言，使用较多的是空运分单，因为通常空运分单是由航空代理签发给真实货主的，而主单是航空公司签发给航空代理的。对于空运货物的骗税，需要关注好报关单和空运单的运单号比对，发货人比对，以及装货港比对、货物品名和数量的比对、毛重数量比对以及签发日期的逻辑关系比对，但是对于签发地点等信息，本书并不建议比对，因为随着全球化的发展，空运

① http://www.jjckb.cn/2018-06/13/c_137250280.htm.

运单的签发地点并不一定局限于发货地，如果机械得将其与报关单出口口岸等信息进行比对，极易产生不符合的情况，容易对正常的退税业务产生干扰。此外对于目的地信息，由于空运货物的运输时效比较短，不同于海运运输，实务中很少出现变更卸货港的情况，因此空运单中卸货港信息和报关单的比对，一致性应该更高。

4. 铁路运单

应当关注号码、到站、货物名称、共计重量、发货人签章、发运日期等。其他信息参考上述提运单确定核查要素。

5. 陆运运单

对于陆运部分，本书作者将其区分为两种不同类型分别以乌鲁木齐和深圳为代表。

对于乌鲁木齐的陆运流程，相对而言，管理比较规范，虚假贸易的风险较低。主要原因是运管局需要留存单证，而且装运货物在海关的监管仓库，无论是物流、场所、单证，都更多地处于监管部门的监控之下，进行制假造假的可能性比较小。

对于深圳陆运而言，主要使用载货清单而非国际道路运单，而实践工作中，仅使用载货清单的批次号作为报关单中的运输工具填报内容，实际的陆运物流监管更多是使用陆运舱单，因此载货清单就成为了一份实际运用价值并不高的单证。但是在税务机关的退税中，却仍然是备案单证之一，这就为出口骗税份子造成了可乘之机。

二、物流信息查询

对于物流信息的检查，可以由公共资源、海关协助、企业协助等渠道完成，通常一些公开的物流查询网站，比如 trace-track 等都能够提供比较方便的查询,但是仅限于海运提单而非无船承运人提单。

公共资源查询的还包括海关的舱单查询网站、港口的物流信息查询等等。但是需要提醒的是,由于发货人的核对是关键,因此目前公共资源查询到的信息,还是具有一定的局限性,特别是在发货人信息方面,出于商业信息保密等原因,几乎很难查询到。

对于海关协助,由于海关总署和税务总局签署了备忘录,可以通过适当的渠道方式,将预配舱单数据及时交换给税务机构。但是需要注意的是,由于海关的舱单数据也需要一个质量不断提升的过程,特别是不同运输方式的舱单传输工作推进时间先后,因此对于数据交换等工作,也有一个循序渐进的过程。

对于企业协助,这是比较耗时,但是准确性最高的办法,因为所有企业递交的提单数据,无论伪造,最真实的提单数据就在承运人手中,如果承运人能够积极配合,提供原始的数据给税务机关,那么将对税务的审核工作产生积极而深远的影响。但是遗憾的是,由于税务机关出口退税工作审核的需要,关键的收发货人信息是税务机关最关心的,同时也是企业最担心的,因为收发货人信息的泄露,就意味着企业数据的丢失。

三、常见骗税方式

1. 四配方式骗取退税

不法分子将他人真实发生但无法享受出口退税的货物,转嫁至实施骗税出口企业的名下,通过配单、配票、配货、配汇的方式达到骗税目的。

从海关和供应链的视角而言,要查发这类情况,主要从单证和海关通关流程上进行分析。

(1) 提运单

因为真实发生出口的货主需要获取提运单,因此,骗税分子提供的提单一定不是真实的，有可能是在原来的船公司提单上直接篡改，这类情况，通过船公司提单数据库很容易发现；还有一类情况，就是骗税分子会找一家无船承运人，签发一份相同箱号、铅封号和船名航次的提单，有些骗税分子为了配合报关单上的提运单号，将 HBL 和 MBL 的提单号做到完全一致，这类情况比较单独 MBL 更难发现。这就需要我们的税务官员对于提单号码的规律具有敏锐的识别能力和经验。

如果 NVOCC 无船承运人没有与他共谋，是无辜的，完全不知情的，那么可以通过联系 NVOCC 无船承运人企业，很容易发现伪造；如果是无船承运人是与货主合谋欺骗税务机关，那么税务机关只能通过船公司查询 MBL 的收发货人信息，是直接货主，还是 NVOCC，能够发现其配单、配货的行为。

(2) 报关单

通常由于报关单联网，所以报关单数据，骗税分子都非常小心谨慎，不愿意有明显的瑕疵或者错误。比如报关单的发货单位，通常就是出口企业；而且也会和提单的发货人做到巧妙一致。报关单上的提运单号码，通常就是真实的订舱号，或者提单号。因此检查报关单上的提运单号很难发现问题。

报关单上的境内货源地，对于查发配货，有一定的参考价值，因为通常国内销售单位，和境内货源地有着紧密的联系。而国内销售单位，又是出口货物的提供者，因此国内销售单位的地址，通常应该和境内货源地有着相近原则。

举例来说，绍兴的一家贸易企业，企业经营类别是进出口货物收发货人，现与杭州的一家贸易公司签订了一批货物合同准备出口，但是杭州的贸易公司提供货物的生产厂家实际是在江西九江，货物也是直接从江西九江运输到上海口岸。另外开进来的发票是从杭州贸易公司开过来的，因为合同是跟杭州贸易公司签的。想请问报关单上的境内货源地要怎么填，写绍兴？杭州？还是江西九江？这关系到之后的退税问题，另外生产销售单位填绍兴贸易公司名称还是杭州贸易公司名称？

按照电子口岸的解释，报关单上的境内货源地以增值税发票开具公司的注册地为准（杭州）[①]，一般为开票企业的海关编码前五位。生产销售单位建议填报增值税发票开具的公司名称（杭州）。

按照海关报关单填制规范的要求，境内货源地应填报出口货物在国内的产地或原始发货地。出口货物产地难以确定的，填报最早发运该出口货物的单位所在地。

（3）装箱单

在提单、运单等运输单据之外，装箱单（Container Load Plan）也是有效的能够发现四配的单证之一。因为填制装箱单的人应该是出口企业或者是供货企业，如果是出口企业或者供货企业以外的人，则应引起税务审核官员的高度重视。

集装箱装箱单（Container Load Plan，CLP）是详细记载每一个集装箱内所装货物名称、数量、尺码、重量、标志和箱内货物积载情况的单证，对于特殊货物还应加注特定要求，比如对冷藏货物要注明对箱内温度的要求等。它是集装箱运输的辅助货物舱单，其用途很广，主要用途有以下几方面：

● 是发货人向承运人提供集装箱内所装货物的明细清单；

● 在装箱地向海关申报货物出口的单据，也是集装箱船舶进出口报关时向海关提交的载货清单的补充资料；

● 作为发货人，集装箱货运站与集装箱码头之间的货物交接单；

● 是集装箱装、卸两港编制装、卸船计划的依据；

● 是集装箱船舶计算船舶吃水和稳性的基本数据来源；

---

① http://www.zjport.gov.cn/detail/govconsult/2017_4/10_12/201710121217_1.shtml.

- 在卸箱地作为办理集装箱保税运输手续和拆箱作业的重要单证；
- 当发生货损时，是处理索赔事故的原始依据之一。

集装箱装箱单每一个集装箱一份，一式五联，其中码头、船代、承运人各一联，发货人、装箱人两联。集装箱货运站装箱时由装箱的货运站缮制；由发货人装箱时，由发货人或其代理人的装箱货运站缮制。

发货人或货运站将货物装箱，缮制装箱单一式五联后，连同装箱货物一起送至集装箱堆场。集装箱堆场的业务人员在五联单上签收后，留下码头联、船代联和承运人联，将发货人、装箱人联退还给送交集装箱的发货人或集装箱货运站。发货人或集装箱货运站联除自留一份备查外，将另一份寄交给收货人或卸箱港的集装箱货运站，供拆箱时使用。

对于集装箱堆场留下的三联装箱单，除集装箱堆场自留码头联，据此编制装船计划外，还须将船代联及承运人联分送船舶代理人和船公司，据此缮制积载计划和处理货运事故。

综上所述，集装箱装箱单，是详细记载集装箱内货物的名称、数量等内容的单据，每个载货集装箱都要制作这样的单据，它是根据已装进集装箱内的货物制作的。不论是由发货人自己装箱的(FCL)，还是由集装箱货运站负责装箱(LCL)，负责装箱的人都要制作装箱单。集装箱装箱单是详细记载每一个集装箱内所装货物详细情况、装货次序的唯一单证，所以在以集装箱为单位进行运输时，是一张极其重要的单据。

2. 道具货

骗税分子以价值高、体积小的货物作为“道具”，利用海关出口查验率低的特点，出口至目的地后再以其他进口关税低的货物名义或走私入境，往返循环骗税。

从海关和供应链的视角而言，要查发这类情况，主要从风险布控、实体查验和海关物流监控流程上进行分析。对于高退税率的出口货物，海关要做好风险分析和布控,对于短时间内出口货物数量激增、退税率高的货物,要引起高度重视;此外,还要做好风险防控的信息共享,防止港口漂移;第三,对于舱单和物流的监控,要做好集装箱号的对比检查,舱单信息交叉检查,防止道具柜方式的循环进出口。

从提单、运单或者其他运输单据上,退税的主管部门、税务机关很难发现问题,因为这类道具货的方式有实际货物、有有效单证。

对于报关单,由于出口报关单和进口报关单处于分离状态,而且通常税务机关只能得到出口报关单,而单纯审查出口报关单也很难发现线索和问题。

因此,对于道具货、循环出货这种方式,税务机关更多需要借助运输单据和报关单证以外的渠道和途径获得突破口。

四、特殊骗税方式

1. 套约与出口退税

套约就是套用其他货主与船公司签署的运输协议出运货物,从而满足运价需求和出运条件,套约价是工厂、外贸公司或货代公司跟船公司订有合约,规定把所有的货都从有这个合约的公司出,然后,船公司就给这个有合约的公司制定一个合约中的价格,简称约价,这个约价比正常要低,只要是出货的提单抬头写这个有合约的公司名就好。

根据抬头的写法不同,海运套约分两种。一种是单 SHIPPER,一种是双 SHIPPER。比如没有有利运价,希望利用套约套取到竞争力运价的企业为 A,享受有竞争力价格的企业为 B,这里套约人可以是其他的工厂或客户,也可以是货代,总之,与船公司有合约的企业都可以。

单 SHIPPER 套约,就是只显示 B 为发货人,风险是比较大的,只适合全款电汇(T/T)的。

双 SHIPPER 套约：就是发货人显示为 B on behalf of A，或 B B/O A 等形式，就是通常所说的 O/B 单。这里虽然有两个 SHIPPER，但物权是 A 所有的。

对于套约后的企业，部分电子口岸认为可以退税，但是从单证审核，以及风险防控的角度，如果出现了经营单位和提单 SHIPPPER 不一致，税务机关是很难分辨到底是套约还是伪造单证的，因为作为企业，如果的确开展了套约，特别是单抬头的套约，那么对船公司而言，是属于商业欺诈的行为，冒充了可以享受合同约定价格的企业，同时，在退税的时候，又通过装箱单（CONTAINER LOAD PLAN 等单据）证明自己不是那个“享受合同约定价格”的企业，这样“甘蔗想吃两头甜”的企业，会对税务机关的退税工作，产生很大的困扰，建议税务机关在审核出口退税时，还是应当严格把守核查标准，将报关单位的收发货人（原经营单位）和提单的 SHIPPER 进行严格比对。

2. 合并提单与出口退税

(1) 概念

根据托运人要求，将同一船舶装运的同一装运港、同一卸货港、同一收货人，不同发货人的两批或两批以上相同或不同的货物合并签发的一套提单，这种提单就是并提单，或者称为合并提单，实务中也就是为自拼箱操作。区别于拼箱，自拼箱是由船公司直接出具提单，而且由货主通过自身的资源和信息，整合其他托运人，并不依靠无船承运人，也不使用无船承运人提单。

实务操作中，签发并提单通常需要满足以下条件。

第一，合并提单的发货人、收货人、通知人、付费方式、运输方式等基本条款必须一致。

第二，必须有订舱单位的书面正本保函。

第三，合并提单的件数、重量、体积与箱号必须是各分提单之和。

第四，合并提单上必须显示所有分提单之提单号。

第五，合并提单按合并后份数通常要收取费用。

第六，除件数、毛重、体积、箱号外，主单上所显示的其他内容以系统内主票上存在的，也就是客户提单确认的为准，不做累加。

第七，提供联系人和联系电话，便于及时联系，否则后果自负。

(2) 困境

实务操作中，比如 A、B、C、D、E 五名发货人自拼箱，船公司实际出提单时，只有 1 个发货人 A 的信息作为 SHIPPER，那么另外 B、C、D、E 这四位发货人也需要出口退税，他们的报关单是分开报关，但是缺乏对应的提单，实务中，他们就会将提单进行 PS 修改，篡改后的提单，交给国税作为备案单证。因为如果不篡改，B、C、D、E 拿到的提单是以 A 为 SHIPPER 的，与报关单信息并不对应，实务中很难退税。可以将此形象地比喻为带头大哥(因为其货量大)拿走了提单，其他小弟(因为其他货主货量小)无法获得提单。

五、特殊监管区域“一日游”与出口骗税

1. 一日游实施程序

在保税物流园区“一日游”业务出现前，有相关需求的企业一般选择将货物出口至中国香港或更远的境外地区，再办理进口手续，完成货物出口复进口的完整程序。但随着我国科技水平，产业结构，人员素质的优化升级，相关业务和工作早已不局限于进口—出口—进口这样简单的点到点的流程，国内的供应链不断拉长，业务量更是迅速增加。保税物流园区“一日游”业务为深加工贸易企业提供了更加快捷方便的选择。下面笔者将用较为简洁的方式描述“一日游”出口退税实施程序。

情境一:A 公司为加工贸易公司,从境外采购了原产品 b,又在境内采购了原产品 c,将二者结合加工出产品 d。L 公司恰好需要采购这批 d 产品,但 L 公司只是一般公司,两个公司之间无法完成产品交易。

情境二:A 公司与 L 公司均为加工贸易企业,但两公司分属不同海关管辖,单证交接中存在信息不对称或其他问题,交易迟迟无法进行。

以上两种情形,A 公司均可采用保税"一日游"的方式进行解决。A 公司可联系报关公司或由本企业直接经手,向海关申请,将货物以手册保税核销的方式出口到特殊监管区,L 公司则以一般贸易的方式征税进口国内。

具体操作为:针对出口后再作为一般贸易征税进口的产品,A 公司可以预报关,向海关提供产品商品编码,海关做好备案,企业可以选择本公司车辆,将货物运至规定监管区域。如果是出口加工区,则车辆进区后无需卸货,单证打印完成后,一般三个小时内车辆即可出区。笔者选择了物流园区和出口加工区两个特殊监管区,对其优劣进行对比,见表 6.5。

表 6.5　两种特殊监管区优劣对比

	优　势	劣　势
物流园区	靠近港口,进出境方便	货物入区必须卸货,第二天才可出区,成本相对较高
出口加工区	国内货物在申报出口时无需申报出口商检;货物进入该区无需卸货,通常三小时左右即可出区,效率高,成本相对较低	远离港口

资料来源:欣海报关。

而对于供应销售链条较长的情况,国内公司是可以选择境内厂家连续加工,等到最后的销售环节再获取出口退税的。但其时间之长可想而知,对企业来说,不仅资金短时间内无法回笼,且要承担较大的风险,此时就可以采取保税"一日游"的方式,在供应链行进中途先拿到本公司的出口退税。以下是具体操作的所需材料和时间节点。

表 6.6 保税"一日游"流程

	企 业		报关行	
	材 料	时 间	材 料	时 间
商品备案	商品品名,数量,原产地,计量单位等详细资料	提供清关材料前5个工作日	根据企业提供的信息向海关进行备案	3—5个工作日
报关	提供清关所需材料	货到前2个工作日	根据企业提供的信息报关	2个工作日
"一日游"	提供装箱清单,通知到货时间及车辆信息	清关结束后	接货及查验	0.5—1个工作日

资料来源:欣海报关。

简单来说,保税"一日游"相当于把原本境内各个厂家之间进行的连续加工过程,用次数较多的出口复进口操作切成许多小段。企业这样做,极大地缓解了退税迟缓带来的资金压力,激发了我国的市场活力,提高了国际竞争力。

2. 当前我国"一日游"出口退税存在的问题

(1) 监管难度大

要讨论保税"一日游"的监管问题,需要将其放到海关特殊监管区这一大背景下进行研究。截至2019年1月,我国共设立海关特殊监管区域140个,其中综合保税区96个,已逐步发展成为我国扩大开放的重要窗口、开放型经济发展的先行区、加工贸易转型升级的集聚区。表6.7中除2012—2014年全国海关特殊监管区域进出口总额外,笔者还选取了综合保税区、出口加工区和保税物流园区这三个具有代表性的特殊监管区域和场所数据。

表 6.7　2012—2014 年全国海关特殊监管区域进出口总额

单位:亿美元

	2012	2013	2014
特殊区域合计	6 068	6 972	6 961
综合保税区	1 712.9	1 895.3	2 208.3
出口加工区	1 302	1 168	1 358
物流园区	165.4	153.6	159.5

数据来源:中国特殊监管区域数据库,2019。

2018 年 1—11 月,全国海关特殊监管区域实现进出口值 4.7 万亿元人民币,占同期我国外贸进出口总额的 16.8%。如此大的贸易体量,也给各监管机构带来了考验。

从法律层面看,我国具有保税功能的特殊监管区是由国务院批准设立的,但相关的管理规定却是由海关来制定,而海关本身一般只作为执行主体之一,相当于是通过下位法对上位事权做出约束协调,本身的合理性还存在着探讨空间。且上文提到,对于特殊监管区本身的管理多是以条例办法作为根据,缺乏更具强制性的规章,更遑论近些年才兴起的保税"一日游"。而因为我国特殊监管区(场所)众多,有时经济开发区,产业园区,出口加工区之间的业务有交叉,就出现了多头管理或者无人管理的情况。法律层面的矛盾冲突和缺失使得监管较为复杂。

从管理层面看,通常设立管理委员会(以下简称管委会)或管理局对区域进行综合管理,具体相关事务则由海关、海事、税务、工商部门、公安等行政部门分工负责。管委会并不具备独立的行政主体资格,因此造成了以下几个问题:一是受主体资格的限制,管委会无独自承担法律责任的能力,如果企业提出异议,不能作为复议机关。二是海关、海事、外汇等部门本身就是中央垂直领导,还有部分机关实行省内垂直领导,管委会理论上应该协调特殊监管区各部门的工作,但在实际操作中困难较大。三是作为人民政府的派出机关，管委会受到行政管理程序的约束，在时间和效率上未必尽如人意。以“达芬奇家居案”为例，事件过后，各部门都进行了辩解，表示并非本部门的责任。可见监管职责不明晰导致了监管缺位，最终使追责成为难题。

由此可见，特殊监管区本身存在的一系列问题，使得其业务之一的保税“一日游”难以得到有效监管。

(2) 企业存在套利动机

长期以来，出口退税都是相当部分企业获得利润的重要来源，出口退税也是我国一项重要的财政支出。表 6.8 列出了 2012—2017 年出口退税的具体数额。

表 6.8 我国 2012—2017 年出口退税额 单位：亿元

年　份	2012	2013	2014	2015	2016	2017
出口退税额	7 327	9 204	10 428	10 518	11 356	13 870

数据来源：财新数据。

或是迫于生存压力，或是不法分子发现其中有利可图，原本方便快捷的保税“一日游”成为了一些企业骗取退税的手段。因为虚假贸易是其中最常见的骗税手段，所以笔者主要以虚假贸易为背景，对此展开分析。

一是设立“皮包公司”，非法获取相关资质。不法分子所设立的皮包公司是不具有自营进出口权和开立增值税发票资质的，为获取相关资质，通常会与经营效益不佳的外贸企业和正规公司进行合作，冒充国外供应商，伪报商品信息，制作虚假公章，虚开高额发票，骗取退税后两者再进行分成，以极低的成本骗取巨额退税。

二是伪报商品信息。因为特殊监管区内巨大的业务量，海关又出于鼓励出口，简政放权的目的，海关的出口查验率并不高，通常单证完整就能够进行“一日游”业务，所以部分企业冒着风险伪造合同，空箱过境，虚报价格，混在庞大的业务之间，难以察觉。

三是“循环骗税”，即利用同一批货物租用他人货物反复进出口，但通常这种方式的主要目的不在于出口骗税，而在于掩盖将本来要出口的货物擅自内销这一举动。若涉及出口骗税，通常会与虚报价格、数量联系在一起，保税“一日游”只是一个辅助手段。

对近年来发生的相关案件做一个梳理，我们会发现以下几个特征。

（1）数额巨大。近年来随着产业链延伸和进出口货物量的激增，涉案金额动辄达到千万元甚至过亿，例如2015年拱北海关破获的“滚棉纱”特大案件，涉案金额达3.02亿元；2017年广东茂名市公安局侦破的一起特大虚开骗税案，涉案金额近45亿元。

（2）出口骗税已经逐渐出现了“产业链”趋势，违法企业、皮包公司、制假作坊等分工明确，多采用团队作案模式。皮包公司屡禁不绝，俨然成为出口骗税团伙中的“中流砥柱”，且这种公司人数少，成本低，消息灵通，逃逸极快，给海关和公安带来了难题。

（3）行政管理存在漏洞

一方面，海关本身的信息流通还存在提升空间。虽然海关近年来不断推行全国通关一体化和单一窗口办公，但信息共享和政策普及并非一日之功，还需要时间来进行完善。企业与海关都更倾向于本地的业务办理，所以跨地区企业征、退税信息和基本经营状态因受地区和权限的限制，查询较为困难。

另一方面，税务局和海关都是出口退税环节中的重要部门，但二者的信息传递过程中存在一定漏洞，如：货物与单证的分离使得税务机关只能通过海关传递的报关单信息判断真伪，且缺乏物流信息的监管措施，不法分子可能利用该漏洞骗取单证进行虚假申报；除此之外，征税退税部门分设，出口退税立法依据不足等都容易造成不法分子骗取出口退税这一后果。

各部门之间的合作意识和担责意识有待加强，急需建立长效稳定的合作机制。遇到突发事件时通常组建联合调查小组，必须加强各部门的配合意识，畅通情报共享的渠道。

(4) 专业人才缺乏

随着我国出口退税业务量的日渐增长，出口退税正逐渐成为一项较为独立的业务，但其本身涉及法律研究、征退税、增值税、政商关系、查验、政策解读等一系列专业知识。保税“一日游”作为新兴操作，更是缺乏专门研究的相关人才。从税务机关内部说，师资力量和培训质量都还存在提升空间，从海关关员自身说，专业技能和知识水平还存在局限性和滞后性。在这种情况下，尤其是遇到突发事件，骨干团队的组建存在一定困难，也就影响了对“一日游”出口骗税的防治和打击效果。

3. 对策

(1) 加强法律法规与政策制定

对于保税“一日游”，我国应该从上、中、下三个层面进行增添完善，结合国外特殊监管区相关经验和我国国情，构建一套完善、稳定、有针对性的法律体系。参考国外时，可以研究法国的对多次申请退税的企业进行较为严格的审查程序，荷兰、意大利的以现代化信息网络为支撑的连接财政部门、海关、银行等系统的信息监管系统。

从上层来说，由全国人大及其常委会制定海关特殊监管区相关法律，给予一个较为宏观的法律指导，奠定其法律地位。从中层来说，各部门要出台相应的配套规章，尤其是海关与税务部门，要在深刻理解中央思想的前提下，明确本部门的责任义务，必要时可进行跨部门的研讨会，避免权力交叉和责任缺位的情况。从下层来说，各地直属海关要根据本地的特殊情况因地制宜地出台地方规章条例，如出现与中央相矛盾的情况，要及时上报，确保维护本地企业的合法利益，打击不法分子。

(2) 规范保税"一日游"业务办理

一方面,对于高风险货物,海关都必须通过机器或人工对单据进行严格的检查,对于货物的品名、规格、数量、原产地等信息必须保证单单一致,单证一致,对于多次出现的信息重合度极高的商品,应当予以人工或过机查验。对于业务量极大的特殊监管区,更不能只求速度放松要求,甚至"看人放单",可以进行适当的分流,提高信息化办公的水平。

另一方面,要严格对企业和报关行资质的审核。尤其是中小企业和新建立就业务量较多的报关行,可以每季度进行一次通行次数、货物相似度、客源的分析,看是否存在反复申报同一批货物的情况。必要时,可以在职务范围内亲自上门与企业或报关行的负责人进行沟通和审查。

除此之外,对于常见的可能利用保税"一日游"进行出口骗税的商品,比如体积小、重量轻的电子元件等及其通常伪报成的商品编码,应该提高警惕,纳入风险评估的指标。

(3) 完善信息来源,畅通信息共享

原始数据是支撑后续工作的基础,要完善数据来源,海关可以从两个角度着手。

海关自身掌握的信息。一方面是常见的含风险商品,掌握其计量单位、合理价格、易捆绑的产品、其他风险点等信息;另一方面是企业与报关行的信息,这一般是由纳税人主动申报的,包括企业名称、法人代表、规模大小、经营业务、出口退税等。随着信息系统的不断完善,录入信息的准确性也在提高,但由于申报人不熟悉或故意为之的原因,还存在着一些错误数据或者虚假信息。对于这方面,海关可以定期与企业或报关行的负责人进行沟通交流,了解行业内的情况,以便实施完善信息来源。

与其他政府部门的信息交换与共享。在保税"一日游"的整个操作过程中,涉及海关,税务,外汇,银行等许多部门。可以由海关牵头,逐步融合各部门所掌握的信息,并将其转化为风险指标,纳入海关风险管理体系之中。信息渠道畅通后,可以建立一个更加高级的数据库,专门用于存放特殊监管区的各类信息。

除此之外,要提高对信息的处理能力。长期以来海关的风险指标都是相对固定的,存在滞后性。海关应认识到,随着市场的变化,风险指标也应该进行调整,删除一些不必要的指标,增添新的高风险点,更好地适应当前的监管区情况。

(4) 加强普法和宣传教育

一方面,海关内部始终不能放松对关员的思想教育与业务能力培训。对于新出现的保税"一日游"模式,要积极进行讨论研究,在遵守法律,严格监督的前提下,最大限度地简化手续,方便企业。同时也要保证财政支出的流向是合法合规的,不能将保税"一日游"等同于放松监管,更不能产生思想上的动摇。

另一方面,也要将保税"一日游"模式积极地向企业进行宣传。可以定期组织企业管理层的宣讲会,通过三微一端,告知保税"一日游"的适用范围、优势、操作流程、法律法规,也要介绍典型的违法案例与惩处措施,警示企业。对于报关行,可以定期与报关企业进行思想交流,了解近期行业动态。

六、出口退税备案单证间基本要素逻辑关系核查

1. 基本原则

审核的要点,可以总结成 4 个看:"提单单独不要看";"提单报关单一起看";"公共资源好好看";"实在不行承运人看"。

首先,提单单独不要看是指不要单独拿提运单等运输单据分析,这样是很难发现问题的。应该将提运单和报关单整合在一起进行审核,具体地一一比对关系,详见逻辑审核部分。

因为目前提运单只是单独给税务机关，而海关又取消了出口清洁舱单，因此提单作伪的可能性很大，税务机关很难发现提单作伪。有些专家提及的出口港口 SCT 等发现提单作伪，这在实务中很少发现，而且随着骗税分子知识技能更新换代，类似低质量的伪造提单将越来越少。

其次，目前而言，报关单数据是海关与税务机关联网的，因此报关单数据可信度较强，建议税务机关审核时，应当基于报关单的基础上，同时审核提单。

第三，公共资源好好看，是指充分利用网络的免费资源，进行各种审核。比如利用中华航运网审核空白备案的提运单，这里既包括班轮公司的提运单，也包括无船承运人的提运单，是非常便捷获得空白提运单信息的渠道。但是需要注意的是，中华航运网提供的仅仅是空白的备案提运单，而非某一票具体的提运单信息。

除了中华航运网，还有 trace-track 等互联网网站，可以免费提供 2 年以内的提单信息，但是需要注意的是，这类互联网网站提供的是班轮公司的海运提运单信息，无船承运人的提运单无法查询。另外，由于集装箱动态变更较为频繁，因此也不建议以集装箱号查询，否则查询到的集装箱动态信息都是以最近两个动态为主。

海关总署网站的舱单查询系统也是非常友好和方便的查询渠道，只要提供准确的信息，就能获取到相关信息。

需要注意的有两点，第一，由于对企业经营信息的保密，一般情况下，公开查询的互联网渠道很难查询到收发货人等信息，仅能提供物流信息真伪。第二，如果查询后发现物流信息真实存在，企业提供的提单上企业收发货人的信息与报关单上的收发货人（经营单位）一致，退税审核官员不能简单地认为就没有问题。

第四，实在不行承运人看是指，如果要真正确认提单的真伪，公开网络资源以及海关的舱单系统都不是最理想的解决方案，只有船公司才是真正掌握最彻底的，真实发现提单变更的源头数据库。此外，如果无船承运人签发了提单，那么船公司提供的提单并不能发现真实的货主信息。

2. 时间关系

出口退税需要注意几个时间点。出口报关单的申报时间、出口报关单的出口时间、提单的签发时间和提单的上船时间是经常容易混淆的。首先需要厘清这几者的概念，然后是对这些时间进行排序。

出口报关单的申报日期指海关接受进出口货物收发货人、受委托的报关企业申报数据的日期。以电子数据报关单方式申报的，申报日期为海关计算机系统接受申报数据时记录的日期。以纸质报关单方式申报的，申报日期为海关接受纸质报关单并对报关单进行登记处理的日期。特别需要注意的是，这里的申报日期是指海关接受时间，而非指进出口货物的收发货人，或者受委托的报关企业的申报时间。这两者虽然在实践中差距很短，但是在概念界定上仍然是不同的，需要引起注意。

出口报关单的出口日期是指出口日期指运载出口货物的运输工具办结出境手续的日期，通常是由运输工具管理系统反写入报关单，而且该项栏目在申报时免予填报。无实际进出境的报关单填报海关接受申报的日期。

提单的签发日期，一般是指提单在货物装船后签发的时间，因为目前的提单，主要以已装船提单为主，收货待运提单很少在实务中使用，因此签发的时间通常会在货物装船同一天，或者签发时间更晚。在提单中通常体现为 ISSUE DATE。

提单的上船时间，就是常见的 SHIPPED ON BOARD DATE，这个时间是指货物装载在船上完毕的时间，一般来说，装船时间与开航时间是同一天，但是实际中，可能会出现不在同一天的情况，装船时间早，开航时间晚。

3. 逻辑关系

首先是商品品名的逻辑关系，整箱货情况下，报关单和提单的品名应当是一致的；在拼箱货的情况下，拼箱货的报关单和无船承运人提单品名也应当是一致的，但是报关单的品名和船公司签发的主单，即船公司提单的品名信息会很难取得一致。

其次是数量的逻辑关系，与品名的情况类似，在整箱货和拼箱货的情况下，会有所不同。承运人为了利益和减少损害赔偿考虑，无论是整箱货、还是拼箱货，都会尽量使用最小单位的包装进行商品描述。比如某批集装箱整箱货物为 1 个 20 英尺标准集装箱，内装 10 个托盘(Pallet)，500 个箱子(Carton)。承运人在签发提单时，会在提单注明所载运货物为 1 个 20 英尺集装箱。如果是 1 批拼箱货物，内装 2 个托盘，100 个箱子，那么应该记载为 2 个托盘 Pallet。

再次是报关单和提单的逻辑关系审核问题。

(1) 报关单的"国内货源地"是指出口货物在国内的产地或原始发货地。出口货物产地难以确定的，填报最早发运该出口货物的单位所在地。海关特殊监管区域、保税物流中心(B 型)与境外之间的进出境货物，境内货源地填报本海关特殊监管区域、保税物流中心(B 型)所对应的国内地区名称及代码。那么，与国内货源地相关的，就是购货合同的供货地址。众所周知，出口退税的备案单证包括，第一，外贸企业购货合同、生产企业收购非自产货物出口的购货合同(包括一笔购销合同下签订的补充合同等)；第二，出口货物明细单、装货单；第三，出口货物运输单据(包括海运提单、航空运单、铁路运单、货物承运单据、邮政收据等承运人出具的货物单据，以及出口企业承付运费的国内运输单证)。若有无法取得上述原始单证情况的，出口企业可用具有相似内容或作用的其他单证进行单证备案。可以发现，购货合同中供货者的地址，应当与"境内货源地"具有逻辑上的关联。但是逻辑上的关联并不等于完全一致。

情况一，购货地点两个，如果货物分别是从不同省份的两个工厂采购的，增值税发票也是分别开具的，而且增值税发票也是两份，那么境内货源地填制，就需要分开两张报关单。如果坚持要用一张报关单，就需要在境内货源地一栏填写出口金额较大的商品的采购地，另外一个采购地点写在备注栏中，并注明“其他货源地：XXX”。

情况二，实务中，为了避免不必要的麻烦，很多货代或者报关行就会将收发货人(原经营单位)所在地址作为境内货源地，境内货源地是税务机关进行出口退税审核中比较关注的内容，但是在通关环节，并不是重点审核和关注的对象。

如果出现报关单上的境内货源地跟增值税发票不一致，就可能出现无法退税，而且只能视同内销补税，因此需要谨慎对待。一般情况下，建议报关单上境内货源地应与开票地一致。

(2) 报关单的“随附单证”，填报除许可证件以外的其他进出口许可证件或监管证件代码及编号。合同、发票、装箱单、进出口许可证等随附单证不在“随附单证”栏填报。

(3) 报关单的“运输方式”，需要和实际的情况符合逻辑关系，报关单运输方式包括实际运输方式和海关规定的特殊运输方式，前者指货物实际进出境的运输方式，按进出境所使用的运输工具分类；后者指货物无实际进出境的运输方式，按货物在境内的流向分类。

(4) 报关单的“提运单号”，一份报关单只允许填报一个提单或运单号，一票货物对应多个提单或运单时，应分单填报。对于直接在进出境地或采用一体化通关模式办理报关手续的货物，水路运输填报出口提单号时，如有分提单的，填报进出口提单号＋“ * ”＋分提单号。但是实务中，只填写分单号码更为常见。在整箱货物的情况下，甚至出现主单号码，但是不见分单号码的情况。更有甚者，骗税分子在仅有一份主单的情况下，报关单上的提运单号码体现的是主单号码，但是递交给税务局官员的时候，杜撰一份分单，但是分单的号码，与报关单上的提单号码（主单号码）做成一模一样，目的就是缮制一份虚假的分单，因为主单已经给了真实的发货人了，骗税分子无法取得真实的提单，或者取得了，主单上的发货人信息也是反映真实发货人的，不会体现虚假发货人，骗税分子取得真实的主单也没有用处。为了保证发货人信息的一致性，骗税分子会将伪造一份分单，将与报关单上收发货人（原经营单位）信息体现在分单的发货人上，将主单的真实号码复制到分单上，给退税官员形成一种错觉，审核发现提运单号码是一致的。在实务中，辨析这样的情况非常容易，因为船公司的主单号码，编排具有一定的规律性，通常能够发现船公司缩写代码，如果发现分单的号码具有了主单的号码特征，应当引起高度怀疑，但是这样的辨析并不是非常可靠的，真正合理的方式应当是到提单签发的承运人处查询。

对于公路运输，在启用公路舱单前的报关单，运单号码免予填报；启用公路舱单后，填报进出口总运单号。对于铁路运输，填报运单号。对于航空运输，填报总运单号＋“_”＋分运单号，无分运单的填报总运单号。空运的运单情况和提单的总单和分单情况非常类似。邮件运输填报邮运包裹单号。

(5) 报关单上的“最终目的国（地区）”，是指已知的进出口货物的最终实际消费、使用或进一步加工制造国家（地区）。不经过第三国（地区）转运的直接运输货物，以运抵国（地区）为最终目的国（地区）；经过第三国（地区）转运的货物，以最后运往国（地区）为最终目的国（地区）。同一批进出口货物的最终目的国（地区）不同的，应分别填报最终目的国（地区）。进出口货物不能确定最终目的国（地区）时，以尽可能预知的最后运往国（地区）为最终目的国（地区），并且需要和提单上的物流信息进行核对。事实上，提单上关于目的地地点的信息有两个，分别是卸货港（port of dis-

charge)和交货地(place of delivery),但是由于CY-CY提单和DOOR-DOOR提单的不同,交货地信息仅体现在DOOR-DOOR提单上,如果是CY-CY提单,交货地信息是空白的。甚至会出现目的国和卸货港信息不一致的情况。比如报关单的目的国是去德国,但是因为干线船航线选择的原因,卸货港在荷兰的鹿特丹,那么就会出现提单的卸货港信息在荷兰的鹿特丹,而报关单的最终目的国信息在德国。这种情况是存在的,需要具体分析。

(6) 报关单上的"运抵国",是指出口货物离开我国关境直接运抵或者在运输中转国(地区)未发生任何商业性交易的情况下最后运抵的国家(地区)。不经过第三国(地区)转运的直接运输进出口货物,以进口货物的装货港所在国(地区)为启运国(地区),以出口货物的指运港所在国(地区)为运抵国(地区)。经过第三国(地区)转运的进出口货物,如在中转国(地区)发生商业性交易,则以中转国(地区)作为启运/运抵国(地区)。

报关单上"最终目的国"和"运抵国"的区分,可以以下列情况为例。客户所在国为德国,货物到比利时的安特卫普港卸货,货到比利时后,后续比利时到德国运输由客户自己处理。那么最终目的国应该是德国;运抵国应该为比利时(在比利时没有发生实质性商业交易)。

报关单的最终目的国类似于提单的交货地信息,报关单的运抵国信息比较难和提单的物流信息进行关联,因为报关单的运抵国信息有其定义的特殊性,与是否中转、是否发生商业性交易有着密切关系,这些都是提单中很难反映的。

(7) 报关单上的"指运港"填报出口货物运往境外的最终目的港;最终目的港不可预知的,按尽可能预知的目的港填报。提单上的卸货港信息与其有着密切关系,但是由于报关单反映的是目的港,而提单是卸货港,卸货港并非等于目的港,因此本书用了"有密切关联",而非"相等"的表述。

(8) 报关单上的“贸易国(地区)”，发生商业性交易的出口填报售予国(地区)，未发生商业性交易的填报货物所有权拥有者所属的国家(地区)。按海关规定的《国别(地区)代码表》选择填报相应的贸易国(地区)中文名称及代码。比如中国的货主生产并且出口的货物，那么贸易国就应该填为“中国”。

在提单上，没有相应的关于贸易国(地区)信息的内容与之相对应，因为提单是一份运输单据，更多记载的是物流的信息而非贸易交易信息。

(9) 报关单上的“离境口岸”是指离境口岸填报装运出境货物的跨境运输工具离境的第一个境内口岸的中文名称及代码；采取多式联运跨境运输的，填报多式联运货物最初离境的境内口岸中文名称及代码。以该集装箱货物从南京铁路出口，在上海海运出口为例，那么出境货物的跨境运输工具为海运集装箱班轮，该货物的离境第一个境内口岸应为上海；采用多式联运跨境运输的，“离境口岸”应该填写为上海。

过境货物填报货物离境的第一个境内口岸的中文名称及代码；从海关特殊监管区域或保税监管场所离境的，填报海关特殊监管区域或保税监管场所的中文名称及代码。其他无实际出境的货物，填报货物所在地的城市名称及代码。离境口岸类型包括港口、码头、机场、机场货运通道、边境口岸、火车站、车辆装卸点、车检场、陆路港、坐落在口岸的海关特殊监管区域等。按海关规定的《国内口岸编码表》选择填报相应的境内口岸名称及代码。

与报关单“离境口岸”对应的提单信息，应为提单的装运港(PORT OF LOADING)，在航运实践中，装运港通常是指货物装船的港口，一般为始发地国家的沿海港口。比如货物在天津港装船，提单上(Port of Loading)一栏应填 Tianjin。

(10) 报关单上的“件数”指报关单填报进出口货物运输包装的件数(按运输包装计)。特殊情况下，如果舱单件数为集装箱的，填报集装箱个;如果舱单件数为托盘的,填报托盘数。

与报关单的“件数”信息对应的,应为提单的货物描述(CARGO DESCRIPTION)部分的货物件数,也就是我们通常所说的不知条款(UNKOWN CLAUSE,或者 STC 条款)部分的件数,由于件数在海运承运人实际营运中并不能真实掌握,因此通常在提单中以“托运人装箱、铅封、计数(SHIPPER LOAD, SEAL AND COUNT)”等表述来保护承运人的利益,在集装箱班轮运输中,承运人通常以集装箱外表状况完好,以及铅封完好作为完好交付货物的标志。

就目前海关的监管流程而言,报关单、预配舱单的件数应当完全、严格一致。理论上,提单上的件数也应当与报关单、预配舱单的件数保持一致。海关对于承运人的监管正在不断加强,对于提单等运输单据和物流数据的运用也会进一步完善。

(11) 报关单上的“包装”填报进出口货物的所有包装材料,包括运输包装和其他包装,按海关规定的《包装种类代码表》(附件 6)选择填报相应的包装种类名称及代码。运输包装指提运单所列货物件数单位对应的包装,其他包装包括货物的各类包装,以及植物性铺垫材料等。

提运单上的运输包装,表明货物包装的类型,如“托盘(pallet)”“箱子(carton)”“桶(bale)”等。

(12) 报关单上的“毛重”填报进出口货物及其包装材料的重量之和,计量单位为千克,不足一千克的填报为“1”。提单上的重量也多为毛重(GROSS WEIGHT),表明货物的数量,是承运人交接货物、计算运费的依据。不少提单会注明“由托运人提供的事项(意思同承运人不知条款)”,托运人应当保证其上述填写的内容与实际所提供的内容相符。如果有不一致之处,由此造成的损失或者引起的责任,由托运人承担。由于货物的买方[提单的收货人(CONSIGNEE)]通常在货物装船前不能对货物进行检查,而只能依据提单记载情况支付货款,为了保护收货人的利益,提单作为货物收据，承运人有权在接收货物时，检查货物的实际状况，并同时负有向收货人提交提单记载内容一致货物的义务。

面对日益增加的瞒报风险，特别是2018年的浩南轮事故发生之后，为了查清误报瞒报的货物，马士基已开始在北美进行随机集装箱检查，航运界正在试图为近年来发生在集装箱船上的一系列火灾等事故寻找解决方案。

马士基的集装箱实物检验试点①从2019年初开始，对进入纽瓦克88号泊位、休斯敦港的Bayport码头、迈阿密的POMTOC码头运营商和新奥尔良Ceres码头的进出口货物进行检验。目前随机挑选的集装箱的查验是由国家货运局检查，检验费用由马士基公司承担。如果发现集装箱的填充物、捆扎物和固定不充分，或发现与所申报的货物不符，船公司将会采取必要的纠正措施，以确保其符合规定的要求。涉及的相关费用由托运人、收货人来承担。马士基表示通过该试点收集的数据可能用于制定规则，以更好地确保向马士基提供的货物描述的准确性，并改进对《货物运输单位包装实用规则》(CTU Code)的使用。马士基正在通过对集装箱的承运人自行检查，来降低供应链上参与货物装卸和运输的各方消除申报错误或误报所带来的一些风险，并努力提高集装箱化海运供应链的安全性和可靠性。

(13) 报关单的成交方式，根据进出口货物实际成交价格条款，按海关规定的《成交方式代码表》选择填报相应的成交方式代码。无实际进出境的货物，进口填报CIF，出口填报FOB。根据贸易术语解释通则2020年版，适用于任何运输方式的术语有七种：EXW、FCA、CPT、CIP、DPU、DAP、DDP；仅适用于水上运输方式的术语有四种：FAS、FOB、CFR、CIF。但是根据海关的《成交方式代码表》，仅有7种：CIF、C&F、FOB、

① 参见 https://xueqiu.com/9371001315/120075262。

C&I、市场价、垫仓、EXW。

表 6.9　报关单成交方式与真实贸易术语的比较

报关单成交方式	真实贸易术语	解释内容
CIF	CIF；CIP；DPU；DAP；DDP	到岸价格，成本＋运费＋保险
C&F	CFR；CPT	成本＋运费，它指卖方必须支付把货物运至指定目的港所需的开支和运费，但从货物交至船上甲板后，货物的风险、灭失或损坏以及发生事故后造成的额外开支，在货物越过指定港的船舷后，就由卖方转向买方负担
FOB	FOB；FAS；FCA	离岸价格，卖家只需成本价，运费及保险买家支付，相应的 FOB 价格会低
C&I		成本＋保险
市场价		按照市场行情，市场一百就一百成交，市场二百就二百成交
垫仓		即"仓库交货价"可以译为 Ex Godown，这种价格条款在发展过程中亦趋淘汰，尤其按中国法律目前无法按此方式进行国际贸易
EXW	EXW	工厂交货

值得注意的是，实际选择的贸易术语，比如 FAS、FCA、CPT、CIP、DPU、DAP、DDP 等并没有对应的报关单可选择术语。

提单通常不会注明贸易术语，但是运费的支付方式，与实际贸易术语有所关联。提单除了注明运费数额以外(有些提单并不注明)，还会注明运费支付地点和支付方式。支付方式通常有预付(FREIGHT PREPAID)和到付(FREIGHT COLLECT)。除了运费，还会产生"其他费用"，通常是指在装运港发生的，应当由托运人承担的亏舱费、滞期费、过驳费等。如果收货人在卸货港提货前不付清提单注明的应付费用，以及航行途中和卸货过程中发生的合理费用，比如共同海损分摊、(租船运输)滞期费等，又无法提供有效担保的，那么承运人就将行使货物留置权。

(14) 报关单的“标记唛码及备注”填制非常庞杂，通常记载货物包装上，标记唛码中除图形以外的文字、数字，无标记唛码的填报 N/M。又如跨境电子商务进出口货物，填报“跨境电子商务”。如果是由集装箱转载的整箱装运的货物，其唛头的作用不大，可不使用唛头。但发票和装箱单必须显示唛头，便于收货方识别货物；如果是由杂货船货拼箱装运的，那么唛头就必须精准的存在。不管是在报关单上，还是提单上都必须填写相同的唛头，不然可能会导致收货方无法提货。为了通关顺利，报关单的唛头应当与提单的唛头保持一致。此外，由于主唛的信息多于侧唛，在主唛和侧唛同时存在的情况下，应以主唛为准。

(15) 报关单的“商品名称及规格型号”，第一行填报进出口货物规范的中文商品名称，第二行填报规格型号。货物的名称表明货物的内容。在信用证项下货名必须与信用证上规定的一致。此外，需要提醒注意的是，由于已经中国实施了舱单管理规定，因为对于货物品名的模糊申报，也已经不再允许，这也是世界其他国家海关的通行做法，比如美国海关不接受“FAK、GENERAL CARGO、CHEMICALS、FOODSTUFF、POLYRESIN、ACCESSORIES”等舱单申报。

(16) 报关单的“境内发货人”，填报在海关备案的对外签订并执行进出口贸易合同的中国境内法人、其他组织名称及编码。编码填报 18 位法人和其他组织统一社会信用代码，没有统一社会信用代码的，填报其在海关的备案编码。需要引起注意的是，报关单上“境内发货人”是中国境内法人，不能是境外企业。

关于提单的托运人(SHIPPER)，我国《海商法》和《汉堡规则》的规定，托运人是指本人或者委托他人以本人名义或者委托他人为本人与承运人订立海上货物运输合同的人，或者本人或者委托他人以本人名义或者委托他人以本人将货物交与海上货物运输合同有关的承运人的人。

具体而言，是指在提单上所载明的，海上货物运输合同的一方当事人，是与承运人签订海上货物运输合同的人。提单上记载的托运人名称，使承运人明确与谁有海上货物运输合同权利义务关系；当提单是指示提单时，承运人、承运人代理人或者船长按照托运人指示交付货物。

此外，货交承运人的人，也可以成为提单上的托运人，在F组贸易术语中，会出现两类人都可以成为提单的发货人，实务中，通常是与承运人签订运输合同的人成为提单上的托运人。

由于报关单的“境内发货人”和提单的“托运人”属于不同的定义体系，所以同一票出口货物，可能出现报关单“境内发货人”和提单上的“托运人”不一致的情况；在中间商贸易的情况下，也可能会出现不一致的情况，在出口退税审核时，将出现无法退税的可能性。除了退税方面存在的潜在风险，还有中国发货人丧失货权的风险，如果中间商不付款，那么中国货主将款货两空，因为提单的发货人为中间商，中国货主丧失物权，在中间商不付款的情况下，中国货主连退运都无法安排。

《鹿特丹规则》中，出现了“单证托运人”的概念，单证托运人是指托运人以外，同意在运输单据或者电子运输记录中被记名为托运人的人。根据《鹿特丹规则》，单证托运人享受的权利有：要求承运人提供信息和指示的权利，有权享有有关时效的规定。单证托运人承担的义务包括：备妥待运货物，交付运输的义务；妥善而谨慎的装载货物；向承运人提供信息、指示和文件的义务。需要注意的是，单证托运人不同于发货人，如果发货人没有被记载为提单的“单证托运人”，那么发货人和承运人不发生货物运输合同的法律关系。除了发货人，其他与贸易相关方也可以成为提单的“单证托运人”。

业界对于《鹿特丹规则》单证托运人的概念设立给予了高度肯定，认为不仅明确了“托运人”法律地位，而且符合贸易和航运的实际情况。FOB卖方（货交承运人的人），可以以“单证托运人”身份介入承运人和买方（托运人）订立的运输合同中，从而获得了取得提单的权利。

发货人可以被理解为“货交承运人的人”，在没有《鹿特丹规则》之前，货交承运人的人在F组术语，中国出口的情况下，中国货主很难成为提单上的托运人，除了对提单的控制权丧失，还将面临出口退税的困境，因为提单上的发货人与报关单的境内发货人（老版报关单为经营单位）不符，税务机关对于如何认定真实的出口商以及将此类情况与配货等情况进行区分，处于艰难境地，如果严格需要做到提单的托运人与报关单的境内发货人一致，那么就会产生相当一部分的F组术语出口的货主无法退税的困境；如果不严格，无论提单的托运人与报关单的境内发货人是否一致都可以予以出口退税，那么就会出现大量配货的企业，连篡改提单的动作都不需要，直接退税，出现退税鱼目混珠的情况。

对于这种两难境地，本书的建议是两个原则：原则一，需要做到提单的托运人和报关单的境内发货人一致；原则二，不一致时由企业提供相关辅助性证明单证，比如装箱单（Container Load Plan）。因为实践中，我国并未正式接受《鹿特丹规则》，而且相关的海商法条款也没有体现，因此，相当长一段时间内，仍然将出现真实出口货物提单上的托运人和报关单的境内发货人不一致的情况；在这种情况下，税务机关应当让退税企业提供集装箱装箱单；在条件成熟的时候，海关的舱单传输管理办法可以要求将集装箱装箱单列入强制传输单证，并且，海关的出口舱单数据，包括出口预配舱单、集装箱装箱单、运抵报告、装载舱单、理货报告等信息都与税务机关进行交换，那么出口退税的信息审核工作将有质的提升，不仅数据更加有效可靠，而且效率也将提高。

海关出口舱单数据交换给税务机关，同时对海关的舱单管理也是一种改善与促进。税务机关将出口退税信息反馈给海关，使得出口退税信息与海关舱单信息、报关单信息进行互相印证，通过交叉审核的数据，置结关标志，使得海关报关单结关工作更加严谨和规范，从而也推动政府各部门之间信息互换、执法互助、结果互认的三互工作。

(17) 报关单的“境外收发货人”中，境外收货人通常指签订并执行出口贸易合同中的买方或合同指定的收货人，境外发货人通常指签订并执行进口贸易合同中的卖方。填报境外收发货人的名称及编码。名称一般填报英文名称，检验检疫要求填报其他外文名称的，在英文名称后填报，以半角括号分隔；对于 AEO 互认国家(地区)企业的，编码填报 AEO 编码，填报样式为：“国别(地区)代码＋海关企业编码”，例如：新加坡 AEO 企业 SG123456789012(新加坡国别代码＋12 位企业编码)；非互认国家(地区)AEO 企业等其他情形，编码免予填报。特殊情况下无境外收发货人的，名称及编码填报“NO”。

提单与之相对应的是“收货人(CONSIGNEE)”，收货人是指根据提单有权提取货物的人，收货人一栏的写法不同，可以分为不同类型的提单：记名提单、不记名提单和指示提单。对于记名提单，提单的收货人，是非常确定的；对于不记名提单和指示提单，在收货人一栏是很难发现确切的收货人信息的，这时，提单通知方(NOTIFY PARTY)的意义就非常重要了，通知方一般是目的港收货人的代理人，通知方不是合同的当事人。

(18) 报关单的“进出境关别”，根据货物实际进出境的口岸海关，填报海关规定的《关区代码表》中相应口岸海关的名称及代码。如果是进口转关运输货物填报货物进境地海关名称及代码，出口转关运输货物填报货物出境地海关名称及代码。按转关运输方式监管的跨关区深加工结转货物，出口报关单填报转出地海关名称及代码，进口报关单填报转入地海关名称及代码。在不同海关特殊监管区域或保税监管场所之间调拨、转让的货物，填报对方海关特殊监管区域或保税监管场所所在的海关名称及代码。其他无实际进出境的货物，填报接受申报的海关名称及代码。

提单中与之相对应的是“装运港”。装运港是指货物装船、启运的港口，通常，在海运提单中，装运港和卸货港信息是齐备的，但是收货地(PLACE OF RECEIPT)和交货地(PLACE OF DELIVERY)在CY-CY提单中是没有信息的，仅在多式联运提单中，收货地和交货地信息是齐备的。需要注意的是，实际业务中，装货港、卸货港、转运港、目的港、收货地、交货地都是和货物运输合同履行密不可分的，需要引起特别重视。

(19) 报关单的“进出口日期”中，进口日期填报运载进口货物的运输工具申报进境的日期，出口日期指运载出口货物的运输工具办结出境手续的日期，在申报时免予填报。无实际进出境的货物，填报海关接受申报的日期。进出口日期为8位数字，顺序为年(4位)、月(2位)、日(2位)。需要引起注意的是，“进出口日期”是由运输工具管理系统自动反写入通关系统的，不需要企业填制。不应将“进出口日期”与“申报日期”混淆，申报日期指海关接受进出口货物收发货人、受委托的报关企业申报数据的日期。以电子数据报关单方式申报的，申报日期为海关计算机系统接受申报数据时记录的日期。以纸质报关单方式申报的，申报日期为海关接受纸质报关单并对报关单进行登记处理的日期。本栏目在申报时免予填报。申报日期为8位数字，顺序为年(4位)、月(2位)、日(2位)。

与报关单“进出口日期”和“申报日期”相对应的是提单的“装运日期(on board date)”和“签发日期(issue date)”。通常而言，装运日期是指货物装上船的日期，签发日期是指提单签发的日期。从时间的先后顺序而言，应当是先申报，后放行，再装运，运输工具离境和签发日期之间理论上没有先后顺序，可以先签发，再运输工具离境，也可以先运输工具离境，再签发提单。不过实务中，更常见的还是先运输工具离境，再签发提单。

(20) 报关单的运输工具名称及航次号，运输工具名称填报内容应与运输部门向海关申报的舱单(载货清单)所列相应内容一致。直接在进出境地或采用全国通关一体化通关模式办理报关手续的，水路运输填报船舶编号（来往港澳小型船舶为监管簿编号）或者船舶英文名称；公路运输启用公路舱单后，免予填报；铁路运输填报车厢编号或交接单号；航空运输填报航班号；邮件运输填报邮政包裹单号；其他运输填报具体运输方式名称，例如：管道、驮畜等。对于转关运输货物的报关单，以“@”+16位转关申报单预录入号为主。

航次号，对于直接在进出境地或采用全国通关一体化通关模式办理报关手续的报关单，水路运输直接填报船舶航次号，公路运输在启用公路舱单后，填报货物运输批次号（对于出境香港的货物，主要是载货清单的号码作为运输批次号）；铁路运输填报列车的进出境日期；航空运输免予填报；邮件运输填报运输工具的进出境日期；其他运输方式免予填报。转关运输的，除了水路方式填报“@”+进出境干线船舶航次，铁路运输“@”+8位进出境日期以外都免于填报。

表 6.10　出口备案单证检查关注点

单　证	内　容	对照单证	内　　容
购货合同	号码	报关单	报关单的“合同协议号”
	签订各方名称	报关单	报关单的“境内收发货人” 报关单的“生产销售单位” 报关单的境外收发货人
	时间	报关单 提单	早于申报时间 早于提单上船时间（on-board date）和签发时间（issue date）
	商品名称	报关单 提单	报关单的“商品名称及规格型号” 提单的“cargo description”
	数量	报关单 提单	报关单的“件数”“毛重”“净重” 提单的“weight”和“measurement”
	有无约定涉及不得申报出口退税条款		合同本身

(续表)

单　证	内　容	对照单证	内　　容
出口货物装货单： 由于电子化，已经基本取消，以出口货物放行通知书替代	号码(S/O No.)		
	目的港(Vessel [Name ... Voy ...]For)		
	货名(Description of Goods)		
	毛重量(千克)(Cross Weight in Kilos)		
	时间(Time)		
海运提单	提单号码 (B/L No.)	报关单	报关单“提运单号”；但是注意，报关单的“提运单号”更多情况下应该是订舱编号(booking No.)，而非最终的提单号码(B/L No.)
	卸货港(Port of Discharge)	报关单	报关单的“运抵国(地区)”VS“指运港”； 报关单“运抵国(地区)” ● 不经过第三国(地区)转运的直接运输出口货物，以出口货物的指运港所在国(地区)为运抵国(地区)。 ● 转运货物是指以某一运输工具从一国境启运，在该国境内设立海关的地点换装另一运输工具后，不经过该国境内陆路运输继续运往其他国家的货物。转运的核心要义以是否换装运输工具为标准。 ● 经过第三国(地区)转运的出口货物，如在中转国(地区)发生商业性交易，则以中转国(地区)作为运抵国(地区)。 注意的是，实际上提单上的卸货港和报关单上的“运抵国(地区)”以及“指运港”严格意义上并不相同。

（续表）

单　证	内　容	对照单证	内　　容
海运提单	卸货港（Port of Discharge）	报关单	因为提单上的卸货港是指货物卸船的港口名称；而报关单的“运抵国（地区）”是以是否发生商业性交易为标准，如果发生，该地则为“运抵国”（地区）；报关单的“指运港”是以离境时所知的“最终目的港”，理论上，“指运港”应该更加接近“卸货港”，但是提单是可以变更卸货港的，比如选港货物，但是报关单的“指运港”只是要求离境时“尽可能预知目的港”即可。 报关单“运抵国（地区）”是一个贸易概念，“指运港”是一个预判的物流概念；而提单的“卸货港”是一个准确的物流概念，严格来说，三者可以都不相等。
	货名（Description of Goods）	报关单	报关单的“商品名称及规格型号”
	毛重量（Cross Weight）	报关单	填报进出口货物及其包装材料的重量之和
	签发地点和日期（Place and date of issue）	报关单 无法比对	签发地点：通常提单签发地点为装货港； 异地签单是指，有权签发提单的代理在接到货主订舱单后，如发现装货港不是本港但又需在本港签发提单时，可以在本港为货主签发提单。 日期：签发日期是指签发提单的时间，通常都是在装船当天，或者装船日期之后。
航空运单	承运人签字（Signed for the Carrier）	报关单 无法比对	通常情况下为“XXXX AS AGENT FOR THE CARRIER YYY”
	提单号码（Air Waybill No.）	报关单	报关单的 “提运单号”
	目的地（Airport of Destination）	报关单	报关单的“指运港”

（续表）

单　证	内　容	对照单证	内　　容
航空运单	货物品名数量(Nature and Quantity of Goods)	报关单	报关单的“商品名称及规格型号”
	毛重量(Actual Cross Weight)	报关单	报关单的“毛重”，填报进出口货物及其包装材料的重量之和
	签发日期和地点及签章(Carrier Execution Box)	报关单无法比对	
铁路运单	号码	报关单	报关单的“提运单号”
	到站	报关单	报关单的“指运港”
	货物名称	报关单	报关单的“商品名称及规格型号”
	共计重量	报关单	报关单的“毛重”，填报进出口货物及其包装材料的重量之和
	发货人签章	报关单无法比对	
	发运日期	报关单	报关单的“出口时间”

附　　件

附件 1　欧盟海关的准入钥匙(ENTRY KEY)

	A	B	C	D	E	F	G	H	I
1					EU24 ENS Submission Entry Key				
2	Service	Vessel Name	Voyage Number	Declared First EU Entry Port	Mode of Transport at the Border	IMO Vessel Number	ETA at Declared Customs Office of First EU Entry Port	Country Code of Declared First EU Entry code	Declared First EU Entry Customs Code
3	AZX	COLOMBO EXPRESS	061W	Cagliari	SEA	9295244	201509231200	IT	IT044100
4	AZX	BERLIN EXPRESS	079E	Cagliari	SEA	9229855	201509281200	IT	IT044100
5	AZX	OOCL SOUTHAMPTON	050W	Cagliari	SEA	9310240	201509301200	IT	IT044100
6	AZX	OOCL LUXEMBOURG	034E	Cagliari	SEA	9417270	201510051200	IT	IT044100
7	AZX	OOCL HAMBURG	085W	Cagliari	SEA	9252008	201510071200	IT	IT044100
8	AZX	BUDAPEST EXPRESS	030E	Cagliari	SEA	9450430	201510121200	IT	IT044100
9	AZX	DALIAN EXPRESS	090W	Cagliari	SEA	9229829	201510141200	IT	IT044100

（续表）

	A	B	C	D	E	F	G	H	I
10	AZX	NAGOYA EXPRESS	036E	Cagliari	SEA	9450428	201510191200	IT	IT044100
11	AX1	OSAKA EXPRESS	056E	Le Havre	SEA	9320697	201509241200	FR	FR002300
12	AX1	VANCOUVER EXPRESS	039E	Le Havre	SEA	9450387	201510011200	FR	FR002300
13	AX1	CHICAGO EXPRESS	054E	Le Havre	SEA	9295268	201510081200	FR	FR002300
14	AX1	BREMEN EXPRESS	044E	Le Havre	SEA	9343728	201510151200	FR	FR002300
15	EUM	APL SOUTHAMPTON	020W37	Genova	SEA	9462017	201510081200	IT	IT069104
16	EUM	MOL BELIEF	002W38	Genova	SEA	9713351	201510151200	IT	IT069104
17	EUM	APL DUBLIN	017W39	Genova	SEA	9601314	201510221200	IT	IT069104
18	EUM	APL YANGSHAN	018W40	Genova	SEA	9462031	201510291200	IT	IT069104
19	GEX1	OTTAWA EXPRESS	52E36	Liverpool	SEA	9165360	201509131200	GB	GB000080
20	GEX1	OOCL BELGIUM	49E38	Liveroool	SEA	9169419	201509271200	GB	GB000080

附件 2　日本海关一般外贸船舶的舱单格式

CARGO DECLARATION

	Arrival	Departure	Page No.
1. Name of ship		2. Port where report is made	
3. Nationality of ship	4. Name of master	5. Port of loading/Port of discharge	

6. Marks and Nos.	7. Number and kind of packages; description of goods	8. Gross weight	9. Measurement	11. Place of shipment	12. Place of Destination	13. Shipper	14. Consignees

10. Date and signature by master, authorized agent or officer

Note: It is not necessary to fill in the item marked "* ".

附件 3　日本海关外贸集装箱货船的舱单格式

税関様式Ｃ第2031号
Customs Form C No.2031

積荷目録
CARGO DECLARATION

			Page No.
1. 船舶の名称 Name of ship	2. 船舶の国籍 Nationality of ship	3. 報告を行う港※ Port where report is made	4. 船長の氏名※ Name of master

5.船荷証券番号、コンテナー番号、記号及び番号 Bill of lading number; Container number; Marks and Number of Cargo	6.品名 Description of Goods	7.包装の数及び種類 Number and kind of packages	8.総重量 Gross weight	9.容積 Measurement	10.船積港 Port of Loading	11.船積港出港日時 Date-time of departure at port of loading	12.仕出地 Place of shipment	13.仕向地 Place of Destination	14.荷送人 Shipper	15.荷受人 Consignee

16. 日付及び船長又は委任を受けた代理人若しくは船舶の職員による署名
Date and signature by master, authorized agent or officer

(注)　※の付されている項目については記入不要。
Note　It is not necessary to fill in the item marked "※".

(規格A4)

附件 4　日本海关外贸空运货物的舱单格式

2035

Customs Form C No.2035

Owner or Operator

Flight No

Cargo Manifest

Marks of Nationality and Registration

Date

SIGNATURE

Authorized Agent or Pilot-in-Command

Point of lading

Point of unlading

Air Waybill Number	Number of packages	Marks and Numbers / Description	For use only operator only	For official use only

附件 5　日本舱单申报项目

	离港 24 小时前申报制度		入港前申报(参考)
	海运舱单信息(以 1 个集装箱提单情况为依据)	以运输公司发给各货主提单为依据的舱单	
1	发货人姓名	发货人姓名	发货人姓名
	发货人地址	发货人地址	
	发货人电话号码	发货人电话号码	
	发货人国别代码	发货人国名代码	
2	收货人姓名	收货人姓名	收货人姓名
	收货人地址	收货人地址	
	收货人电话号码	收货人电话号码	
	收货人国别代码	收货人国名代码	
3	到货通知方姓名	到货通知方姓名	到货通知方姓名
	到货通知方地址	到货通知方地址	
	到货通知方电话	到货通知方电话	
	到货通知方国名代码	到货通知方国名代码	
4	品名	品名	品名
5	HS 税号(6 位)	HS 税号(6 位)	
6	件数、件数单位代码	件数、件数单位代码	件数、件数单位代码
7	总重量、重量单位代码	总重量、重量单位代码	总重量、重量单位代码
8	容积、容积单位代码	容积、容积单位代码	容积、容积单位代码
9	标记、编号	标记、编号	标记、编号
10	船公司代码	船公司代码	船公司代码
11	船舶代码(无线识别信号)	船舶代码(无线识别信号)	船舶代码(无线识别信号)

（续表）

	离港24小时前申报制度		入港前申报(参考)
	海运舱单信息(以1个集装箱提单情况为依据)	以运输公司发给各货主提单为依据的舱单	
12	航海号码	航海号码	
13	装运港代码	装运港代码	装运港代码
14	预计离开装运港日期、时点		预计离开装运港日期、时点
15	发货港代码	发货港代码	
16	卸货港代码	卸货港代码	卸货港代码
17	预计到达卸货港日期、时点	预计到达卸货港日期、时点	
18	交货地名	交货地名	
19	提单号	提单号(按每个集装箱)	提单号
20		提单号(按企业)	
21	集装箱号	集装箱号	集装箱号
22	关封号	关封号	
23	空/有货集装箱表示	空/有货集装箱表示	空/有货集装箱表示
24	集装箱尺寸编码	集装箱尺寸编码	集装箱尺寸编码
25	集装箱类型编码	集装箱类型编码	集装箱类型编码
26	集装箱所有者编码	集装箱所有者编码	集装箱所有者编码
27			使用集装箱公司代码
28			集装箱适用条约的识别
29	国际危规类	国际危规类	
	联合国发给编号		
30	放宽限制措施对象地域的识别		
31	每个集装箱提单(B/L)识别		

附件 6　包装种类代码表

代码	中文名称
00	散装
01	裸装
22	纸制或纤维板制盒/箱
23	木制或竹藤等植物性材料制盒/箱
29	其他材料制盒/箱
32	纸制或纤维板制桶
33	木制或竹藤等植物性材料制桶
39	其他材料制桶
04	球状罐类
06	包/袋
92	再生木托
93	天然木托
98	植物性铺垫材料
99	其他包装

附件 7　航运短语与英文缩写

A/W：ALL WATER，全水陆

APPLY TO CUSTOMS：报关（DECLARATION＝CLEAR FROM CUSTOMS）

ANTIDATED B/L：倒签提单

AMS：AUTOMATED MANIFEST SYSTEM，美国 24 小时前提交载货清单规定

TWRA：TRANS PACIFIC WESTBOUND RATE AGREEMENT，泛太平洋西向运费同盟

BAF：BUNKER ADJUSTMENT FACTOR，燃油附加费

B/L：BILL OF LADING，提单

BAY PLAN：配载图

CAF：CURRENCY ADJUSTMENT FACTOR，货币贬值附加费

CY：CONTAINER YARD，集装箱堆场

CFS：CONTAINER FREIGHT STATION，拼货拆装箱场所

COLLECT：到付

CARGO RECEIPT：货物签收单

CUSTOMS BROKER：报关行

COC：CARRIER'S OWNED CONTAINER，船东箱

CNTR NO.：CONTAINER NO.，柜号

CBM：CUBE METER，立方米

CUFT：CUBE FEET，立方材（乘以 35.315＝CBM）

CLP：CONTAINER LOADING PLAN，集装箱装载图

DDC：DESTINATION DELIVERY CHARGE，目的港收货费用

DST：DOUBLE STACK TRAIN，双层火车运送

DOC：DOCUMENT FEE，文件费

DEMURRAGE CHAGE：超期堆存费

DETENTION：滞箱费

D/O：DELIVERY ORDER，提货单

DEVANNING：拆柜（=UNSTUFFING）

DOCK RECEIPT：场站货物收据

ETA：ESTIMATED TIME OF ARRIVAL，预计到达日

ETD：ESTIMATED TIME OF DEPARTURE，预计开航日

EBS：EMERGENCY BUNKER SURCHARGE，燃油附加费

ETC：ESTIMATED TIME OF CLOSING，结关日

EDI：ELECTRONIC DATA INTERCHANGE，电子数据转换

FEU：FORTY FOOT EQUIVALENT UNITS，40尺柜简称

FAF：FUEL ADJUSTMENT FACTOR，燃油附加费

FLAT RACK：平板货柜

FO：FREE OUT，船边交货

FIO：FREE IN & OUT，承运方式的一种，表示船公司不负责两边的装卸费

FCL：FULL CONTAINER CARGO LOAD，整柜

FAK：FREIGHT ALL KINDS，不分 ITEM 计价

FMC：FEDERAL MARITIME COMMISSION，美国联邦海事委员会

FIATA：INT'L FEDERATION OF FORWARDING AGENTS ASSOCIATION，国际货运承揽联盟

GOH：GARMENT ON HANGER，吊衣柜

GRI：GENERAL RATE INCREASE，一般运费调高

GULF PORT:美国靠墨西哥湾之港口

HAFFA: HONGKONG ASSOCIATION FREIGHT FORWARDING AND LOGISTICS LTD.,中国香港货运物流业协会

H/C: HANDLING CHARGE,手续费

HQ: HIGH CUBE,高柜

IPI: INTERIOR POINT INTERMODAL,美国内陆公共运输点

IA: INDEPENDENT ACTION,运费同盟会员采取的一致措施

IATA : INT'L AIR TRANSPORT ASSOCIATION,国际航空运输协会

LCL: LESS THAN CONTAINER CARGO LOAD,拼箱货

L/L: LOADING LIST,装船清单

L/C: LETTER OF CREDIT,信用证

NVOCC: NON VESSEL OPERATING COMMON CARRIER,无船承运人

MLB: MINI LAND BRIDGE,美国大陆桥

MANIFEST:舱单

MATE'S RECEIPT:大副签收单

O/F: OCEAN FREIGHT,海运费

ORC: ORIGINAL RECEIVING CHARGE,原产地收货费

OCEAN B/L:海运提单

OUT PORT CHARGE:非基本港附加费

ON BOARD DATE:装船日

PARTIAL SHIPMENT:分批装运

PSS: PEAK SEASON SURCHARGE,旺季附加费

PCC/PCS: PANAMA CANEL CHARGE/SURCHARGE,巴拿马运河费

PCF: PORT CONSTRUCTION FEE,港口建设费

P/P：FREIGHT PREPAID，运费预付

PNW：PACIFIC NORTHWEST，远东至北美太平洋北部地区之航线简称

PSW：PACIFIC SOUTHWEST，远东至北美太平洋南部地区之航线简称

PORT SURCHARGE：港口附加费

POA：PLACE OF ACCEPTANCE，收货地

POL：PLACE OF LOADING，装货地、起运港

POD：PLACE OF DISCHARGE，卸货地

PTI：PRE-TRIP INSPECTION，冻柜检测参数

RIPI-REVERSE IPI，由大西洋港口进入内陆

R/T：REVENUE TON，计费单位

RRS：RATE RESTORATION SURCHARGE，运价调整

SOC：SHIPPER'S OWNED CONTAINER，自备箱

S/O：SHIPPING ORDER，订舱单

SEAL NO.：铅封号

SEAWAY BILL：随船提单

STORAGE：仓储费

STUFFING：装柜

SHIPPING ADVICE：装船通知书

S/C：SERVICE CONTRACT，运送契约

TEU：TWENTY FOOT EQUIVALENT UNITS，20 尺柜简称

THC：TERMINAL HANDLING CHARGE，码头费

USWC：UNITED STATE WEST COAST，美国太平洋西岸之港口

USEC：UNITED STATE EAST COAST，美国太平洋东岸之港口

VSL/VOY：VESSEL/VOYAGE，船名航次

参考文献

[1] Jur., F.A.与徐伟:《世界体制下的供应链安全》,《中国海关》2012 年第 9 期,第 50—51 页。

[2] 陈苏明:《国际海关 AEO 互认:供应链安全与便利的路径选择》,《上海海关学院学报》2013 年第 34 卷第 1 期,第 85—95 页。

[3] 程一航:《国际海运承运人责任问题研究》,武汉大学学位论文,2013 年。

[4] 初亮:《美国海关集装箱海运反恐机制研究》,复旦大学学位论文,2013 年。

[5] 冯耕中、卢继周与吴勇:《IT 供应链安全管理与对策建议》,《中国信息安全》2013 年第 6 期,第 74—77 页。

[6] 胡蓉:《海关供应链安全认证与上海国际贸易中心建设》,《中国商贸》2011 年第 15 期,第 197—198 页。

[7] 胡蓉、干春晖与李华东:《上海自由贸易港海关监管制度构建初探——基于舱单视角》,《海关与经贸研究》2017 年第 38 卷第 6 期,第 12—24 页。

[8] 匡增杰与孙浩:《贸易安全与便利视角下加快实施我国 AEO 制度的路径探析》,《上海对外经贸大学学报》2017 年第 24 卷第 2 期,第 35—44 页。

[9] 李卓青:《政策网络治理:理论、模式和策略》,《湘潭大学学报(哲学社会科学版)》2008 年第 2 期,第 80—84 页。

[10] 刘昱刚等:《基于区块链技术的多式联运电子提单研究》,《交通运输系统工程与信息》2018 年第 18 卷第 S1 期,第 74—79 页。

[11] 裴爱晖、顾敬岩与王珲:《跨国供应链安全管理研究》,*International*

Conference on Management Sciences & Information Technology, 2012。
[12] 陶枫:《电子提单下承运人责任问题》,复旦大学学位论文,2014 年。
[13] 王吉美:《反恐背景下美国国土安全的强化与困境——基于航空安全的视角》,《国际论坛》2011 年第 13 卷第 3 期,第 8—13、79 页。
[14] 王伟:《AEO 制度对供应链安全的影响及对策》,《中国流通经济》2015 年第 29 卷第 10 期,第 90—95 页。
[15] 王伟与孙希:《供应链安全与便利视域下中国海关 AEO 信用制度建设的新思考》,《征信》2020 年第 38 卷第 1 期,第 37—41 页。
[16] 周欣等:《我国开展供应链安全项目的挑战与对策》,《价值工程》2013 年第 32 卷第 9 期,第 18—19 页。
[17] 朱钰:《国际贸易供应链安全保障制度的实施及对中国企业的影响》,《对外经贸实务》2016 年第 1 期,第 45—48 页。
[18] 栗祥:《区块链技术对国际贸易单证的影响及对策》,《现代营销(下旬刊)》2020 年第 2 期,第 112—113 页。
[19] 刘伟军:《区块链技术在航运物流业中的运用与法律规制》,《南京社会科学》2020 年第 2 期,第 89—94 页。
[20] 周阳:《区块链技术在政府监管中的定位及法律规制——基于海关监管的视角》,《法学评论》2020 年第 38 期第 1 期,第 94—105 页。
[21] 张志等:《区块链技术在国际贸易领域中的应用研究》,《物流科技》,2019 年第 42 卷第 11 期,第 44—46 页。
[22] 郑金岩:《IBM 和马士基欲用区块链平台打通航运壁垒》,《天津航海》2018 年第 3 期,第 77 页。
[23] 周欣:《海关与跨境供应链合规领域的区块链创新》,《海关与经贸研究》2020 年第 41 卷第 1 期,第 47—61 页。
[24] 刘海燕:《我国电子政策网络治理中的政府角色探析》,《北京邮电大

学学报(社会科学版)》2009 年第 11 卷第 5 期,第 14—20 页。
[25] 张林星:《政策网络理论视野下的欧盟治理研究》,南京大学学位论文,2014 年。
[26] 孙柏瑛与李卓青:《政策网络治理:公共治理的新途径》,《中国行政管理》2008 年第 5 期,第 106—109 页。
[27] 吉雅倩:《基于区块链的多式联运电子"一单制"关键问题研究》,北京交通大学学位论文,2019 年。
[28] 赵子莹:《对〈海商法〉中承运人责任制度的完善》,山东大学学位论文,2019 年。
[29] 王非:《无船承运人责任保险制度研究》,大连海事大学学位论文,2014 年。
[30] 杨悦:《国际铁路货物运输承运人责任问题研究》,吉林大学学位论文,2016 年。
[31] 林珏与彭冬冬:《出口退税、贸易方式与企业出口行为》,《西部论坛》2016 年第 26 卷第 1 期,第 90—101 页。
[32] 金翰幸:《防控骗取出口退税的信息化研究》,华东政法大学学位论文,2016 年。
[33] 宋睿:《我国出口退税风险问题研究》,中国财政科学研究院学位论文,2016 年。
[34] 孔洁:《防范出口骗税对策研究》,中国海洋大学学位论文,2014 年。
[35] 李红、包群与谢娟娟:《出口退税与虚假贸易——来自失踪出口之谜的经验证据》,《经济学(季刊)》2019 年第 18 卷第 2 期,第 661—680 页。
[36] WCO S.. Framework of Standards to Secure and Facilitate Gloal Trade[J]. 2015.
[37] World Bank. DOING BUSINESS 2019: Training for Reform

[R]. 2018.

[38] Thibault, M., Brooks, M.R., Button, K.J.. The Response of the U.S. Maritime Industry to the New Container Security Initiatives[J]. Transportation Journal, 2006, 45(1):5—15.

[39] Wilson, R.. Security report card—not making the grade; 16th annual state of logistics report[R], 2005.

[40] Mikuriya, K.. Supply chain security: the Customs community's response[J]. *World Customs Journal*, 2007.

[41] Ireland, R. The Customs supply chain security paradigm and 9/11: ten years on and beyond[J]. *WCO Research Paper*, No.18, 2011.

[42] Swaminathan, J.M., Smith, S.F., Sadeh, N.M.. A Multi Agent Framework for Modeling Supply Chain Dynamics[J], 1996.

[43] Lee, H.L., Billington, C.. The Evolution of Supply-Chain-Management Models and Practice at Hewlett-Packard[J]. *Interfaces*, 1995, 25(5):42—63.

图书在版编目(CIP)数据

供应链安全与海关监管制度国别研究/胡蓉著.—
上海:上海人民出版社,2020
(上海海关学院学术文库)
ISBN 978-7-208-16538-0

Ⅰ.①供… Ⅱ.①胡… Ⅲ.①供应链管理-安全管理-对比研究-世界 ②海关-监管制度-对比研究-世界
Ⅳ.①F259.1 ②F745.2

中国版本图书馆CIP数据核字(2020)第107872号

责任编辑 王笑潇
封面设计 张志全工作室

上海海关学院学术文库
供应链安全与海关监管制度国别研究
胡 蓉 著

出 版 上海人民出版社
(200001 上海福建中路193号)
发 行 上海人民出版社发行中心
印 刷 上海商务联西印刷有限公司
开 本 720×1000 1/16
印 张 17.25
插 页 4
字 数 217,000
版 次 2020年8月第1版
印 次 2020年8月第1次印刷
ISBN 978-7-208-16538-0/F·2637
定 价 68.00元